GEDANKEN
FÜR DEN TAG

Ausgabe 2024

Aus dem Französischen übersetzt.
Originaltitel:
PENSÉES QUOTIDIENNES

Französische Originalausgabe
© 2023 Éditions Prosveta S. A., France
ISBN 978-2-8184-0539-0

Deutsche Ausgabe:
© 2023 Prosveta Verlag GmbH
Grabenstr. 14, 78661 Dietingen, Deutschland.

Umschlagsbild © istock.com/Larysa Pashkevich

ISBN 978-3-89515-524-6

1. Auflage

Druck 2023: Interpress, Ungarn

Omraam Mikhaël Aïvanhov

GEDANKEN
FÜR DEN TAG

Ausgabe 2024

PROSVETA VERLAG

»*Jeden Morgen, bevor ihr irgendetwas anderes unternehmt, sammelt euch einen Moment lang in andächtiger Stille, damit Frieden und Harmonie in euch einziehen und um euch mit dem Schöpfer zu verbinden, dem ihr den beginnenden Tag durch euer Gebet und eure Meditation weiht.*

Der Beginn ist sehr wesentlich. Denn zu diesem Zeitpunkt werden neue Kräfte ausgelöst und auf ein Ziel ausgerichtet. Um in der rechten Weise zu handeln, muss immer die Suche nach dem Licht am Anfang stehen. Denn auch in der Nacht stürzt ihr euch nicht in die Dunkelheit, um irgendwo einen Gegenstand zu holen oder eine Arbeit zu beginnen, sondern ihr macht zuerst eine Lampe an, damit ihr etwas seht, und dann handelt ihr. Und in gleicher Weise ist es notwendig, in allen Situationen des Lebens zuerst ein Licht anzumachen, das heißt, sich zu konzentrieren und sich innerlich zu sammeln, damit man weiß, wie man vorzugehen hat. Wenn ihr dieses Licht nicht habt, werdet ihr hin und her laufen, an etliche Türen klopfen und doch nichts Rechtes ausrichten.

Der ganze Tagesverlauf ist durch die Richtung, die ihr am Morgen euren Gedanken gebt, schon vorgegeben. Denn je nachdem, ob ihr achtsam und wachsam seid oder auch nicht, räumt ihr euch den Weg frei oder, im Gegenteil, ihr versperrt ihn euch mit allerlei unnützen, ja sogar schädlichen Dingen. Ein Schüler in der Einweihungswissenschaft weiß, wie er den Tag beginnen muss, damit es ein fruchtbarer, mit der Gnade Gottes erfüllter Tag werde und er diese Gnade dann um sich herum an alle Geschöpfe austeilen kann. Er weiß, dass er schon früh am Morgen einen grundlegenden Gedanken hegen muss, um den herum im Tagesverlauf alle weiteren Gedanken kreisen.

Wenn ihr für jeden Tag ein bestimmtes Ziel, eine bestimmte Ausrichtung und ein Ideal habt, dem ihr zustrebt, dann werden sich nach und nach eure sämtlichen Aktivitäten ordnen und regeln und so zur Verwirklichung dieses Ideals beitragen. Und selbst wenn fremde, negative Gedanken und Empfindungen in euch eindringen wollen, werden sie umgelenkt und in den Dienst der göttlichen Welt gestellt; auch sie werden die Richtung nehmen müssen, für die ihr euch entschieden habt. Auf diese Weise könnt ihr dank des grundlegenden Gedankens, den ihr früh am Morgen in euer Denken aufgenommen habt, diesen Tag in das große Buch des Lebens einschreiben.

Und da ja alles aufgezeichnet wird, so wird, wenn ihr einmal einen großartigen Tag gelebt habt, einen Tag des ewigen Lebens, dieser nicht nur registriert und unvergänglich, sondern er hat auch die Tendenz, alle weiteren Tage auf seinen Weg zu ziehen, sodass sie ihm gleichen. Versucht, zumindest einen einzigen Tag gut zu leben, denn dieser wird die folgenden beeinflussen; er wird sie ermuntern, ihnen zuflüstern und sie überzeugen, so wie er zu werden, ausgeglichen, geordnet, harmonisch.«

Omraam Mikhaël Aïvanhov

Zum neuen Jahr wünsche ich euch, dass euch alle Segnungen des Himmels zuteilwerden und euch erfüllen. Möge euer Körper gesund, in guter Verfassung und voller Kraft sein. Möge euer Herz von einem Ozean reiner Freude und geistiger Zufriedenheit umspült sein. Möge euer Intellekt erleuchtet sein und euer ganzes Dasein mit dem wahren Licht erhellen. Möge eure Seele die göttliche Liebe weiterleiten und möge euer Geist sich vollständig von allen Fesseln und allen menschlichen Beschränkungen befreit fühlen.

Ich wünsche euch, dass ihr mit der großen Hierarchie der spirituellen Wesenheiten verbunden seid, um mit ihnen für die Errichtung des Reiches Gottes auf Erden zu arbeiten. Ich wünsche euch schließlich, dass ihr alle Hindernisse überwinden könnt, die sich auf eurem Weg befinden, damit euer Geist sich erfreut und den Schöpfer verherrlicht.*

* Vergleiche Band 301 »Das neue Jahr«.

Dienstag

Wenn ihr Augenblicke des Friedens, der Wonne, des Entzückens erlebt, verwendet wenigstens einige Minuten darauf, durch eure Gedanken etwas von diesen beglückenden Zuständen auszusenden. Denkt an alle Menschen auf der Welt, die in Angst oder Verzweiflung leben. Konzentriert euch auf sie und sprecht: »Liebe Brüder und Schwestern in der ganzen Welt, was ich besitze, ist so schön, so lichtvoll, dass ich es mit euch teilen möchte. Nehmt von dieser Schönheit, nehmt von diesem Licht!«

Weil ihr wisst, dass eure innere Verfassung Wellen erzeugt, die sich ausbreiten, behaltet euer Glück nicht für euch, teilt es. Auf diese Weise tut ihr nicht nur den anderen etwas Gutes, sondern verstärkt auch diesen Zustand in euch. Ja, das ist ein magisches Phänomen. Damit ihr eure Freude behalten könnt, müsst ihr sie teilen können.*

* Vergleiche Band 16 »Alchimie und Magie der Ernährung - Hrani-Yoga«, Kap. 9, Teil 2.

Gewöhnt euch daran, euch auf den Gipfel zu konzentrieren, diesen höchsten Punkt, von welchem aus man die Wahrheit über Lebewesen und Dinge erkennen kann. Gewiss, die Entfernung, die euch vom Gipfel trennt, ist unermesslich, beinahe unüberwindlich. Und nur derjenige kann dorthin gelangen, der ein wirklich reines und heiliges Leben führt.

Aber über die Gedanken kann jeder versuchen, ihn zu erreichen, denn der Gedanke ist schon wie ein Seil, das ihr hinaufwerft bis zu diesem fernen Punkt, den ihr berühren wollt. Und wenn das Seil einmal festgebunden ist, klettert ihr hinauf. Das ist dasselbe, was die Bergsteiger machen. Sie werfen ein Seil aus und klettern. Ja, ihr seht, man muss lernen, die Entsprechungen zwischen der physischen und der psychischen Welt zu entdecken.*

* Vergleiche Band 224 »Die Kraft der Gedanken«, Kap. 13.

Wie viele Musiker und Dichter haben davon geträumt, die Harfe des Orpheus zu besitzen, um die Natur und die Menschen in ihren Bann zu ziehen. In Wirklichkeit ist die Harfe des Orpheus kein Musikinstrument, sondern das Symbol des Menschen selbst. Die sieben Saiten stellen die sieben Körper dar: den physischen Körper, den Äther-, Astral-, Mental-, Kausal-, Buddhi- und Atman-Körper*. Jeder Körper besitzt seine eigene Schwingung und bringt uns in Verbindung mit bestimmten Bereichen der sichtbaren und unsichtbaren Welt und deren Bewohnern. Die meisten Menschen begnügen sich damit, nur eine Saite zum Schwingen zu bringen, ihren physischen Körper. Sie kümmern sich nicht so sehr um die anderen Saiten, die deswegen nur ein Quietschen hervorbringen. Die Schüler der Einweihungsschule studieren die Beschaffenheit und die Eigenschaften jeder Saite, jedes Körpers, und üben sich darin, diese zu entwickeln. Diese Übungen betreffen den Menschen als Ganzes. Sie setzen also eine neue Lebensweise voraus, die die kleinsten Verrichtungen des täglichen Lebens mit einbezieht. Das Ziel ist, es so weit zu bringen, dass zwischen dem physischen Körper, dem Herzen, dem Intellekt, dem Willen, der Seele und dem Geist nicht mehr die geringste Dissonanz besteht. Wer die tiefe Symbolik der siebensaitigen Harfe verstanden hat, wird selbst zu einer Harfe, die im Einklang mit dem gesamten Kosmos schwingt, und er wird aufgenommen unter den Söhnen und Töchtern des Himmels.**

* Siehe Anmerkung und Abbildung im Anhang auf Seite 392-393.

** Vergleiche Band 14 »Liebe und Sexualität«, Kap. 1.

Manchmal habt ihr den Eindruck, dass euch nichts gelingen will und fühlt euch niedergeschlagen. Aber macht euch klar, dass nirgendwo geschrieben steht, dass ihr unrettbar vom Schicksal zerschlagen werden sollt. Nur für denjenigen gibt es ein unabwendbares Schicksal, der vergisst, dass der Geist in ihm wohnt. Also, durch welche Prüfungen ihr auch immer zu gehen habt, sagt euch: »Ich bin Geist, und ich kann mein Schicksal ändern.« Sicher, ihr könnt zunächst nur wenig ändern und werdet euch nur ein Hundertstel Grad von eurem ursprünglichen Zustand entfernen. Aber wenn ihr eure Anstrengung in diese Richtung aufrecht erhaltet, wird eines Tages ein ganzes Sonnensystem zwischen allem Verhängnisvollen und euch stehen. Es kommt nur darauf an, dass ihr in euch die Kraft des Geistes wiederfinden könnt.*

* Vergleiche Band 224 »Die Kraft der Gedanken«, Kap. 7.

Samstag

Das Geheimnis der Selbstbeherrschung besteht aus einer sehr einfachen Regel: Man darf es nicht zulassen, dass bestimmte Gedanken und Gefühle sich in Kopf und Herz niederlassen. Danach ist es zu spät, ihre Wirkungen aufzuhalten. Einen Gedanken durch einen anderen zu ersetzen, ist relativ einfach. Ein Gefühl durch ein anderes zu ersetzen, ist schon schwieriger, und eine Tat durch eine andere zu ersetzen, ist es noch weitaus mehr. Denn je weiter man in die Materie hinabsteigt, desto tiefer gerät man in den Bereich der Instinkte und Gewohnheiten, die wie eine zweite Natur sind.

Es ist einfacher, seine wissenschaftlichen, philosophischen oder religiösen Ansichten zu ändern – das kann manchmal in einem einzigen Augenblick geschehen – als seine Hassgefühle, Vorlieben, Zuneigungen oder Begierden zu ändern. Und noch schwieriger ist es, seine Gewohnheiten zu ändern, die sich in der Materie verfestigt haben. Wenn man die Herrschaft über sein Tun haben will, muss man damit anfangen, Herr seiner Gedanken zu werden.*

* Vergleiche Band 224 »Die Kraft der Gedanken«, Kap. 4.

Die himmlischen Wesenheiten lieben das Licht. Wenn sie ein Geschöpf bemerken, das von dem Licht umgeben ist, das die Einweihungswissenschaft Aura nennt, dann eilen sie zu ihm hin. Ihr müsst jahrelang an euch arbeiten, um all das anzuziehen, was im Universum wirklich schön und wohltuend ist. Wenn ich euch frage: »Legt ihr wirklich Wert auf Gesundheit, Schönheit, Frieden und Glück? Legt ihr wirklich Wert darauf, geliebt zu werden?« antwortet ihr alle: »Aber ja, ja doch! Wir wollen nichts anderes.«

Aber warum tut ihr dann nichts, um es zu bekommen? Alle diese Segnungen können nicht einfach so auf euch zukommen, rein zufällig. An der Aura zu arbeiten ist das beste Mittel, um diese Segnungen anzuziehen. Mit der Liebe belebt ihr die Aura, mit der Weisheit macht ihr sie leuchtend, durch die Kraft eures Charakters macht ihr sie stark und durch ein reines Leben macht ihr sie rein und klar. Wer geduldig und aufrichtig diese Tugenden lebt, erwirbt sich nach und nach eine unermessliche leuchtende Aura. Und nicht nur himmlische Geschöpfe kommen, um darin einzutauchen, sondern auch die Menschen, die sich darin genährt, beruhigt, gestärkt und zum Göttlichen hingeführt fühlen.*

* Vergleiche Band 219 »Geheimnis Mensch – Seine feinstofflichen Körper und Zentren«, Kap. 2.

Jeden Tag müssen wir uns anstrengen, um uns zu vervollkommnen. Auch wenn wir dabei nicht jedes Mal erfolgreich sind, sind wir zumindest vor dem Himmel gerechtfertigt, weil wir es versucht haben. Niemals wird uns der Himmel anklagen, wenn wir etwas nicht geschafft haben. Für ihn zählen die Anstrengungen, und diese Anstrengungen sind von uns abhängig. Wenn der Himmel sieht, dass wir nicht schwach werden, dass wir auf unserem Weg voranschreiten, allen Widrigkeiten zum Trotz, wird oben die Entscheidung getroffen, uns die Arbeit zu erleichtern, und Freude, Licht, Schönheit und Freiheit strömen auf uns herab. Diese Gaben werden ausgewählt unter Berücksichtigung unseres Charakters, unserer Struktur, unserer geistigen Verwandtschaften, der Arbeit, die wir zu erfüllen haben und dessen, was für unsere Entwicklung nötig ist.*

* Vergleiche Band 220 »Der Tierkreis, Schlüssel zu Mensch und Kosmos«, Kap. 10.

Als der erste Mensch noch im Schoße des Ewigen lebte, in ständiger Kommunion mit Ihm, war ihm nichts verborgen.* Das göttliche Leben, in das er getaucht war, war seine einzige und vollkommene Quelle der Erkenntnis. Eine Sache zu kennen heißt, sie zu kosten. Wenn ihr etwas von dieser ursprünglichen Erkenntnis wiederfinden wollt, müsst ihr mit dem Universum kommunizieren, dem Ozean des kosmischen Lichts. Solange es einem nicht gelingt, sich bis zu diesem Bewusstseinszustand zu erheben, den man Kommunion nennt, kann man die Wirklichkeit nicht kosten. Man kann sie nicht kennen.

Man stellt vielleicht Vermutungen, Theorien an, die sich der Wahrheit mehr oder weniger nähern, aber es ist niemals genauso. »Also«, werdet ihr sagen, »wozu sind dann die Erklärungen gut?« Um eure Neugier anzuregen, um in euch das Verlangen zu wecken, bestimmte Anstrengungen und Erfahrungen zu machen, um schließlich andere Bewusstseinszustände zu erleben.

---

* Vergleiche Band 235 »Im Geist und in der Wahrheit – Wie finde ich zu Gott«, Kap. 11.

Versucht in der Stille zu verweilen, diese Stille in euch selbst eindringen zu lassen: In diesem Moment wird euer Denken, befreit von all dem, was es fesselt, der lichtvollsten Schöpfungen fähig sein. All die kleinen Dinge, die von sehr weit unten kommen, wie Sorgen, Ärger, Rachsucht, alle prosaischen Beschäftigungen, sie sind es, welche die Möglichkeiten des Denkens einschränken.

Nur wenn ihr euer Denken befreit, könnt ihr in euch ein hohes Ideal aufbauen und es jeden Tag verschönern, stärken, erweitern, intensivieren, es göttlicher machen, ihm jeden Tag ein schöneres, reineres, selbstloseres Element hinzufügen. Ein Ideal ist ein lebendiges, mächtiges, reales Wesen, das in den himmlischen Regionen wohnt. Von dort oben kümmert es sich um euch, es lässt nicht zu, dass ihr euch verirrt, es beschützt, belehrt und inspiriert euch.*

* Vergleiche Band 229 »Der Weg der Stille«, Kap. 1.

Habt ihr einmal die Erhabenheit, die Schönheit der Lehre der Eingeweihten erfasst und euch entschlossen, sie anzunehmen, dann macht es nicht mehr rückgängig unter dem Vorwand, dass dieser oder jener Aspekt euch entgeht oder euch zu schwierig anzuwenden scheint. Von dem Tag an, an dem ihr begriffen habt, dass diese Lehre euch Methoden gibt zu eurer Vervollkommnung, um aufzublühen und das neue Leben zu leben, gebt sie unter keinen Umständen auf. Sicher, falls ihr andere Absichten, andere Ziele habt, seid ihr frei. Es gibt andere Wege, hunderte davon, aber sie führen woanders hin und bringen andere Dinge, und jeder Mensch kann auswählen. Wenn ihr aber die weltweite Verbrüderung wollt, das Reich Gottes, dann müsst ihr alles auf dieses Ziel ausrichten, auf das Licht, die Glückseligkeit, die Liebe. Alle Methoden der Einweihungswissenschaft entsprechen in idealer Weise diesem Ziel.*

* Vergleiche Band 235 »Im Geist und in der Wahrheit – Wie finde ich zu Gott«, Kap. 6.

Obwohl im täglichen Leben für euch alle nur
möglichen Gelegenheiten bestehen, um verwirrt,
gehetzt oder überlastet zu sein, könnt ihr trotzdem den göttlichen Geisteszustand eines höheren
Bewusstseins bewahren oder ihn wiederherstellen.* Ihr müsst euch einfach angewöhnen, viel
Licht zu erhalten, das heißt in Wachsamkeit und
ständiger Beachtung der göttlichen Welt zu leben
und von früh bis spät bestrebt sein, bei allen Tätigkeiten des täglichen Lebens eure Gedanken auf
den Himmel zu konzentrieren.

Wenn ihr euch angewöhnt, den ganzen Tag
diese innere Haltung zu bewahren, werdet ihr
feststellen, dass euch nichts mehr für längere Zeit
erschüttern kann. Eine schlechte Nachricht, eine
Krankheit, ein Unfall sind Ereignisse, die euch
umwerfen können. Wenn ihr aber gewöhnt seid,
ständig eure Gedanken auf die göttliche Welt zu
konzentrieren, überwindet ihr diese Schwierigkeiten viel schneller, denn Gott hat dem Geist die
Macht gegeben.

* Vergleiche Band 15 »Liebe und Sexualität«, Kap. 15.

Es gibt unzählige Tatsachen und Phänomene. Diese Tatsachen werden von wenigen Gesetzen gelenkt. Diese Gesetze beruhen auf einigen Prinzipen, die letztlich in ein einziges münden: Gott selbst. Die Welt der Tatsachen ist die Welt der Vielfalt, der Zerstreuung, während die göttliche Welt die Welt der Einheit ist. Das ist ein sehr einfacher Schlüssel, der euch die Lösung aller Probleme ermöglicht. Wenn sich die Menschen beschweren, dass sie sich in Finsternis und Chaos fühlen, so liegt es daran, dass sie nichts von der Existenz der drei Welten und deren Aufbau wissen: der Welt der Prinzipien, der Gesetze und der Tatsachen.

Wenn sie der physischen, materiellen Welt verhaftet bleiben, das heißt, wenn sie sich an Tatsachen oder an Geschehnissen festhalten, schaffen sie es niemals, dort klar zu sehen und Herr der Lage zu werden. Um die Dinge klar zu sehen und auch um korrekt zu handeln, müssen sie sich mit Hilfe des Denkens erheben, bis sie den Bereich der Prinzipen erreichen, in dem der Geist waltet, das Licht Gottes.*

* Vergleiche Band 218 »Die geometrischen Figuren und ihre Sprache«, Kap. 5.

Wenn ihr fühlt, dass ihr eine wahre Weisheitslehre gefunden habt, versucht ihr zu folgen, ohne die Meinung von irgendjemandem einzuholen. Wenn ihr unbedingt Fragen stellen wollt, so stellt sie eurer Seele, eurem Geist, eurem inneren Gott. Ihr werdet einwenden, dass ihr von ihnen niemals die geringste Antwort bekommen habt. Nun, ihr irrt euch. Jedes Mal, wenn ihr das göttliche Prinzip in euch befragt, erhaltet ihr eine Antwort, und wenn ihr sie nicht hört, dann deshalb, weil die Mauern eures Bewusstseins zu dick sind. Verringert die Stärke dieser Mauern und ihr werdet feststellen, dass euch jedes Mal eine Antwort gegeben wird.

Wenn ihr das Bedürfnis habt geführt zu werden, richtet eure Bitte an den Himmel, tief und aufrichtig. Ist die Bitte einmal ausgesprochen, denkt nicht mehr an sie. Die Antwort wird über kurz oder lang kommen, durch einen Vogel, ein Geräusch, einen Satz, eine Begegnung mit einer Person, einen Traum… Sicherlich, dazu muss man aufmerksam sein. Wenn euch das gelingt, werdet ihr erstaunt sein, zu sehen, auf welche Weise die unsichtbare Welt euch ihre Antworten mitteilt.*

* Vergleiche Band 242 »Unerschöpfliche Quellen der Freude«, Kap. 4.

Jesus sagte: »Mein Vater und ich sind eins.« Um einen solchen Satz aussprechen zu können, musste Jesus eine gigantische Arbeit ausführen. Und diese Arbeit müssen auch wir machen, so wie er, seinem Beispiel folgend. Derjenige, für den diese Identifikation wirklich eine Realität wird, lebt in der Fülle.

Gott ist in uns ebenso wie sein Reich in uns ist. Wenn ihr euch bewusst werdet, dass ihr vom Schöpfer untrennbar seid, fühlt ihr, dass ihr immer klarer seht, damit ihr eure Probleme lösen und vor allem um euch herum Gutes tun könnt. Seid ihr dagegen fern von Ihm, seid ihr auf eure eigenen, begrenzten Vorräte beschränkt. Arme Christen, die diesen Weg nicht annehmen wollen, den Jesus für sie vorgezeichnet hat! Sie sollten wissen, dass viele Hindus mehr verstehen als sie. Wenn sie den Jnani-Yoga praktizieren, den Yoga der Erkenntnis, lernen sie über den Satz »Ich bin Er« zu meditieren, und sie wiederholen ihn, bis er in ihnen zu Fleisch und Blut geworden ist. In diesem Moment existiert ihr beschränktes, kleines Ich nicht mehr. Nur Er allein, der Herr, existiert in ihnen. Und von da an können sie Wunder vollbringen.*

* Vergleiche Band 213 »Die menschliche und göttliche Natur in uns«, Kap. 3.

Dienstag

Wahrhaft aufblühen kann der Mensch nur im gemeinschaftlichen, brüderlichen Leben. Viele behaupten, sie seien zu beschäftigt, um der Gemeinschaft Zeit zu widmen. In Wirklichkeit sind etliche dieser Beschäftigungen psychische Faulheit, ein Leben im Astralbereich oder noch tiefer in den düsteren oder unterbewussten Regionen. Aber eines Tages, wenn die Menschen vollständig gefesselt sind, werden sie merken, dass sie in Wahrheit für ihre schlimmsten Feinde gearbeitet haben, für innere Feinde, finstere Wesenheiten, die sie nicht kannten. Diese Wesenheiten geben ihnen Befehle: »Ich will aber dieses essen... Nein, das will ich nicht... Besorge mir dies oder jenes!« Und die Menschen rennen und rennen, um in Vergnügungen und egoistischen Leidenschaften etwas zufriedenzustellen, in der Meinung, das sei für sie selbst.

Es ist Zeit, dass sie verstehen, so die hartnäckigsten Gegner ihres Glücks genährt zu haben und sich zu entschließen, am brüderlichen Leben teilzunehmen, das aus Großzügigkeit, Liebe und Licht besteht.*

* Vergleiche Band 325 »Das Ideal des brüderlichen Lebens«.

Der Reichtum eines spirituellen Menschen ist von äußerst feiner, nicht greifbarer Art. Wenn er sich dieses Reichtums bewusst ist, besitzt er Himmel und Erde. Warum ist das nicht einzusehen? Jemand wird erwidern: »Aber Sie lehren mich nichts Neues, selbstverständlich weiß ich, dass alle unsere materiellen Besitztümer weder sicher noch dauerhaft sind und dass sie uns niemals wirklich gehören. Eines Tages müssen wir sie zurücklassen, weil es unmöglich ist, sie mit in die jenseitige Welt zu nehmen. Aber auch wenn ich das weiß, habe ich das Bedürfnis, dieses materialistische Leben zu leben. Es gefällt mir.«*

Und leider ist es so: Selbst wenn der Intellekt den Vorteil einer Sache erkennt, das Herz aber etwas anderes wünscht, was soll dann der Wille tun? Er folgt dem Wunsch des Herzens, tut nur, was dem Herzen gefällt. Um das weite und reiche Leben des Geistes leben zu wollen, muss man es lieben. Es nur zu verstehen, genügt nicht.

---

* Vergleiche Band 31 »Leben und Arbeit in einer Einweihungsschule«, Kap. 2.

Meister Peter Danov gab folgende Regel: »Nimm die Güte als Fundament deines Hauses, die Gerechtigkeit als Maßstab, die Liebe als Labsal, die Weisheit als Begrenzung und die Wahrheit als Licht.«

Die Güte ist mit der physischen Ebene verbunden, die Gerechtigkeit mit der ätherischen, die Liebe mit der astralen, die Weisheit mit der mentalen und die Wahrheit mit der kausalen Ebene*. An der Hand steht der Daumen (verbunden mit Venus) für die Liebe, der Zeigefinger (verbunden mit Jupiter) für die Güte, der Mittelfinger (verbunden mit Saturn) für die Gerechtigkeit, der Ringfinger (verbunden mit der Sonne) für die Wahrheit und der kleine Finger (verbunden mit Merkur) für die Weisheit. Wenn ihr diese fünf Tugenden entwickelt, arbeitet ihr mit den fünf Fingern eurer göttlichen Hand und habt große Möglichkeiten zu handeln.**

* Siehe Anmerkung und Abbildung im Anhang auf Seite 392-393.

** Vergleiche Band 217 »Ein neues Licht auf das Evangelium«, Kap. 9.

Es gibt von der kosmischen Intelligenz aufgestellte Regeln, die wir alle kennen und respektieren müssen. Viele unter euch werden denken: »Aber wenn wir uns alle denselben Normen anpassen müssen, werden wir alle gleich, wie Serienartikel.« Nein, beunruhigt euch nicht, ihr bleibt alle verschiedenartig, denn dadurch, dass ihr nicht dasselbe Temperament, dieselben Fähigkeiten, dieselben Qualitäten habt, könnt ihr nicht alle von den gleichen Methoden angezogen werden.

Betrachtet zum Beispiel die verschiedenen Yogawege, die die indischen Meister ihren Schülern anbieten: Raja-Yoga (die Meisterung, die Herrschaft über sich selbst), Karma-Yoga (das selbstlose Wirken, die Entsagung), Hatha-Yoga (die Beherrschung des physischen Körpers), Kriya-Yoga (die Arbeit mit dem Licht), Laya-Yoga (die Entwicklung der Kundalinikraft), Bhakti-Yoga (der Weg der Liebe, des Feuers). Als Schüler können wir also verschiedenen Yogapfaden folgen, und alle diese Arten von Yoga haben dasselbe Ziel: Sie lehren uns, wie wir uns erheben können, um uns dem universellen Prinzip, der Wahrheit, zu nähern.*

---

* Vergleiche Band 235 »Im Geist und in der Wahrheit – Wie finde ich zu Gott«, Kap. 2.

Samstag

Die meisten Menschen sind stolz auf alles, was sie in ihren Besitz bringen konnten und breiten es vor aller Welt aus. Aber im Innern verwandelt sich all dieses Raubgut in Misthaufen. Ja, ob Einzelpersonen oder Länder, alle, die sich auf Kosten anderer bereichert haben, ziehen daraus nicht wirklich einen Gewinn, und es kommt immer der Zeitpunkt, sogar auf materieller Ebene, wo sie Stück für Stück loslassen müssen, was sie genommen haben.

Ein wirklich spiritueller Mensch dagegen beschäftigt sich hauptsächlich mit dem Geben. Wenn er euch grüßt, wenn er euch anschaut, euch zulächelt, euch die Hand gibt oder zu euch spricht, gibt er euch unaufhörlich Gutes und Lichtvolles. Und indem er dies tut, blüht er auf, entwickelt sich, schreitet voran, steigt immer höher, weil er dem Gesetz der Liebe gehorcht. Das wirkliche Gesetz der Liebe ist das Geben.* Aber mit dem Geben empfängt er gleichzeitig, denn das Licht der Sonne fließt wie ein klarer Fluss bis zu ihm herab.

* Vergleiche Band 235 »Im Geist und in der Wahrheit – Wie finde ich zu Gott«, Kap. 16.

Um unsere Freiheit zu erobern, haben wir kein anderes Mittel, als den Weg himmelwärts zu nehmen. Auf welche Weise? Indem wir uns bemühen, den Willen des Schöpfers zu erfüllen. Die Freiheit existiert nicht außerhalb der Hingabe an Gott, an denjenigen, den die Psalmen den Allerhöchsten nennen, der Macht, Weisheit, Liebe ist. Indem er sich vom Schöpfer absondert, ob bewusst oder unbewusst, glaubt der Mensch frei zu werden: In Wirklichkeit wird er Sklave niederer Wesenheiten, die ihn verführen möchten, um ihn zu beherrschen; genauso, wie es die Schlange gemacht hat, die Adam und Eva aus dem Paradies gelockt hat. Denn das, was in der Genesis Schlange genannt wird, ist ein symbolischer Ausdruck für eine ganze Kategorie bösartiger Wesen, die sich gegen Gott gewandt haben und die Menschen in ihren Aufstand mit hineinziehen wollten. Deshalb müssen wir uns jetzt mit den lichtvollen Wesenheiten verbinden, die dem Herrn treu geblieben sind, um unsere Freiheit wiederzufinden.*

* Vergleiche Band 234 »Die Wahrheit, Frucht der Weisheit und der Liebe«, Kap. 18.

Entfernt aus eurem Kopf die Idee, dass man ungestraft die göttlichen Gesetze übertreten kann.* Die Menschen zu täuschen ist leicht. Sie sind so gutgläubig und haben so wenig Unterscheidungsvermögen, dass der Erstbeste, der etwas gewitzt ist, mit ihnen fast alles machen kann, was er will. Ja, es ist erbärmlich, aber so ist es. Die Menschen kann man immer in die Tasche stecken, vor allem durch Lügen, denn sie haben die Neigung, Lügen zu bevorzugen. Wenn ihr ihnen die Wahrheit sagt, könnt ihr sicher sein, dass sie zweifeln, aber mit Lügen und List setzt ihr eure Absichten fast immer durch. Nur ist es nicht das Ziel unseres Lebens auf Erden, unsere Angelegenheiten dadurch in Ordnung zu bringen, dass wir den anderen Sand in die Augen streuen. Wir müssen wissen, dass wir unsere Taten eines Tages vor den großen kosmischen Gesetzen zu rechtfertigen haben. Und man muss an diese Gesetze denken, anstatt sich damit zu vergnügen, vor Blinden Komödien zu spielen. Denn alle eure Taten werden aufgezeichnet, gewogen und geprüft. Eines Tages müsst ihr Rechenschaft ablegen. Ihr zieht vielleicht einen Vorteil daraus, dass ihr die Unwissenden täuscht, ihr steckt sie in eure Tasche, oben aber verliert ihr ein ganzes Königreich.

* Vergleiche Band 230 »Die Himmlische Stadt – Kommentare zur Apokalypse«, Kap. 7.

Manche fragen sich, wie sie sich gegenseitig im Jenseits wiedererkennen können. Die Liebe ermöglicht es den Menschen, sich wiederzuerkennen, denn wo die Liebe ist, da ist das Erkennen.

Wie erkennt ein Hund seinen Herrn in einer Menschenmenge? Am Geruch. Jedes Wesen besitzt einen besonderen Geruch, der von seiner Liebe bestimmt wird. Jetzt, in dieser Inkarnation, lassen eure Freunde in euch einen Duft zurück, den ihr für alle Ewigkeit erkennt. So werdet auch ihr an der Ausstrahlung eurer Liebe in der unsichtbaren Welt wiedererkannt. Jede gute Tat, jedes Opfer, das ihr für jemanden bringt, bleibt in ihm als Duft; und in den folgenden Jahrhunderten erinnert er sich noch an euch und erkennt euch wieder. Wenn ihr jemanden liebt, seid ihr fähig, ihn unter Milliarden von Wesen in der unsichtbaren Welt wiederzuerkennen. Ihr könnt euch nicht irren. Unter der Vielzahl erschaffener Wesen führt euch allein die Liebe für die gesuchte Person zu ihr, sogar ohne dass ihr wissen müsst, an welchem Ort sie sich oben befindet.*

* Vergleiche Band 23 »Die neue Religion – Eine universelle Sonnenreligion«, Kap. 10.

Warum glaubt ihr, dass das Glück nur in der Form kommen kann, die ihr erwartet? So viele Möglichkeiten eröffnen sich euch! Aber ihr seht sie nicht und wollt sie nicht sehen. Ihr klammert euch an den Gedanken, dass ihr euch selber glücklich macht. Ihr hofft, dass eine bestimmte Türe sich euch auftut, aber sie bleibt verschlossen. Anstatt nun vor dieser Türe zu jammern, denkt, dass es andere daneben geben kann, die sich öffnen.*

Ihr erwartet von jemandem lauter Gutes, aber er gibt es euch nicht und zeigt sich überdies als sehr unangenehm. Nun denn, lasst euch nicht von dieser Enttäuschung betrüben, sondern schaut euch ein bisschen besser um. Es gibt andere Menschen, die sicher bereit sind, euch zu helfen. Wenn ihr so auf eure Enttäuschung fixiert bleibt und nur damit beschäftigt, jenen schlechte Gedanken zu schicken, die euch enttäuscht haben, seht ihr all die anderen Freunde nicht, die zu euch kommen. Auch in diesem Sinne sind Prüfungen nützlich. Sie zwingen euch, das zu tun oder zu entdecken, was ihr ohne sie nicht getan oder entdeckt hättet.

* Vergleiche Band 231 »Saaten des Glücks«, Kap. 5.

Überall im Universum und im Menschen offenbart sich das Prinzip des Lebens und das Prinzip des Todes. Sobald das Leben aufzublühen versucht, erheben sich gegnerische Kräfte, um es zu quälen und zu vernichten. Das Leben muss sich immer verteidigen. Da ihr dies nun wisst, müsst ihr wachsam sein und es den negativen Kräften nicht erlauben, in euch einzufallen und euch in Fesseln zu legen. Es ist wahr, dass es angenehm ist, sich gehen zu lassen. Wenn man aber nicht schnell handelt, wird man gelähmt. Wenn im physischen sowie im psychischen Organismus kein einziges Teilchen mehr vibriert, um zu ringen und zu kämpfen, bedeutet das die Invasion schädlicher Elemente.

Wenn ein Rad sich schnell dreht, kann der Schmutz nicht an ihm haften bleiben, da er weggeschleudert wird. Wenn sich seine Bewegung verlangsamt, setzt sich der Schmutz fest. Nun ist es also an euch, zu verstehen, dass es sehr in eurem Interesse liegt, euch nicht der Verweichlichung und der Faulheit hinzugeben. Für alles braucht man Übungen: für den Körper, den Willen, das Herz, den Intellekt, für die Seele und den Geist. Dann erreicht ihr einen Schwingungsgrad, der alle Unreinheiten wegschleudert, und ihr könnt sehr lange weitergehen.*

* Vergleiche Band 5 »Die Kräfte des Lebens«, Kap. 8.

Anziehung und Abstoßung sind ganz normale instinktive Reaktionen. Man mag oder verabscheut eine bestimmte Nahrung, bestimmte Getränke, eine bestimmte Beschäftigung. Man mag oder verabscheut eine gewisse Art von Menschen. Das ist normal, jeder kommt mit Neigungen und Vorlieben zur Welt, die ihn in die eine oder andere Richtung drängen. Aber wenn der Schöpfer den Menschen auch die Fähigkeit der Vernunft und der Urteilskraft gegeben hat, sollte er sie benutzen, um nicht blindlings dem nachzugeben, was er mag oder nicht mag. Denn Sympathie und Antipathie, Anziehung und Abstoßung sind niemals zuverlässige Kriterien. Jeder muss also überprüfen, ob er seine spirituelle Entwicklung begünstigt oder hemmt, indem er seinen Vorlieben folgt.

Es geht aber keineswegs darum, gegen alle seine natürlichen Neigungen anzugehen. Es gibt sehr nützliche darunter. Das solltet ihr also erforschen, um die einen zu fördern und andere neu auszurichten, wenn ihr bemerkt, dass sie euch in schwierige Situationen bringen.*

* Vergleiche Band 227 »Goldene Regeln für den Alltag«, Kap. 70.

Durch sein Bewusstsein ist der Mensch an die Grenze zwischen der niederen und der höheren Welt gestellt. Wenn er nicht wachsam ist, ziehen ihn die dunklen Kräfte zu sich, um ihn zu erdrücken und zu verschlingen. Und einmal verschlungen, wird er ausgeschieden und es bleibt nichts mehr von ihm übrig. Wenn er sich hingegen von den Kräften der höheren Welt anziehen und absorbieren lässt, erhellt sich alles, und er wird eine Stätte lichtvoller, starker und wohltuender Strömungen. Aber genauso wie er der Anziehung der niederen Welt entkommen muss, darf er sich auch nicht völlig derjenigen der höheren Welt überlassen. Er muss mit den himmlischen Kräften arbeiten, aber ohne aus den Augen zu verlieren, dass zwischen Erde und Himmel ein Gleichgewicht aufrechterhalten werden muss. Denn er ist auf der Erde und darf diese nicht verfrüht verlassen. Wenn er dieses Gleichgewicht zerstört, um sich schneller wieder mit dem Himmel zu vereinen, lebt er vielleicht in der unermesslichen Weite, im Licht, aber er erfüllt seine Mission nicht, die darin besteht, auf der Erde mit den Mitteln des Himmels zu arbeiten.*

* Vergleiche Band 222 »Die Psyche des Menschen«, Kap. 11.

Die Arbeit, die wir gemeinsam in Gebet und Meditation ausführen, wirkt sich in positiver Weise auf Tausende von Menschen in der Welt aus. Sie bereitet ihren Intellekt und ihr Herz darauf vor, sich eine neue, lichtvolle Weltsicht, eine neue brüderliche Lebensweise zu wünschen und diese zu akzeptieren. Und wenn sie diesen Ideen begegnen, werden sie diese verstehen, ohne dass man ihnen viel erklären muss. Denn ihre psychischen Fähigkeiten, das Gespür, die Intuition sind schon berührt und erweckt worden. Was momentan den Menschen das Verständnis des spirituellen Lebens erschwert, ist die Tatsache, dass die geistigen Sinnesorgane eingeschlafen sind, die es ihnen ermöglichen würden, dieses zu fühlen und zu leben.

Im neuen Leben* werden einige Worte genügen, um alles zu spüren und sogar zu erkennen, was noch unsichtbar ist: Niemand wird mehr an den Wirklichkeiten der spirituellen Welt zweifeln können.

* Vergleiche Band 31 »Leben und Arbeit in einer Einweihungsschule«, Kap. 1.

Die Schwingungen der Liebe sind so mächtig, dass sie sogar auf die Steine wirken können. Wenn ihr einen Stein in den Händen haltet und ihm eure Liebe mitteilt, wird er von neuen Schwingungen durchdrungen. In dieser Art erklärt die Einweihungswissenschaft die Wirksamkeit der Talismane.* Ihr habt da einen Gegenstand, der euch fremd ist, der nicht im Einklang mit euch schwingt: Er kann euch also nichts Gutes bringen. Aber wenn ihr versucht, ihn euch günstig zu stimmen, seine Schwingungen zu ändern, indem ihr ihm viel Liebe und Licht schenkt, umgebt ihr ihn mit fluiden Schichten, die von euren Ausstrahlungen gebildet werden. Dieser Gegenstand wird dann für euch zu einem Freund, der wohltuend auf eure Gedanken, Gefühle und euren physischen Körper einwirken kann.

* Vergleiche Band 226 »Das Buch der göttlichen Magie«, Kap. 5.

Es gibt Bilder, Gemälde, die einen auf einem Thron sitzenden König darstellen, in seiner Rechten einen Stab oder ein Zepter und in der linken Hand eine Kugel. Das Zepter und die Kugel stellen die beiden Prinzipien männlich und weiblich dar. Das männliche Prinzip wird immer durch eine gerade Linie versinnbildlicht, einem Zepter oder Hermesstab, einem Pfeiler, Baum, Berg oder Gipfel. Das weibliche Prinzip wird symbolisiert durch eine Kugel oder einen runden, gewölbten Gegenstand, eine Vase, einen Kelch oder auch durch einen Abgrund, eine Höhle…

Was diesen König betrifft, der die Zeichen der beiden Prinzipien in seinen Händen hält, das ist kein irdischer, sondern ein spiritueller König, ein Eingeweihter, der die Wissenschaft vom Männlichen und Weiblichen vertieft hat und diese zwei Prinzipien in sich vereinigt, um selbst Schöpfer zu sein.*

* Vergleiche Band 32 »Die Früchte des Lebensbaums«, Kap. 21.

Die Menschen finden es unerlässlich, auf der physischen Ebene Anhaltspunkte und Bezugsgrößen zu haben, über die niemand diskutieren darf. Man hat zum Beispiel jahrelang in Sèvres, im Amt für Gewichte und Maße, die Eichmaße aufbewahrt, die der ganzen Welt als Referenzmaß dienten. Referenzmaße sind immer nötig, denn wenn jeder nach Belieben die Länge des Meters oder das Gewicht des Kilogramms bestimmen würde, hätten wir ein unbeschreibliches Durcheinander. Und bei den Apparaten, Maschinen und Fahrzeugen, die im täglichen Leben benutzt werden, muss man von Zeit zu Zeit, und bei einigen sogar jeden Tag, eine Überprüfung vornehmen, um zu sehen, ob sie sich nicht verstellt haben.

So wie dieses Eichamt in Sèvres, existiert ein kosmisches Zentrum, bei dem wir unsere Kriterien holen müssen. In den heiligen Schriften steht, Gott habe das Universum nach Gewicht, Maß und Zahl geschaffen. Die ganze Schöpfung ist also aus diesem göttlichen Eichamt hervorgegangen, und deshalb müssen wir bis zu ihm hinaufgehen, um dort unsere inneren Apparaturen überprüfen zu lassen: d. h. Intellekt, Herz und Willen. Es ist unerlässlich, dass wir unsere Apparaturen jeden Tag, und nicht nur einmal, sondern drei-, fünf- oder zehnmal nach dem göttlichen Eichmaß einstellen.*

---

* Vergleiche Band 235 »Im Geist und in der Wahrheit – Wie finde ich zu Gott«, Kap. 2.

Donnerstag

Dank der Frau und ihres Strebens nach Schönheit gibt es Menschen mit schönen Gesichtern und Körpern, denn die Frau überträgt ihren Kindern die Schönheit. Aber sie muss lernen, diesem Bedürfnis nach Schönheit eine bestimmte Ausrichtung zu geben, sodass sie diese auch auf der Ebene von Seele und Geist sucht, anstatt nur auf der physischen Ebene. Indem sie alle möglichen Mittel einsetzt, um für einige Stunden, für einen Tag hübsch und charmant auszusehen, erhält sie vielleicht die erwünschten Einladungen, und es gelingt ihr auch, jemanden einzufangen; aber wenn sie sich nicht gleichzeitig um die ewige Schönheit bemüht, wird sie allmählich verwelken. Was immer man auch unternimmt, der physische Körper ist mit der Zeit abgenutzt, und das innere Leben kommt immer mehr zum Vorschein. Daher ist es die beste Lösung, an der inneren Schönheit mit lichtvollen Gedanken und weitherzigen Gefühlen zu arbeiten, die sich allmählich auf dem physischen Körper widerspiegeln werden.*

* Vergleiche Band 223 »Geistiges und künstlerisches Schaffen«, Kap. 9.

Frei sein zu wollen, ohne zu wissen, was wahre Freiheit ist, und was man tun muss, um sie zu erlangen, ist die beste Methode, um sich zu binden und zu leiden. Wie viele angeblich freie Menschen sind in Wirklichkeit Opfer dunkler Wesenheiten! Ja, denn jedes lebende Geschöpf muss sich ernähren, und die üblen Wesenheiten stürzen sich auf alles, was ihnen als Nahrung dienen kann. Wenn ein Mensch sich von jeder Beschränkung freimachen möchte, ohne dass er intelligent genug ist, um sich zu schützen, dringen negative Wesenheiten in ihn ein. Er jammert und begreift nicht, was ihm geschieht. Dabei ist es leicht zu verstehen. Er war zu dumm, er ist zu einer Wohnung mit weit geöffneten Fenstern und Türen für die Unerwünschten der unsichtbaren Welt geworden, die die Menschheit zugrunde richten. Wie viele Menschen, die man gestört, verrückt oder geisteskrank nennt, sind in Wirklichkeit nur Unwissende, die sich negativen Kräften ausgesetzt haben. Sie wussten nicht, dass die falsch verstandene Freiheit für sie die Ursache allen Unglücks werden würde.*

* Vergleiche Band 17 »Erkenne Dich selbst – Jnani-Yoga«, Kap. 10.

Die Menschen hören nicht gerne etwas von Treue und Beständigkeit. Oh, ist das langweilig, ist das schwierig! Nun, ihr solltet wissen, dass so eine Denkweise es noch langweiliger und schwieriger macht, Treue und Beständigkeit zu verwirklichen. Es hängt von euch ab, ob ihr die eine oder andere gute Eigenschaft besitzt. Warum? Weil ihr etwas nicht anzieht, was ihr nicht liebt. Ihr mögt nicht treu sein und liebt die Veränderung, wie soll sich dann die Beständigkeit in euch niederlassen? Wenn ich es analysiere, stelle ich fest, dass die Menschen selbst diese oder jene Tugend abstoßen, weil sie diese nicht mögen. Um eine Sache anzuziehen, muss man sie lieben! Das ist der magische Aspekt daran. Bevor ihr versucht, irgendetwas zu erreichen, versucht zuerst, es zu lieben, sonst wird es euch trotz aller Anstrengungen nicht gelingen. Dieses Gesetz muss man unbedingt kennen.*

* Vergleiche Band 236 »Weisheit aus der Kabbala – Der lebendige Strom zwischen Gott und Mensch«, Kap. 15.

Betrachtet das Schneeglöckchen: Welche Kraft, welche Stärke besitzt es, um dem Schnee und der Erde zu befehlen: »Los, macht Platz, ich will heraus!« Und dabei ist es so zart, es hat so feine zarte Blütenblätter! Die geringste Kleinigkeit kann es verletzen. Aber Erde und Schnee gehorchen ihm, sie geben ihm den Weg frei. Welche Kraft ist es, die die Erde zwingt, sich zu öffnen? Das Schneeglöckchen besitzt eine unglaubliche Kraft in seinem kleinen Spross, der nach oben drängt, und er siegt. Immer siegt die Liebe.

Und ihr, seid ihr nicht stärker und kräftiger als dieses Schneeglöckchen? Doch! Aber ihr wisst nicht, wie ihr es anstellen sollt. Sagt zu den Ereignissen, den Umständen, den Schwierigkeiten und Begrenzungen: »Los, gebt mir den Weg frei, ich will hinaus, ich will mich befreien, ich will die Schöpfung bewundern, ich will beten… verschwindet!« Und ihr macht weiter, ihr bleibt hartnäckig, wie es das Schneeglöckchen war, bis zu dem Tag, an dem ihr hinaustretet, euch erhebt, den Sieg davontragt.*

* Vergleiche Band 15 »Liebe und Sexualität«, Kap. 4.

Wir leben auf der Erde, wo es Autoritäten zu respektieren gibt, Gebräuche und Gesetze, die man besser nicht übertritt. Das ist gut so, aber nicht genug. Es gibt andere, unsichtbare Autoritäten und Gesetze, die wir genauso in Erwägung ziehen müssen. Es nützt nichts, die Wertschätzung der ganzen Erde zu gewinnen, wenn man nicht die Wertschätzung des Himmels gewinnt. Die Menschen, die nur beim äußeren Schein verweilen, werden euch vielleicht Beifall spenden, euch Preise und hochtrabende Titel verleihen. Wenn aber der Himmel, der eure Gefühle, eure Gedanken und eure Absichten sieht, euch tadelt, könnt ihr niemals wirklich zufrieden und glücklich sein. Und umgekehrt ist es genauso. Die ganze Welt mag gegen euch sein, weil sie nicht zu schätzen weiß, was ihr vollbringt, wenn aber der Himmel mit euch ist, weil ihr seine Achtung gewinnen konntet, seid ihr trotz aller Angriffe und Prüfungen im Grunde eures Wesens glücklich.*

* Vergleiche Band 31 »Leben und Arbeit in einer Einweihungsschule«, Kap. 7.

Jemand sagt: »Ich verstehe, das spirituelle Leben ist schön, die Einweihungswissenschaft ist schön, ist edel und großartig… ja, aber niemand hat mir dieses Licht gegeben, und seit Jahren sitze ich in der Patsche, aus der nur sehr schwer wieder herauszukommen ist.« Natürlich, und es ist durchaus entschuldbar, alles ist entschuldbar… Wer niemals in der göttlichen Philosophie unterrichtet worden ist, dem werden seine Fehler verziehen. Kennt er aber einmal dieses Licht, ist es nicht mehr entschuldbar, wenn er nichts tut, um die Lage zu verbessern. Wie wird er sich später vor dem Himmel rechtfertigen können? Das ist sehr schwerwiegend. Habt ihr einmal Kenntnis von der wahren Philosophie, auf die sich die edelsten aller Menschen ausgerichtet haben, dann tut euer Möglichstes, um sie zu studieren und anzuwenden. Für denjenigen, der sich bemüht, wird sich die Lage immer verbessern.*

* Vergleiche Band 225 »Harmonie und Gesundheit«, Kap. 3.

Lasst das nutzlose Wissen ein wenig beiseite, mit dem alle angeben wollen, um den anderen zu zeigen, wie gelehrt sie sind. In der kommenden neuen Kultur wird man euch nicht fragen, ob ihr dieses oder jenes Werk über die Fortpflanzung von Insekten, über die Atomspaltung, die Religion der Azteken oder den Cro-Magnon-Menschen gelesen habt. Man wird euch dagegen fragen, ob ihr in euch die Liebe entwickelt habt, die Selbstlosigkeit, die Güte, die Ehrlichkeit, den Willen, denn das sind die Kräfte, mit denen der Mensch in alle Ewigkeit arbeiten soll. Das Bücherwissen dagegen wird schnell vergessen sein, wenn es euch nicht geholfen hat, euch zu verwandeln und endlich ein harmonisches Leben zu führen.* Die Welt braucht wahre Spiritualisten, Schüler, die ein reines und lichtvolles Leben führen, in Einklang mit den göttlichen Gesetzen, mit der Lehre vom Leben.

* Vergleiche Band 241, Kap. 14.

Glaubt ihr, dass ein Weiser immer gleichmütig ist, dass er nichts spürt, weder Gefühle noch Emotionen? Dann irrt ihr euch! Es kann geschehen, dass in ihm manchmal Tornados, schreckliche Stürme ausbrechen. Aber er lässt sich davon nicht mitreißen, denn er kennt Methoden, und anstatt diese Zustände zu erdulden, ohne etwas daran zu ändern, konzentriert er sich sofort und meditiert, um die Ruhe in sich wieder herzustellen. Darin liegt der Unterschied zwischen einem Weisen und einem gewöhnlichen Menschen.

Darum bestehe ich immer darauf, dass ihr begreift, wie wichtig es ist, dass der mentale Aspekt, das Denken, die erste Stelle in eurem Leben einnimmt. Sobald ihr eine Unruhe, eine Sorge spürt, ruft das Denken zu Hilfe. Unglücklicherweise ist euer Denken sofort zur Stelle, treu auf dem Posten, wenn es darum geht, euch aufzuregen, euch zu beunruhigen, euch das Leben schwer zu machen. Geht es jedoch darum, euch zu beruhigen, euch Klarheit zu verschaffen, dann wisst ihr noch nicht, wie ihr es dazu bewegen könnt. Also, an die Arbeit! Ihr habt eine Sorge, einen Schmerz? Ruft das Denken, damit es in euch gegenwärtig ist, denn es weiß, wie alle Dinge zu harmonisieren und wieder in Ordnung zu bringen sind.*

* Vergleiche Band 224 »Die Kraft der Gedanken«, Kap. 8.

Freitag

Unser Organismus besitzt unerschöpfliche Reserven. Wenn immer wieder ein Augenblick kommt, wo sie aufgebraucht scheinen, dann nur, weil wir keinen Zugang mehr zu ihnen haben. Selbst wenn ein Mensch im Sterben liegt, und seine Reserven scheinbar alle erschöpft sind, scheint es nur so. Es bleiben ihm noch welche, aber er hat keinen Zugang mehr zu ihnen, das ist alles. Wenn jemand käme, der das Wissen besitzt, den Lebensstrom aufs Neue zum Fließen zu bringen, wäre der Kranke gerettet. Das, was die Alchimisten das Elixier des ewigen Lebens genannt haben, bringt nicht selbst das ewige Leben, sondern die Möglichkeit, die Kanäle des Organismus zu reinigen, zu säubern und frei zu machen, damit die Energien, die wir besitzen und die unerschöpflich sind, wieder kreisen können. Sucht daher nicht das Elixier des ewigen Lebens; arbeitet jeden Tag daran, eure Gedanken, Gefühle und euer Tun zu reinigen und zu klären, damit das göttliche Leben freier in euch kreisen kann.*

* Vergleiche Band 240, Kap. 12.

Saturn wird durch einen Greis dargestellt oder manchmal auch durch ein Skelett, bewaffnet mit einer Sense. Die Sense des Saturn, das ist die Zeit, die alles zerstört; und das Skelett ist das, was der Zeit standhält, die Ewigkeit. Saturn steht daher für beide Aspekte. Jenseits des Fleisches, das heißt, der Welt der Erscheinungen, welche die Zeit (die Sense) beständig zerstört, findet man das unzerstörbare Skelett, die Ewigkeit. Aber wie viel Nachdenken und Meditieren ist nötig, um zu jenem Verständnis der Dinge zu gelangen, das den Übergang von der Zeit zur Ewigkeit ermöglicht.*

* Vergleiche Band 236 »Weisheit aus der Kabbala – Der lebendige Strom zwischen Gott und Mensch«, Kap. 15.

Es gibt sehr viele Märchen, die als Einweihungsgeschichten interpretiert werden können und die darin erwähnten Gegenstände als Realitäten des spirituellen Lebens. So ist der Ritter eine Darstellung des Eingeweihten. Der Harnisch oder Brustpanzer, den der Ritter trägt, ist zum Beispiel nichts anderes als ein Symbol seiner Aura. Und sein Schwert ist das Licht, das der Eingeweihte durch sein Denken ausstrahlt. Die Aura, einem Wall vergleichbar, der uns umgibt und uns schützt, repräsentiert das weibliche Prinzip. Und der Gedanke, der in den Raum ausgestrahlt wird, repräsentiert das männliche Prinzip. Diese beiden Symbole von Harnisch und Schwert gehen bis in uralte Zeiten zurück und repräsentieren also die beiden Prinzipien: das passive Prinzip, die Aura, und das aktive Prinzip, den Gedanken, der wie ein Pfeil fliegt. Denn der Pfeil repräsentiert, genau wie das Schwert, das aktive, männliche Prinzip.

In der Astrologie ist der Schütze, der die Pfeile abschießt, das Symbol des Eingeweihten, der seine Gedanken ausstrahlt, um die Stadt des Lichtes zu verteidigen, damit auch nicht die geringste Dunkelheit dort eindringen kann.*

* Vergleiche Band 219 »Geheimnis Mensch – Seine feinstofflichen Körper und Zentren«, Kap. 2.

Auch das kleinste Ereignis eures Lebens ist in euch aufgezeichnet. In der Psychologie nennt man diese Aufzeichnungen Gedächtnis oder Unterbewusstsein. Aber wie man sie auch nennen mag, wichtig ist, dass man sie zu nutzen weiß. In dem Moment, in dem es euch gelungen ist, eine göttliche Sekunde zu leben, ist bereits die Ewigkeit in diese Sekunde geglitten. Ihr habt ein Klischee angezogen, und dieses Klischee wird ewig leben; es ist unauslöschlich in euch gegenwärtig. Wenn ihr euch daher unwohl fühlt, verwirrt und leer, begebt euch in eure innere Videothek und bemüht euch, jene Bewusstseinszustände wiederherzustellen, dank derer ihr wenigstens für ein paar Sekunden begriffen habt, dass eure Existenz Licht sein kann, Frieden, Schönheit, Liebe, Fülle… Selbst wenn ihr gerade in einer Lage oder einem Geisteszustand seid, die weit weg sind von diesen Augenblicken des Glücks, sind diese nicht in euch ausgelöscht; ihr könnt sie wiederfinden und euch von ihren segensreichen Schwingungen durchdrungen fühlen.*

* Vergleiche Band 317 »Die Kunst und das Leben«, Teil 3.

In mehreren Passagen der Evangelien wird eine Tatsache sehr deutlich: Jesus respektierte gewisse Aspekte der alten Ordnung und der von Moses gegebenen Gebote. Aber zugleich wollte er die Menschen weiterführen auf dem Weg der wahren Religion. Denn ein geistiger Meister hat genau die gleichen Aufgaben wie die anderen Lehrer. Er muss seine Schüler voranbringen, wie ein Erzieher sich bemüht, alle seine Schüler voranzubringen. Er weiß, dass die Mehrheit ihm in seinen fortschrittlichsten Ideen und Plänen nicht folgen kann, aber muss er deswegen die kleine Zahl derer stagnieren lassen, die weitergehen wollen und dazu fähig sind? Warum sich auf die Ebene der Schwächsten und Dümmsten begeben? Man sollte die Menschen immer dazu anregen, voranzuschreiten. Jesus hat die Religion seiner Väter nicht umgestürzt, er hat sie vertieft, erweitert, verinnerlicht. Und wenn er zurückkäme, würde er jetzt das Gleiche mit dem Christentum machen.*

* Vergleiche Band 235 »Im Geist und in der Wahrheit – Wie finde ich zu Gott«, Kap. 11.

Sobald wir etwas tun, lösen wir unvermeidlich bestimmte Kräfte aus, die genauso unvermeidlich bestimmte Wirkungen hervorrufen. Es ist diese Idee einer Verbindung zwischen Ursache und Wirkung, die zunächst in dem Wort Karma enthalten ist. Später hat dieses Wort die Bedeutung einer Bezahlung für begangene Verfehlungen angenommen.

In Wirklichkeit kann man sagen, dass das Karma jedes Mal in Erscheinung tritt, wenn eine Handlung nicht in Vollkommenheit ausgeführt wurde, was die meiste Zeit der Fall ist. Aber der Mensch bemüht sich, er muss sich so lange üben, bis er Vollkommenheit erreicht, und solange er ungeschickt ist und Irrtümer begeht, muss er sich korrigieren und die Fehler wiedergutmachen. Und dafür muss er sich natürlich abmühen und leiden.

Ihr meint: »Aber wenn man beim Handeln unausweichlich Fehler macht, wäre es besser, gar nichts zu tun.« Manche haben diese Philosophie vertreten, aber das ist keine gute Lösung, denn wenn man nichts tut, lernt man nichts. Besser man handelt, irrt sich und leidet, bemüht sich aber jeden Tag, in seine Handlungen, seine Worte, seine Gefühle und Gedanken immer mehr Güte, Reinheit und Selbstlosigkeit zu legen. Ihr habt dann immer weniger die schmerzhaften Folgen des Karmas zu ertragen. Ihr werdet immer mehr in Freude und Fülle leben. Das nennt man dann Dharma.*

* Vergleiche Band 202 »Der Mensch erobert sein Schicksal«, Kap. 1.

Eine Quelle strömt und sprudelt ohne Unterlass. Selbst wenn tote Zweige und Blätter sie zu verstopfen drohen, werden sie weggespült, da die Quelle immer weiterfließt. Sie bleibt immer rein und lebendig, da sie nie aufhört zu fließen. Wo findet ihr eine bessere Philosophie als die der Quelle?

Nehmt die Quelle als Vorbild, werdet ihr gleich. Das heißt: liebt, liebt einfach jeden und alles. Diese sprudelnde Liebe wird euch vor Unreinheiten und Leiden schützen. Ihr werdet es nicht einmal bemerken, wenn man versucht, euch zu beschmutzen oder zu schaden, denn alles, was euch an Bösem geschehen kann, tragen das Wasser und die Liebe fort. Bewahrt Tag und Nacht dieses Bild der Quelle in euch, die fließt und alles Übel und Unreine abweist. Hört niemals auf zu lieben, und ihr werdet nicht mehr leiden.*

---

* Vergleiche Band 7 »Die Reinheit – Grundlage geistiger Kraft«, Teil 3.

Wer sich weigert, die Erfahrungen der anderen zu berücksichtigen, beweist damit eine falsch verstandene Unabhängigkeit. Allerdings kann er nicht umhin, sie zu berücksichtigen, ob er das nun anerkennt oder nicht. Was macht ein Romanschreiber, ein Dichter, ein Philosoph? Er lebt sein Leben und schreibt dann ein Werk, das im Allgemeinen eine Spiegelung seiner Erfahrungen darstellt. Es ist ein Erbe, das er den Menschen hinterlässt. Und diese nähren sich davon. Auf diese Weise werden wir fortwährend von den Erfahrungen anderer angeregt und beeinflusst. Ob diese Erfahrungen nun glücklicher oder unglücklicher Art sind, wir werden beeinflusst. Wir nehmen sie auf, bewusst oder unbewusst, als Erfahrungen, die wir in unserem eigenen Leben zu machen haben, und wir handeln dementsprechend. Darum kann man von Glück sagen, dass bestimmte Bücher von Menschen geschrieben worden sind, die ein hervorragendes Leben, reich an Weisheit, Liebe, Güte und Reinheit geführt haben. Es ist ein Segen, dass es Hinterlassenschaften gibt, von denen wir wahrhaft profitieren können.*

* Vergleiche Band 4 »Das Senfkorn – Symbole im Neuen Testament«, Kap. 5.

Samstag

Anstatt euch vom Bösen niederwerfen zu lassen, bemüht euch, es umzuwandeln. Und um es umzuwandeln, versucht, das Geheimnis der Einheit zu erfassen. Nehmt die Erde als Vorbild: Mit Abfällen und verwesenden Kadavern bringt sie immer wieder Gras, Blumen, Bäume, Gemüse und Früchte hervor. Ja, es hat bereits Milliarden und Abermilliarden von Kadavern gegeben, und die Erde, die nichts wegwirft, die alles akzeptiert, ist ein wahrer Friedhof. Aber dieser Friedhof ernährt die ganze Menschheit. Wie ist das möglich? Nun, weil die Erde das Geheimnis der Umwandlung kennt, welches das Geheimnis der Einheit ist.

Angesichts all dieses Unrats, der sich auf ihr ansammelt, beklagt sich die Erde nicht: »Was ist das bloß alles? Mir das anzutun?« Und sie bemüht sich auch nicht, ihn loszuwerden, sich von ihm zu befreien. Sie setzt Apparate in sich in Gang, Vorgänge, die ihr ermöglichen, diesen Unrat aufzunehmen, zu verdauen und umzuwandeln.* Ja, merkt euch das gut: Das Geheimnis der wahren Umwandlung ist das Geheimnis der Einheit. Solange ihr diese Idee nicht verstanden habt, seid ihr in der Dualität und löst niemals das Problem des Bösen.

* Vergleiche Band 235 »Im Geist und in der Wahrheit – Wie finde ich zu Gott«, Kap. 17, Teil 2.

Man hat noch nicht genügend betont, wie wichtig es ist, sich zufrieden zu fühlen. Die meisten Menschen haben die Gewohnheit, mit allem und jedem unzufrieden zu sein und sehen darin keine Gefahr. Aber was noch schlimmer ist, sie haben immer mehr die Neigung, die Zufriedenheit als ein Zeichen der Naivität und Dummheit zu betrachten und die Unzufriedenheit, die Kritik dagegen als ein Zeichen von Intelligenz.

Eine längere Unzufriedenheit, bewusst oder unbewusst aufrechterhalten, verdirbt immer etwas in euch. Die Unzufriedenheit ist nur dann akzeptabel, wenn ihr mit euch selbst unzufrieden seid. Aber nein, man ist mit Gott unzufrieden (Er hat die Dinge nicht richtig gemacht!), man ist mit dem Leben unzufrieden, mit der ganzen Menschheit unzufrieden. Nun, diese schädliche Einstellung wird euch innerlich viele schlechte Ratschläge geben. Seid daher wachsam! Da ihr nicht verhindern könnt, dass sich ein solches Gefühl äußert, wird euer Gesicht immer trüber, euer Blick düsterer, eure Gesten schroffer und eure Stimme unfreundlicher, was euch für eure Umgebung unsympathisch macht. Wenn man auch dazu neigt, die Unzufriedenen für intelligenter als andere zu halten, findet man es doch keinesfalls angenehm, mit ihnen zu leben, und man entfernt sich von ihnen.*

* Vergleiche Band 225 »Harmonie und Gesundheit«, Kap. 9.

In der neuen Kultur wird der Mensch lernen, sich von Licht zu ernähren. Seid nicht überrascht, es passt in die natürliche Ordnung der Dinge. Alle anderen Nahrungsmittel hinterlassen Abfälle, die schließlich den Organismus verstopfen und vergiften; nur das Licht hinterlässt keine Abfälle, denn es ist absolut rein. Wenn ihr Holz oder Kohle in einem Ofen verbrennt, dann müsst ihr am nächsten Tag die Asche entfernen, bevor ihr ihn wieder anzündet. Das Gleiche gilt für den Organismus. Wenn man nach dem Essen und Trinken die Abfallstoffe nicht wieder los wird, wird man schnell krank und stirbt sogar an Vergiftung. Wie viele Krankheiten haben als Ursprung Abfallstoffe, die der Organismus nicht wieder loswerden konnte! Das könnte sogar als Definition von Krankheit dienen: die Unfähigkeit des Organismus, bestimmte Stoffe auszuscheiden. Gesundheit hingegen ist das Ergebnis eines schnellen, feinstofflichen Austausches zwischen dem Organismus und dem ihn umgebenden Milieu, sodass alle Unreinheiten beseitigt werden. Wenn ihr das Licht absorbieren könntet, diese reine von der Sonne verbreitete Quintessenz, würdet ihr spüren, wie sich eure Gesundheit verbessert, eure Intelligenz klarer wird, euer Herz sich weitet und euer Wille stärker wird.*

* Vergleiche Band 225 »Harmonie und Gesundheit«, Kap. 7.

Die Menschen wissen nicht, dass sie durch ihr zügelloses Leben dabei sind, ihre kostbarsten Quintessenzen zu verbrennen. Sie glauben, dass sie sich automatisch wieder erneuern. Oh nein! Man kann manche Materialien ersetzen, weil die kosmische Intelligenz den menschlichen Organismus auf eine Weise konstruiert hat, die bestimmte Verluste allmählich wieder ausgleicht. Aber wenn ein Mensch sich weigert, sich den Gesetzen der Weisheit anzupassen, wenn er Exzesse begeht, welcher Art auch immer, sind die Verluste nicht wiedergutzumachen. Diejenigen, die ein instinktives, leidenschaftliches Leben führen, in dem Seele und Geist niemals etwas zu sagen haben, verlieren ihre feinstofflichsten Quintessenzen.* Da kein erhabener Gedanke und kein selbstloses Gefühl ihre Lebensweise richtigstellt und verbessert, fließen ihnen nur Energien von der physischen Ebene zu, und das ist unzureichend. Um die psychische, die spirituelle Ebene zu nähren, braucht der Mensch spirituelle Energien. Diese kann er nur finden, wenn er niedere Befriedigungen aufgibt, also indem er Opfer bringt.

* Vergleiche Band 28 »Die Pädagogik in der Einweihungslehre, Teil 2 und 3«, Kap. 7.

Viele Menschen haben ein Bewusstsein dafür entwickelt, dass ihre Gedanken und Gefühle Einfluss auf das Funktionieren ihres Organismus haben. In den meisten Fällen haben sie dies aber nur bei negativen Gedanken und Gefühlen beobachtet, wie zum Beispiel bei Hass, Wut, Angst, Beklemmung oder Gefühlen, die durch schlechte Nachrichten verursacht wurden. Die Absonderungen der Drüsen sind gestört, und sie fühlen sich vergiftet. Sie wissen also, dass negative Emotionen die Gesundheit schädigen, aber wie viele bemühen sich, diese zu vermeiden, um ihren psychischen Zustand zu verbessern? Und wie viele entschließen sich bewusst, positive Bewusstseinszustände in sich aufrechtzuerhalten? Dabei ist es doch leicht zu begreifen, dass man in demselben Maße, wie man von niederen Gedanken und Gefühlen vergiftet worden ist, durch die Arbeit mit lichtvollen, göttlichen Gedanken und Gefühlen befreit, gestärkt und belebt wird.*

* Vergleiche Band 16 »Alchimie und Magie der Ernährung -
  Hrani-Yoga«, Kap. 12, Teil 2.

Die vier Elemente, die den vier Zuständen der Materie entsprechen, sind in der Nahrung enthalten, die wir jeden Tag zu uns nehmen. Während des Essens können wir uns daher mit den Engeln der vier Elemente verbinden: den Engeln der Erde, des Wassers, der Luft und des Feuers, um sie zu bitten, uns beim Aufbau unseres physischen Körpers zu helfen, ihn so rein und lichtvoll zu machen, dass er zur Wohnstätte Christi, des lebendigen Gottes, werden kann.

Indem wir lernen, mit den Engeln von Erde, Wasser, Luft und Feuer in Verbindung zu treten, empfangen wir Teilchen einer feinstofflicheren Natur, dank derer wir unsere psychischen Körper aufbauen... bis hin zum Glorienleib. Wenn es gelungen ist, diesen Lichtleib aufzubauen, den man auch den Auferstehungsleib nennt, wird der Mensch unsterblich.*

* Vergleiche Band 204 »Yoga der Ernährung«, Kap. 4.

Das Symbol der Rosenkreuzer ist eine rote Rose im Zentrum eines Kreuzes. Diese Rose stellt das Herz, das vollkommen entwickelte Herzchakra im Menschen dar, das in seinem höheren Entwicklungsgrad als sublimiertes Kreuz betrachtet wird. Dieses Chakra entwickelt der Mensch durch die Liebe, deren Farbe und Duft die der Rose sind. Das Rosenkreuz ist also das Symbol des Eingeweihten, dem es gelungen ist, dank seiner Arbeit an sich selbst, in sich die Liebe Christi zu entwickeln, die göttliche Liebe, rein und belebend. Eingeweihter des Rosenkreuzes zu sein bedeutet, alle mit dem Kreuz verbundenen Geheimnisse zu kennen, aber auch alle Geheimnisse der Rose im Zentrum des Kreuzes. Die Rose im Kreuz ist der vollkommene Mensch. Er besitzt nicht nur das Wissen über alle Elemente, die seinen physischen, seinen psychischen und spirituellen Körper sowie deren Beziehungen zum Kosmos ausmachen, sondern er kann auch die Christusliebe hervorsprudeln und fließen lassen.*

* Vergleiche Band 32 »Die Früchte des Lebensbaums«, Kap. 6.

Die Ursache aller Probleme und sogar Dramen, die die Menschen im Bereich der Sexualität erleben, liegt darin, dass sie noch nicht gelernt haben, wie sie sich gegenseitig betrachten müssen. Wenn der Mann eine Frau als Vergnügungsobjekt betrachtet, legt er damit bereits sein Verhalten fest und wird gezwungen sein, all seine leidenschaftlichen Neigungen hervorkommen zu lassen. Aber wenn er sie als ein Geschöpf betrachtet, das er lieben und respektieren muss, weil sie einen Aspekt des großen, kosmischen Prinzips darstellt, des ewig Weiblichen, der Göttlichen Mutter, dann muss er sein Verhalten ändern.

Jesus sagte: »Es geschehe Dir nach Deinem Glauben.« Ja, die Dinge werden so oder so, je nach unserer Art, wie wir sie betrachten. Das ist ein magisches Gesetz, das man verstehen und vertiefen muss. Denkt nicht, dass ihr die Äußerungen eurer Liebe ändern könnt, ohne die Art und Weise zu ändern, mit der ihr den Empfänger eurer Liebe betrachtet. Es ist unmöglich, die Äußerungen zu ändern, solange man nicht seine Art, den anderen zu betrachten, geändert hat.*

* Vergleiche Band 13 »Die neue Erde«, Kap. 7.

Wenige Menschen begreifen, wie wichtig es ist, sich für ein himmlisches Unternehmen, eine himmlische Arbeit, freizuhalten. Sie engagieren sich in der Welt, sie verheiraten sich mit ihr. Und da die Welt schwer wiegt und schreckliche Ansprüche stellt, werden sie durch all die Lasten vollständig erdrückt, die sie ihnen auferlegt. Sie haben so viele Dinge zu tun, so viele Pflichten zu erfüllen, dass in ihrem Kopf und in ihrem Herzen überhaupt kein Platz mehr bleibt, nicht einmal mehr eine Minute für das spirituelle Leben. Dann rechtfertigen sie sich natürlich, indem sie all die Pflichten vorgeben, ohne sich bewusst zu machen, dass sie gerade damit unter Beweis stellen, dass sie zu leichtsinnig zugestimmt haben, sich zu überlasten. Wenn sie sich jetzt aus dieser Situation retten wollen, müssen sie jeden Tag einen Augenblick, eine kleine Zeitspanne ausklammern, um ihn dem Licht, dem Geist zu widmen.*

* Vergleiche Band 29 »Die Pädagogik in der Einweihungslehre, Teil 2 und 3«, Kap. 3.

»Es werde Licht!« Dem Zitat aus der Genesis zufolge hat die Schöpfung in dem Augenblick begonnen, als Gott diese Worte ausgesprochen hat. Dieses Wort Gottes lässt sich natürlich in keinem Fall mit dem vergleichen, was wir Wort nennen. Es ist nur eine Art, die Idee auszudrücken, dass Gott etwas von sich selbst ausgestrahlt hat, um zu erschaffen. Zu sagen, dass Gott gesprochen hat, bedeutet, dass Er den Willen hatte, sich zu manifestieren. Ihr meint, das sei sehr schwer zu verstehen... Nein, nehmt ein Beispiel aus dem täglichen Leben. Ihr habt eine Idee, aber wo befindet sie sich? Kann man sie sehen und irgendwo in eurem Gehirn lokalisieren? Nein. Man muss sogar zugeben, dass man nicht weiß, aus welcher Materie sie besteht. Aber in dem Moment, wo ihr diese Idee durch das Wort ausdrückt, beginnt man bereits, ihre Existenz wahrzunehmen. Und wenn ihr schließlich dieser Idee entsprechend handelt, inkarniert sie sich in der Materie, sie wird sichtbar. Das Wort ist ein Vermittler zwischen der Ebene des reinen Denkens und der Ebene der Verwirklichung in der Materie.*

* Vergleiche Band 236 »Weisheit aus der Kabbala – Der lebendige Strom zwischen Gott und Mensch«, Kap. 7.

Einatmen und Ausatmen: Diese beiden Bewegungen von Ebbe und Flut, die unsere Lungen abwechselnd füllen und leeren, halten uns am Leben. Aber die Atmung ist ein universelles Phänomen. In der Natur atmet alles, die Tiere, die Pflanzen und sogar die Erde. Ja, da die Erde lebendig ist, muss auch sie einatmen und ausatmen. Sicher, ihr Rhythmus ist nicht der gleiche wie der unsrige von 18 Atemzügen pro Minute. Bei ihr vollzieht sich der Rhythmus über Jahre hin und ist daher nicht wahrnehmbar. Auch die Erde selbst dehnt sich aus und zieht sich zusammen, ihre Dimensionen sind niemals genau gleich. Und vielleicht ist dieses Ausdehnen und Zusammenziehen auch die Ursache für Erdbeben, Springfluten, Vulkanausbrüche usw. Die Erde ist lebendig, sie atmet... und auch die Sterne atmen! Ja, sie atmen ein und atmen aus. Und diese Atmung, die bis zu uns gelangt, spüren wir in Form von Einflüssen.*

* Vergleiche Band 18 »Erkenne Dich selbst – Jnani-Yoga«, Kap. 12.

Die Weisen Indiens haben eine sehr tiefsinnige Formel gegeben: »Ich bin Er«. Was bedeutet: »Ich existiere nicht als ein getrenntes, unabhängiges Wesen. Ich existiere nur dank Ihm, dem Schöpfer, als eine Spiegelung. Und wenn ich mich jetzt wiederfinden will, werde ich Ihn wiederfinden, der mich geschaffen hat. Ich bin nur eine Nicht-Existenz, eine Illusion, Er allein ist Wirklichkeit«.*

Gott hat seine Substanz in Milliarden und Abermilliarden von Geschöpfen verstreut. Man kann also sagen, dass es in Wirklichkeit gar keine Geschöpfe gibt, sondern nur Ihn, den Schöpfer, an dessen Existenz wir teilhaben. Damit es uns gelingt, diese Realität bewusst zu leben, müssen wir eine sehr große innere Arbeit leisten.

* Vergleiche Band 222 »Die Psyche des Menschen«, Kap. 13.

Was für ein Ideal haben die Leute? Sie wollen eine Familie, einen Beruf, ein Auto und ein Haus mit allem Komfort bekommen; das genügt ihnen, mit diesem mittelmäßigen Leben sind sie zufrieden. Ab und zu lesen sie natürlich einige Bücher, hören ein paar Platten, gehen in ein Theaterstück oder verreisen. Das ist alles, sie fügen ihrer Existenz nichts Höheres, Mächtigeres hinzu, sie stagnieren.

Wann werden sich die Menschen endlich über die Gefahren bewusst, die dieses verlangsamte Leben für sie darstellt? Alle körperlichen und seelischen Krankheiten lauern ihnen auf, sie warten nur auf den Augenblick, wo sie sich bei ihnen einschleichen, sie beißen und anknabbern können. Das ist traurig und jämmerlich! Die kosmische Intelligenz hat den Menschen nicht so wunderbar gebaut, damit er sich derart einschläfern und betäuben lässt. Sie hat ihn darauf vorbereitet, ohne Unterlass auf dem Weg der Evolution vorwärtszukommen, indem er täglich in sich einen Lebensstrom ernährt, der alle Fäulnis und allen Schimmel im körperlichen und seelischen Bereich entfernt.*

* Vergleiche Band 231 »Saaten des Glücks«, Kap. 13.

Der Mensch ist ein unermesslich großes Wesen, aber er kennt sich nicht. Er kennt sich oben, in der göttlichen Welt, er soll sich aber auch hier durch die Materie kennen lernen, und gerade das ist schwierig. Habt ihr eine junge Katze mit ihrem Schwanz spielen sehen? Da sie nicht weiß, dass es ihr Schwanz ist, verfolgt sie ihn, beißt ihn und ist darüber erstaunt über das, was sie spürt. Ihr seid auch wie eine Katze. Eines Tages entdeckt ihr die Existenz des äußersten Endes eures Wesens. Hier auf der physischen Ebene wisst ihr nicht, was es ist. Ihr beißt es und schreit natürlich, weil ihr entdeckt, dass dieser Schwanz, der da spazieren geht, ein Teil von euch ist. Das Wesen des Menschen ist überall im Raum verteilt,* und eines Tages sollte es sich kennen. Da ist also unser »Katzenschwanz«, der physische Körper, und wir müssen uns über ihn, durch die Materie, kennen lernen. Das macht unser Leben so schwierig, aber auch so lebenswert.

* Vergleiche Band 17 »Erkenne Dich selbst – Jnani-Yoga«, Kap. 7.

Anstatt alle anderen für eure Schwierigkeiten verantwortlich zu machen und euch gegen den Schöpfer aufzulehnen, denkt nach, meditiert, und ihr werdet die guten Seiten der Prüfungen entdecken! Viele gute Eigenschaften kann man nicht entwickeln, solange man nicht bestimmte Leiden durchlebt hat wie Misserfolge, Krankheit und sogar die Feindschaft der Menschen. Ja, deshalb sage ich euch, dass unsere Feinde oft getarnte Freunde sind, weil sie uns dazu zwingen, uns anzustrengen und Fortschritte zu machen.

Jesus hat gesagt: »Liebet eure Feinde!«, und viele halten diese Empfehlung für unrealisierbar, sogar unsinnig. Wie soll man Leute lieben, die uns Schlechtes antun? Man kann seine Feinde nur lieben, wenn man entdeckt, dass es getarnte Freunde sind, die uns die Vorsehung schickt, um uns dazu zu zwingen, auf dem Weg der Selbstbeherrschung und der Befreiung voranzuschreiten.*

* Vergleiche Band 211 »Die Freiheit, Sieg des Geistes«, Kap. 7.

Die Menschen vertrauen zu viel auf ihren Intellekt. Sie lassen sich von ihm beraten, und wie oft hat er sie irregeführt! Ja, weil der Intellekt nur nach dem Äußeren der Dinge urteilt. Hört nur, was er einem jungen Mädchen erzählt: »Siehst du diesen Jungen? Er hat nicht nur eine gute Stellung, Geld, ein wunderschönes Auto, Kleider erster Qualität, sondern er hat auch angenehme Manieren, ein attraktives Gesicht, einen athletischen Körper. Heirate ihn, du wärst ganz schön dumm, dir diese Gelegenheit entgehen zu lassen.« So sind die Berechnungen, die der Intellekt anstellt, weil er sich nur auf das Äußere stützt. Und wenn dieses Mädchen verheiratet ist, wird es merken, dass dieser charmante Athlet, der alle Bedingungen erfüllte, grausam, egoistisch und unehrlich ist... Wie viel Leid und Kummer hätte sie sich ersparen können, wenn sie, statt auf die Berechnungen ihres Intellekts zu hören, ihr Herz, ihre Intuition befragt hätte! Natürlich ist dies nur ein Beispiel. Denkt einmal über alle Fälle in eurem Leben nach, bei denen die Berechnungen eures Intellekts euch nur Enttäuschungen und Reue verschafft haben und zieht die Schlussfolgerungen daraus.*

* Vergleiche Band 218 »Die geometrischen Figuren und ihre Sprache«, Kap. 2.

Die wirkliche Umwandlung einer Gesellschaft* kann nicht durch Revolutionen erfolgen. Nach jeder Revolution trifft man erneut auf die gleiche Unordnung, die gleichen Unredlichkeiten, die gleichen Ungerechtigkeiten... Opfer und Henker haben das Lager gewechselt, sonst nichts, aber es gibt immer noch Opfer und Henker. Deshalb müssen Veränderungen nicht im Äußeren, sondern in der Denkweise der Menschen herbeigeführt werden.

Viele arbeiten für das Glück der Menschheit, aber wie viele wissen, was die Menschen wirklich brauchen, um glücklich zu sein? Sehr wenige, und deswegen sind die Ergebnisse nicht so großartig; und wenn man auf manchen Gebieten Fortschritte feststellen kann, so muss man auf anderen auch Rückschritte feststellen. Die echten Fortschritte, die wirklichen Verbesserungen erfolgen in erster Linie im Denken, im Herzen und in der Seele, dank des Lichts. Wie sollen die Veränderungen wirksam sein, wenn die Denkweise die gleiche bleibt: egoistisch, unehrlich, hinterlistig? Man muss bei der Denkweise beginnen, und wenn man sie ändert, wird man auch die ganze Welt verändern.

* Vergleiche Band 15 »Liebe und Sexualität«, Kap. 29.

Die physische Ebene hat ihren Sitz – symbolisch gesehen – in den Beinen und in den Füßen. Wenn ihr die Möglichkeit sucht, euch von der physischen Ebene zu entfernen, könnt ihr gedanklich an euren Füßen arbeiten. Wenn ihr sie wascht, gewöhnt euch zum Beispiel daran, sie bewusst zu berühren und euch dabei auf die spirituellen Zentren zu konzentrieren, die sich über und unter ihnen befinden.

Der Gott Hermes wird in der griechischen Mythologie mit Flügeln an den Fersen dargestellt. Hermes ist das Symbol des Eingeweihten, dem es möglich ist, im All zu reisen, denn er besitzt das Geheimnis der Entfaltung der spirituellen Zentren, die in den Füßen liegen. Solange man dieses Geheimnis nicht kennt, kann man sich von der physischen Ebene nicht befreien, darf man nicht aus seinem Körper austreten, um die anderen Welten zu besuchen.*

* Vergleiche Band 2 »Die spirituelle Alchimie«, Kap. 7.

Ihr wollt einen Gegenstand weihen, das ist in Ordnung, aber wisst ihr auch, wie man das macht? Um einen Gegenstand zu weihen, müsst ihr damit beginnen, die schädlichen Einflüsse aus ihm zu entfernen, denn dieser Gegenstand trägt schon den Einfluss von Personen, die ihn berührt haben, von Ereignissen, die sich in seiner Nähe abspielten und die auf ihm feinstoffliche Schichten abgelagert haben, die vielleicht undurchlässig und unrein sind. Diese Schichten verhindern, dass eure Gedanken den Gegenstand vollständig durchdringen können, denn sie bilden eine Sperre, eine Wand, die sich ihnen widersetzen. Wenn der Gegenstand durch Gebete oder sogar durch Weihrauch exorziert ist, könnt ihr beginnen, ihn zu weihen. Ihr stellt ihn unter den Einfluss einer himmlischen Macht, und der Gegenstand ist belegt. Es ist, als ob ein Schild an ihm hängen würde. Er ist dann von Licht durchdrungen, die bösen Geister können sich nicht mehr einnisten, um sich seiner zu bedienen. Die himmlischen Wesen dagegen lassen sich in ihm nieder, um euch durch ihn in eurer spirituellen Arbeit zu unterstützen.*

* Vergleiche Band 226 »Das Buch der göttlichen Magie«, Kap. 17.

»Es muss sich etwas ändern!... Wir brauchen Veränderungen!« Das bekommt man überall zu hören. Und wie sehen diese Veränderungen aus? Immer die gleichen erbitterten Kämpfe um Macht, Geld, Auszeichnungen... Die einen verjagen die anderen, um ihren Platz einzunehmen! Nein, echte Veränderungen wird es erst geben, wenn die Menschen daran arbeiten, ehrlicher, vornehmer, selbstbeherrschter zu werden: Vorbilder zu sein. Aber das interessiert sie nicht. Wozu sollte man sich verbessern? Das brauchen sie nicht. Was sie brauchen, sind Gelegenheiten, ihre Wünsche und ihre Begierden zu befriedigen.

Ihr werdet erwidern: »Ja, aber wenn man Ihren Ratschlägen folgt und daran arbeitet, immer besser, sogar ein Vorbild zu werden, ist die Lage in der Welt jedoch so, dass man irgendwo unbekannt, unauffällig, an unterster Stelle der Leiter bleibt.« Was wisst ihr denn schon, um solche Schlüsse ziehen zu können? Wenn ihr wirklich eine Quelle, eine Sonne werdet – selbst wenn ihr es nicht wollt, selbst wenn ihr es zurückweist, werden euch die anderen mit Gewalt holen und euch an die Spitze stellen, um sie zu führen. Wenn das noch nicht geschehen ist, dann habt ihr es nicht verdient, weil ihr noch nicht bereit seid.*

* Vergleiche Band 208 »Das Egregore der Taube. Innerer Friede und Weltfriede«, Kap. 8.

Man trifft Leute, die sich nur für okkulte Wissenschaften interessieren. Sie sind stolz darauf, als Astrologen, Alchimisten, Magier, Kabbalisten zu gelten, aber die Ärmsten sind sich nicht im Klaren darüber, dass ihre Existenz und ihr ganzes Wesen ein schreckliches Chaos sind, das mit wahrer Astrologie, Alchemie, Magie oder der wahren Kabbala nichts zu tun hat. Es wäre besser, wenn sie all diese Wissenschaften in Ruhe ließen! Im täglichen Leben muss man zeigen, dass man etwas kann. Wenn man Bücher liest, eignet man sich natürlich Wissen an und wird sogar sehr gebildet. Aber das ist nicht das wahre Wissen. Wahres Wissen befähigt dazu, sich zu beherrschen, sich von seinen Schwächen zu befreien, nicht mehr Opfer innerer Zerrissenheit zu sein. Wahres Wissen bedeutet, fähig zu sein, überall als lichtvolle und wohltuende Gegenwart aufzutreten.*

* Vergleiche Band 27 »Die Pädagogik in der Einweihungslehre«, Kap. 11.

Lebewesen sollen niemals ohne Liebe sein. Es ist das einzige göttliche Recht, das der Schöpfer ihnen gegeben hat, lieben und geliebt zu werden. Keiner darf sie davon abhalten. Die Frage ist, wie man lieben soll, um Missverständnisse und Leiden zu vermeiden, aber man muss lieben. Indem man sich bemüht, die Art und Weise seiner Liebe zu vervollkommnen, kann man jene Liebe bekommen, von der das ganze Universum durchdrungen ist. Warum glaubt man immer, man müsse unbedingt einen Mann oder eine Frau in seinen Armen halten, um Liebe zu empfangen und zu geben? Wenn man mit jemandem spazieren geht, mit ihm spricht, ihn ansieht, wenn man ihn grüßt, ist das Liebe, und zwar Liebe in ihrer subtilsten, spirituellsten Form. Ihr habt diese Erfahrung schon gemacht, nicht wahr? Und habt euch dabei erhoben gefühlt? Also, warum versucht ihr nicht, diesen Zustand zu verlängern und sogar auszuweiten?*

* Vergleiche Band 18 »Erkenne Dich selbst – Jnani-Yoga«, Kap. 11.

Kindheit und Reife sind zwei Phasen, die der Mensch zwangsläufig durchmachen muss. Nachdem er eine gewisse Zeit Kind gewesen ist, wird er volljährig. Und das trifft nicht nur auf das soziale Leben, sondern auch auf das spirituelle Leben zu, mit dem Unterschied, dass im spirituellen Leben die Volljährigkeit nicht mit dem vom Gesetz vorgeschriebenen Alter von 18 oder 21 Jahren erfolgt. Auch mit 99 Jahren sind viele Menschen noch nicht richtig volljährig, weil sie keine geistige Reife haben.

Nur derjenige, der den Heiligen Geist empfangen hat, kann als wahrhafter Erwachsener betrachtet werden. Die anderen sind nichts anderes als Kinder. Ja, all jene, die diese spirituelle Reife nicht erreicht haben, werden vom Himmel wie minderjährige Kinder betrachtet und müssen sich wie Kinder verhalten, d. h. immer gehorsam und demütig sein, sich der göttlichen Welt fügen. Alle Menschen, die man in unlösbaren Schwierigkeiten gefangen sieht, sind noch widerspenstige Kinder. Die wahren Erwachsenen leiden nicht mehr, weil sie immer im Licht sind.*

* Vergleiche Band 27 »Die Pädagogik in der Einweihungslehre«, Kap. 6.

All jene, die ihre Schwierigkeiten oder ihr Unglück zu ernst nehmen, begeben sich in unlösbare Situationen, weil gerade diese Schwierigkeiten und dieses Unglück nur dann überwunden werden können, wenn man sie nicht mehr so ernst nimmt. Ihr könnt mir wirklich glauben, kein Unglück geschieht eurem wahren Ich. Euer wahres Ich steht über allen Schicksalsschlägen des Lebens. Also, welche Schwierigkeiten ihr auch immer zu bewältigen habt, denkt einfach: »Natürlich sind diese Ereignisse real, und ich kann nicht leugnen, dass es dieses und jenes gibt... Aber geschieht dies wirklich mir? Nein, ich bin ein ewiger, unsterblicher Geist, und was ich hier gerade erlebe, macht ein anderer durch, nicht ich. Es ist nur eine Illusion, deren Zuschauer ich bin.«*

* Vergleiche Band 17 »Erkenne Dich selbst – Jnani-Yoga«, Kap. 8.

Für die meisten Menschen ist das Wort »Magie« ein beunruhigendes Wort. Wie viele sind entsetzt, wenn in ihrer Anwesenheit dieses Wort ausgesprochen wird! Dabei betreiben alle Magie; ja, unbewusst macht man nichts anderes. Nach den Gesetzen der göttlichen Gerechtigkeit ist jeder schlechte Gedanke, jedes schlechte Gefühl schon schwarze Magie, denn sie beschmutzen, zerstören etwas. Und umgekehrt genauso. Alles, was harmonisiert, aufbaut, verschönert, erhellt, gehört in die Kategorie der weißen Magie. Also, anstatt laut zu schreien, wenn sie von Magie hören, sollten sich die Menschen lieber bewusst werden, in welchem Ausmaß alle ihre Äußerungen wirken. Ja, man sieht so viele Menschen, die niemals ein Buch über schwarze Magie aufgeschlagen haben, die nicht einmal glauben, dass schwarze Magie möglich ist, aber durch ihr Verhalten, ihre Gedanken, ihre Gefühle, ihre Worte sind sie in Wirklichkeit echte Schwarzmagier.*

* Vergleiche Band 226 »Das Buch der göttlichen Magie«, Kap. 10.

Wenn es euch nicht gelingt, euch gegen die inneren Kräfte zu wehren, die euch quälen, dann habt ihr die Liebe zu einer höheren Welt der Schönheit, der Ordnung und des Lichtes nicht entwickelt. Der eigene Wille genügt nicht; um sich wehren zu können, braucht man vom Himmel Schutz, eine Hilfe. Dieser Schutz und diese Hilfe können nur durch eure Liebe zur Vollkommenheit hervorgerufen werden. Solange ihr diese Liebe nicht habt, werdet ihr mit Sicherheit in die Fallen der Astral-Ebene geraten. Wenn sich also jemand rühmt, den Versuchungen widerstehen zu können und ich feststelle, dass er keine Liebe für die höhere Welt empfindet, dann kann ich ihm sagen: »Du hast keinen Verbündeten, du hast keinen Freund, du wirst der Versuchung erliegen.« Man muss zuallererst die himmlischen Wesen lieben und sie einladen, damit sie ständig anwesend sind. Dann beginnen alle niederen Neigungen sich zu unterwerfen, weil ihr auf höheren Ebenen mächtige Verbündete habt.*

* Vergleiche Band 243 »Das Lächeln des Weisen«, Kap. 10.

Hochmut lässt die Menschen verarmen, und Demut bereichert sie. Ja, beobachtet einmal das Verhalten des Hochmütigen. Er bläst sich auf, füllt sich auf, während der bescheidene Mensch sich leer macht, und gerade diese Leere zieht die Fülle an. Denn sobald irgendwo eine Leere entsteht, eilt eine Kraft herbei, um sie aufzufüllen. Um Gott anzuziehen, muss man demütig sein, denn Gott kann nicht dahin gehen, wo die Gefäße bereits voll sind. Man muss schon leer sein, damit Er eintritt. Wenn ihr sagt: »Mein Gott, ich bin töricht, und Du bist Weisheit, ich bin arm, und Du bist Reichtum, ich bin schwach, und Du bist Kraft…«, seid ihr schon dabei, die Leere in euch herzustellen. Dann beeilt sich Gott, euch zu füllen. Wenn ihr euch dagegen eurer Tugenden und Fähigkeiten rühmt, wird der Herr niemals zu euch kommen. Er wird zu euch sagen: »Also gut, du bist ja so zufrieden mit dir, bleibe wie du bist, du brauchst mich nicht.«*

* Vergleiche Band 207 »Was ist ein geistiger Meister?«, Kap. 4.

Während eurer Meditationen müsst ihr dahin kommen, eure mentale Energie auf einen bestimmten Punkt, ein zu erreichendes Ziel zu konzentrieren. Dieses Ziel kann individuell, aber auch kollektiv sein. Ideal ist, wenn es beides zugleich wäre. Wenn ihr euch selbst völlig vergesst und für euch nur die Gemeinschaft zählt, werdet ihr erschöpft sein und bald keine Kräfte mehr besitzen, um eure Arbeit fortzuführen. Und wenn ihr euch ausschließlich um euch kümmert, steht ihr in Widerspruch zu der Gemeinschaft. Ihr vergesst dabei, dass ihr nur ein kleiner Teil eines Ganzen seid, mit welchem ihr euch vernünftig und harmonisch austauschen sollt, um das Gleichgewicht zu wahren, und ihr werdet deshalb auf Hindernisse stoßen und Schocks erleben… Die wahre Weisheit rät uns also, beides zu vereinen, gleichzeitig für die anderen und für sich selbst zu arbeiten.*

* Vergleiche Band 24 »Die neue Religion – Eine universelle Sonnenreligion«, Kap. 19.

Ihr seid krank und nehmt Medikamente ein, die natürlich eine Heilwirkung besitzen, aber das allein genügt nicht. Sie wären sogar wirkungslos, wenn nicht irgendetwas in euch zur Heilung beitragen würde, nämlich die eigene Materie eures Körpers, die sich verteidigen kann, weil sie durch euren Geist belebt und verstärkt ist. Die Medikamente bekämpfen sicherlich die Krankheiten, aber gleichzeitig schwächen sie den Organismus als Ganzes. Es ist notwendig, dem Organismus die Möglichkeit zu lassen, dass er sich verteidigen kann, indem man seine in ihm ruhenden Kräfte erweckt.

Genauso darf ein Mediziner nicht nur Medikamente verschreiben. Ein echter Mediziner vermag eine Art magischer Kraft auszustrahlen, ein starkes Fluidum entströmt seiner ganzen Person, die den Kranken durchdringt, belebt und ihn genesen lässt. Das sollte man auch den Medizinstudenten beibringen: dass sie durch ihre Gegenwart einen günstigen Einfluss auf ihre Kranken ausüben können.*

* Vergleiche Band 23 »Die neue Religion – Eine universelle Sonnenreligion«, Kap. 9.

Frieden ist kein Zustand, den man direkt und ohne Vermittler erreichen kann, denn er ist das Ergebnis einer Synthese von Qualitäten und Tugenden. Er bedeutet, dass alle Funktionen und Aktivitäten im Menschen perfekt ausbalanciert und harmonisiert sind. Frieden ist eine Folge der guten Organisation und des perfekten Funktionierens aller Zellen und Organe. Niemand wird jemals Frieden haben, indem er nur sagt: »Ich will den Frieden!«

Aber beobachtet die Menschen, und ihr werdet sehen, dass alle glauben, indem man jemanden oder etwas abschaffe, könne man den Frieden erreichen. Überhaupt nicht! Selbst wenn man die Armeen und Kanonen abzuschaffen könnte, würden die Menschen schon am nächsten Tag andere Mittel der Kriegsführung erfinden. Der Friede ist ein innerer Zustand, und man erreicht ihn niemals durch die Abschaffung irgendeiner äußeren Sache. Der Mensch muss zuerst in sich selbst beginnen, die Ursachen des Krieges zu beseitigen. Und um innerlich im Frieden zu leben, muss man lernen, wie man Harmonie zwischen seinen Gedanken, seinen Gefühlen und seinen Handlungen herstellen kann.*

* Vergleiche Band 208 »Das Egregore der Taube. Innerer Friede und Weltfriede«, Kap. 1.

Lernt zu lieben, ohne zu erwarten, dass man euch liebt; ihr werdet euch dadurch befreien und mit dieser Freiheit sehr viel anfangen können. Leider legen die Menschen nicht so viel Wert auf ihre Freiheit und trachten nicht einmal danach. Im Gegenteil, sie wollen nur, dass sie angekettet werden. Man hat das Gefühl, dass die Freiheit ihnen zur Last fällt, sie langweilt, und sie wissen nicht, was sie damit anfangen sollen. Mit Zwang hingegen, ja sogar mit Schlägen, ist man zumindest gut beschäftigt, nämlich mit Leiden, Jammern, Weinen... Das ist wirklich nicht großartig! Der Schüler muss lernen, das Problem der Liebe zu lösen, indem er versteht, dass Lieben das Wesentliche ist; Tag und Nacht soll er alle Geschöpfe lieben, wie die Sonne, die ihre Liebe durch das All schickt, ohne sich darum zu kümmern, wen diese Liebe erreichen mag, niemanden oder alle, und vor allem, ob überhaupt Geschöpfe diese Liebe erwidern werden. Das Wichtigste ist, dass diese Energie, die vom Himmel kommt, durch uns hindurchgeht, denn sie erquickt uns, erfreut uns, inspiriert uns.*

* Vergleiche Band 10 »Sonnen Yoga – Surya-Yoga – Die Herrlichkeit von Tiphereth«, Kap. 14.

Nicht eine Geste oder eine Tat verraten, ob ihr rein oder unrein seid, sondern die Absicht, die Idee, die ihr im Kopf hegt, das Gefühl, der Wunsch, der euch antreibt, diese Geste oder diese Tat auszuführen. Rein sein bedeutet fähig sein, bei allem, was ihr tut, euch innerlich zu erheben, um die subtilsten und lichtvollsten Elemente zu empfangen. Wenn in eure zwischenmenschlichen Beziehungen nicht dieses hohe Ideal einfließt, seid ihr in der Unreinheit, selbst wenn ihr euch mit etwas Zärtlichkeit und ein paar Küssen begnügt, unter dem Vorwand, rein bleiben zu wollen. Und die Auswirkungen sind die gleichen, wie wenn ihr ein ausschweifendes Leben führt. Jeder Kontakt, jeder Austausch, der kein spirituelles, göttliches Ziel hat, sondern nur der egoistischen Befriedigung dient, verursacht die gleichen Unreinheiten. Wenn ihr aber den aufrichtigen Wunsch habt, demjenigen, den ihr liebt, zu helfen, ihn zu erhellen, ihn zu heiligen, dann reinigt dieser Wunsch euch und ihn.*

* Vergleiche Band 24 »Die neue Religion – Eine universelle Sonnenreligion«, Kap. 13.

Wenn bösartige Wesenheiten euch Übles antun wollen, versuchen sie, euch dahin zu treiben, dass ihr einen Fehler begeht, denn jeder Fehler ist eine offene Tür, die ihnen das Recht gibt, sich in euch einzuschleichen, um euch zu quälen. Angenommen, ihr habt ihnen Widerstand geleistet, ihr habt keinen Fehler begangen, dann haben sie keine Macht. Daher sage ich euch: Der Teufel hat nur die Macht, die ihr ihm verleiht. Wenn ihr mit ihm nichts zu tun haben wollt, dann öffnet ihm nicht die Tür. Er zwingt euch nicht, er schlägt euch nur etwas vor, und ihr geht darauf ein. Die meisten Leute glauben, dass ihre Schwierigkeiten schlagartig, ganz plötzlich aufgetreten sind. Nein, sie haben sie herbeigeführt, ihnen die Tür geöffnet, sie eingeladen. Und wie? Durch niedere Wünsche, Gedanken, Gefühle, durch gewisse Schwächen, gewisse Überschreitungen: Genau in diesem Moment hat der Teufel eine offene Tür vorgefunden und ist eingetreten.*

* Vergleiche Band 227 »Goldene Regeln für den Alltag«, Kap. 29.

Wie soll man wahre Spiritualität definieren?…
Wenn der Winter kommt, ist die Erde weniger der
Sonne ausgesetzt, und nichts wächst mehr. Die
Flüsse sind sogar gefroren, und das Leben läuft
langsamer. Im Frühling aber, wenn die Erde den
Sonnenstrahlen länger ausgesetzt ist, wächst alles,
wird alles schön, reich, überquellend, und das
Leben fließt überall. Spiritualität lässt sich also mit
der Wirkung der Sonne auf die Erde vergleichen.
Wenn unser Geist zu strahlen beginnt, um alle
Zellen unseres Organismus mit seiner Liebe und
seinem Licht zu durchdringen, um sie zu harmonisieren und dazu zu bringen, im Einklang zu singen,
ja, dann sind wir wirklich ein spiritueller Mensch.

Wahre Spiritualität ist wie die Sonne, die auf
die Erde einwirkt, wie der Geist, der unseren Körper belebt und beseelt, bis Licht, Friede und Fülle
in uns wohnen.*

* Vergleiche Band 31 »Leben und Arbeit in einer Einweihungsschule«, Kap. 2.

Alle Opfer, die man für eine höhere Idee bringt, verwandeln sich in Gold, in Licht. Darin liegt das Geheimnis, in der Idee, für die ihr arbeitet. Wenn ihr für euch selbst arbeitet, um eure Wünsche, eure Bedürfnisse, eure Instinkte, eure Leidenschaften, eure Begierden zu befriedigen, sind all eure Bemühungen in Wirklichkeit vergeudete Energien. Was man nicht weiß, das ist, wie wichtig eine Idee ist, die hinter einer Handlung steckt. In einer Idee, einer göttlichen Idee, liegt die magische Seite, der Stein der Weisen, der alles in Gold umwandelt. Darum sage ich euch, arbeitet, damit das Licht in der Welt siegt, damit alle Menschen sich des brüderlichen Bandes bewusst werden, das sie verbindet, damit das Reich Gottes auf Erden herabkomme. Alles, was ihr für diese Idee tut, verwandelt sich in Gold, das heißt in Gesundheit, Schönheit, Licht und Kraft.*

* Vergleiche Band 221 »Alchimistische Arbeit und Vollkommenheit«, Kap. 9.

Beobachtet einmal, wie das Wasser sich in der Natur reinigt, und ihr werdet feststellen, dass zwei Vorgänge möglich sind. Bei der ersten Möglichkeit sickert es in den Boden, wo es in der Dunkelheit verschiedene Schichten durchdringt und dabei seine Unreinheiten zurücklässt. So wird es nach und nach durchsichtig und klar und sprudelt eines Tages irgendwo als Quellwasser hervor. Bei der zweiten Möglichkeit wird das Wasser von den Sonnenstrahlen aufgewärmt. Es wird leicht, steigt als Dunst in die Atmosphäre auf und reinigt sich durch seine eigene Verdunstung; es fällt später als Tau oder Regen herunter und bringt der Pflanzenwelt Leben.

Für die Menschen gibt es auch zwei Reinigungsmethoden. Wer sich nicht durch die Sonnenstrahlen reinigen will, muss in die Erde hinabsteigen und dunkle Regionen, d. h. Schwierigkeiten, Leiden durchqueren und starke Spannungen ertragen. Die wahren Schüler wählen die andere Methode: Sie setzen sich den Strahlen der spirituellen Sonne aus, erheben sich und nehmen die lichtvollsten Elemente auf, die sie reinigen.*

---

* Vergleiche Band 30 »Leben und Arbeit in einer Einweihungsschule«, Kap. 6.

Es gilt zu lernen, die Nahrung nicht mehr allein auf die physische Ebene zu beschränken, sondern sie vielmehr als einen Prozess zu betrachten, der den ganzen Kosmos einbezieht. Ja, denn der Mensch wurde dazu geschaffen, sich nicht nur mit der dichten, sondern auch mit der feinstofflichen Seite des Universums auszutauschen, und er kann in den verschiedenen Regionen des Weltraums Nahrung finden, die seinen unterschiedlichen Körpern angemessen ist. Versucht einmal, dies zu verstehen, und dann werdet ihr das Universum als eine grenzenlose Sinfonie empfinden. Damit dieser Austausch jedoch stattfinden kann, müssen die Verbindungswege frei sein. Sind sie nicht frei, ist es schwierig durchzukommen, wie bei verstopften Rohren, die man reinigen muss. In welcher Weise? Auf der physischen Ebene kann man seine Ernährungsweise ändern, Schonkost essen, Abführmittel nehmen oder Einläufe machen usw. Auf der psychischen Ebene wird diese Art Verstopfung beseitigt, indem man eine strenge Auslese trifft in seinen Gedanken und Gefühlen, bis nur die lichtvollsten und edelsten übrig bleiben.*

* Vergleiche Band 225 »Harmonie und Gesundheit«, Kap. 7.

Die Heilige Dreifaltigkeit hat ihren Platz auf der Mittelsäule des Lebensbaums: der Vater in Kether, der Sohn in Tiphereth und der Heilige Geist in Jesod. Der Vater ist das Leben, Christus ist das Licht und Jesod ist die Liebe. Da jeder Sephira ein Körperbereich zugeordnet wird, entsprechen die Geschlechtsorgane Jesod. Der Heilige Geist ist mit der Liebe verbunden, und wenn man sagt, dass Jesus durch den »Heiligen Geist« empfangen wurde, bedeutet dies, empfangen in einem Bewusstseinszustand vollkommener Reinheit. Der Erzengel Gabriel hat Maria diese Empfängnis angekündigt. Warum? Weil dieser Erzengel die Region von Jesod regiert.* Warum wurde kein anderer Erzengel, sondern Gabriel ausgewählt, um diese Nachricht Maria zu überbringen? Es ist völlig klar, wenn man die Kabbala studiert hat. Das Kommen Gabriels ist sehr eindeutig, sehr bedeutungsvoll, wenn man die Tugenden und die Aufgaben der Sephiroth kennt.**

* Siehe Abbildung und Anmerkung im Anhang auf Seite 394 und 396.

** Vergleiche Band 14 »Liebe und Sexualität«, Kap. 9.

Die Leute begegnen und begrüßen sich den ganzen Tag, aber sie begrüßen sich gedankenlos, gleichgültig, lieblos, sogar in den Familien oder die Ehepartner untereinander. Schaut einmal, wie ein Mann und eine Frau sich küssen: »Auf Wiedersehen Liebling, auf Wiedersehen Schatz...« und ihre Küsse sind leer. Sie küssen sich aus Gewohnheit. Unter diesen Voraussetzungen lohnt sich das Küssen nicht. Man muss es verstehen, demjenigen, den man küsst, etwas zu geben, um ihn zu beleben, ihn zum Leben zu erwecken. Die Menschen wissen noch nicht, was es bedeutet, sich zu küssen, wie und wann sie sich küssen sollten. Der Mann küsst seine Frau, wenn er bekümmert und unglücklich ist, um getröstet zu werden, und er gibt ihr seinen Kummer, seine Mutlosigkeit weiter! Männer und Frauen tauschen sich ständig untereinander aus, aber was ist das für ein Austausch? Das weiß der liebe Gott... oder, das wissen eher die Teufel! Es ist nicht verboten, jemanden zu küssen, im Gegenteil, man muss aber wissen, wie und wann man dies tun kann, um ihm das ewige Leben zu bringen.*

* Vergleiche Band 14 »Liebe und Sexualität«, Kap. 22.

Es ist sicherlich wahr, dass die Menschen oft beschränkt, boshaft, undankbar sind usw., aber warum nur diese Seite sehen? Ihr sollt natürlich die Augen öffnen, um euch nicht täuschen zu lassen, aber das ist nur die Hälfte eurer Aufgabe. Wenn ihr in euren Beziehungen zu den Menschen ständig eine zweifelnde und kritische Haltung hegt, werden sie euch nicht mehr ihre guten Seiten zeigen (denn jeder besitzt ebenfalls eine gute Seite, das sollte man nie vergessen!), und außerdem werden sie versuchen, sich an euch zu rächen. Zeigt ihr ihnen dagegen, dass ihr sie schätzt, dass ihr ihnen vertraut, habt ihr einige Chancen, zumindest einige von ihnen innerlich zu berühren, und sie werden sich bemühen, euch nicht zu enttäuschen.*

* Vergleiche Band 213 »Die menschliche und göttliche Natur in uns«, Kap. 10.

Um gesund zu sein, ist es nicht notwendig, reichlich zu essen, sondern nur die Nahrung gut zu assimilieren. Um die Nahrung richtig assimilieren zu können, muss man sie lange genug kauen, um alle in ihr enthaltenen Elemente herauszuziehen. Sagt euch, dass die in einem Bissen Brot enthaltene Energie ausreichend ist, um einen Zug mit hundert Waggons dreimal um die Erde fahren zu lassen. Also, warum kann der Zug, den ihr darstellt, nur ein paar Meter mit einem Bissen erreichen? Weil ihr es nicht verstanden habt, all die in ihm enthaltene Energie herauszuziehen.

Und mit der Sonne ist es genauso wie mit der Nahrung. Versucht einmal zu lernen, ihre Strahlen festzuhalten, denn solange ihr sie vorbeilasst und nichts tut, bleiben sie unbenutzt, unwirksam. Wenn ihr sie aber bewusst aufnehmt und in euch komprimiert, öffnet ihr ihnen Türen in eurem Gehirn. Sie werden hindurchgehen wie Feuerwirbel, die eure spirituellen Zentren nähren.*

* Vergleiche Band 225 »Harmonie und Gesundheit«, Kap. 5.

Die Kraft einer Atmosphäre ist mächtig, denn die Atmosphäre erweckt die guten oder die schlechten Seiten der Menschen. Deswegen sollte man so oft wie möglich versuchen, sich in einer Atmosphäre von Frieden, Harmonie und Licht aufzuhalten. Natürlich halten die Wirkungen oft nicht über diese Zeit hinaus an, die man in dieser Stimmung verbracht hat, aber zumindest ist die niedere Natur für einige Augenblicke zum Schweigen gezwungen, während die höhere Natur sich entfaltet. Und durch diese immer wiederkehrende Erfahrung nimmt die höhere Natur eines Tages die Vormachtstellung ein. Natürlich ist für manche Leute das Nachlassen ihrer niederen Natur ein Zeichen von Schwäche, sie fühlen sich viel besser, wenn sie ihren Instinkten des Dominierens, der Aggressivität freien Lauf lassen... sozusagen ihre Raubtiere loslassen! Aber, siehe da, diese Raubtiere richten überall Schäden an und fressen ihre eigenen Kinder, d. h. ihre guten Gedanken, ihre guten Gefühle, die noch nicht stark und standfest sind. Man muss also die Raubtiere ein wenig einsperren. Das versuchen wir zu tun durch die harmonische Atmosphäre, die wir erschaffen.*

* Vergleiche Band 227 »Goldene Regeln für den Alltag«, Kap. 81.

Unser Herz und unser Verstand sind nützliche, unerlässliche Instrumente. Aber sie sind unzureichend, um uns auf allen Wegen zu führen, die wir gehen müssen. Darum müssen wir eine dritte Fähigkeit entwickeln: die Intuition. Die Intuition ist mit dem Intellekt verwandt, als eine Art Intelligenz; sie ist auch mit dem Herzen verwandt, als eine Art Empfindung. Sie ist aber eine Intelligenz und eine Empfindung, die auf höheren Ebenen angesiedelt sind. Ihr werdet erwidern: »Aber das ist Hellsichtigkeit!« Nein, zur Zeit wird sehr viel Aufhebens um das Hellsehen gemacht, und es erregt großes Aufsehen, aber Hellsichtigkeit ist eine Fähigkeit, mit der ihr nur die objektive Seite der Astral- bzw. der Mental-Ebene sehen könnt, nämlich die Formen, Farben und Bewegungen.* Ihr könnt hellsichtig sein und nicht verstehen, was ihr seht, könnt es nicht deuten. Bringt euch das weiter? Mit der Intuition dagegen seht ihr vielleicht nichts, aber ihr versteht die Dinge viel besser, als wenn ihr sie sehen würdet, denn ihr lebt sie, ihr fühlt sie.**

* Siehe Anmerkung und Abbildung im Anhang auf Seite 392-393.

** Vergleiche Band 18 »Erkenne Dich selbst – Jnani-Yoga«, Kap. 4.

Der Legende nach ist der Gral ein Kelch, aus einem Smaragd geformt, welcher von der Stirn des Luzifer herabgefallen ist, als jener in die Tiefe, in den Abgrund gestürzt wurde. Es ist dieser Kelch, dessen sich Jesus während des Abendmahles bedient haben soll, und in diesem Kelch soll Joseph von Arimathäa einige Tropfen von Jesu Blut nach dessen Kreuzigung aufgefangen haben. Joseph vermachte diesen Kelch seinem Sohn. Danach hat man die Spur verloren, und seitdem haben sehr viele Menschen versucht, ihn wiederzufinden, aber es war vergeblich.

Der Smaragdkelch ist ein Symbol für das weibliche Prinzip: Die grüne Farbe ist die Farbe der Venus, der Venus in ihrer vollkommen Reinheit. Es ist das Gefäß, die materielle Form, die in ihrem Inneren das männliche Prinzip empfängt: den Geist, in diesem Zusammenhang als Blut dargestellt, das rot ist: die Farbe des Mars.

In seiner initiatischen Bedeutung ist der Gral das ideale Bild des Körpers eines Menschen, der fähig war, an seiner eigenen Materie zu arbeiten, sie zu reinigen, sie unverwüstlich und unverderblich zu machen, um würdig zu sein, die wertvollste Quintessenz, das Blut Christi, zu empfangen.*

---

* Vergleiche Band 237 »Das kosmische Gleichgewicht – Die Zahl 2«, Kap. 5 und 14.

Beim letzten Abendmahl mit seinen Jüngern nahm Jesus das Brot, segnete es, brach es, gab es ihnen und sagte: »Nehmet und esset, das ist mein Leib!« Dann nahm er einen Kelch mit Wein, segnete ihn, gab ihn den Jüngern und sagte: »Trinket alle daraus, das ist mein Blut. Tut dies zu meinem Gedächtnis.« Diese Gesten und Worte von Jesus wiederholt der Priester im Laufe der Messe während des Abendmahls. Man kann den eigentlichen Sinn der Messe nicht verstehen, wenn man nicht begreift, dass es sich hier um eine magische Zeremonie handelt, bei der das Abendmahl der bedeutendste Augenblick ist: Das Brot und der Wein repräsentieren die beiden ewigen Prinzipien, das Männliche und das Weibliche, auf denen die ganze Schöpfung gegründet ist.

Warum aber nehmen die Gläubigen in der katholischen Religion nur das Brot, die Hostie, das Fleisch Christi, was das männliche Prinzip repräsentiert? Der Wein, das Blut Christi, das weibliche Prinzip ist nur für die Priester bestimmt. Die Gläubigen werden also nur mit einem einzigen Prinzip, dem männlichen Prinzip gespeist, das weibliche Prinzip fehlt. Aber das wirkliche Abendmahl setzt beide Prinzipien voraus.*

* Vergleiche Band 237 »Das kosmische Gleichgewicht – Die Zahl 2«, Kap. 16 »Das Sakrament der Eucharistie«.

Das Kreuz ist ein Symbol mit weit größerer Bedeutung als der, welche die Christen ihm gegeben haben, nämlich die Erinnerung an den Tod Jesu. Es ist wahr, es erinnert an den Tod Jesu. Das ist jedoch nur ein Aspekt. Die Kreuzigung war ein geschichtliches Ereignis, aber das Kreuz selbst ist ein viel weitreichenderes Symbol, eine kosmische Realität, es muss demnach viel umfassender verstanden werden. Die tiefste, vollkommenste Bedeutung des Kreuzes ist die Vereinigung der beiden Prinzipien – Männlich und Weiblich – und die Arbeit, die sie beide zusammen im Universum verrichten. Aus diesem Symbol geht eine andere Figur hervor: das Hexagramm oder das Siegel Salomons, das aus zwei ineinander verschlungenen Dreiecken besteht. Von der geraden Linie zum Dreieck übergehend wurde das Kreuz mit neuen Bedeutungen angereichert, aber es ist die gleiche Idee, das gleiche Gesetz, es ist nach wie vor die Arbeit der beiden Prinzipien.*

* Vergleiche Band 232 »Feuer und Wasser – Wunderkräfte der Schöpfung«, Kap. 1 »Wasser und Feuer, Grundprinzipien der Schöpfung«.

Die Art, wie die vier Hauptfeste (Ostern, Johanni, Sankt Michael und Weihnachten) über das Jahr hinweg verteilt sind, sollte uns über die Bedeutung der Ereignisse, die zu diesen bestimmten Jahreszeiten im Universum stattfinden, nachdenken lassen. Jedem dieser Feste entspricht eine Jahreszeit, ein Erzengel, ein Planet, ein Kardinalpunkt. Ostern zeigt den Frühlingsanfang an. Es unterliegt den Strömungen von Erzengel Raphael, der den Merkur repräsentiert und über den Süden herrscht. Johanni zeigt den Beginn des Sommers an, dessen Feuer von Erzengel Uriel geleitet werden, der die Erde repräsentiert und über den Norden herrscht. Michaeli zeigt den Herbstbeginn an und steht unter dem Einfluss von Erzengel Michael, der die Sonne repräsentiert und über den Osten herrscht. Weihnachten zeigt den Winteranfang an und ist den Kräften des Erzengels Gabriel geweiht, der den Mond repräsentiert und über den Westen herrscht. Für jede dieser großen Perioden des Jahres machen sich also Kräfte und bestimmte Wesen an die Arbeit, und auch wir sollten zumindest in unserem Bewusstsein an dieser Arbeit teilnehmen.*

* Vergleiche Band 236 »Weisheit aus der Kabbala«, Kap. 12 »Malkuth, Jesod, Hod, Tiphereth: Die Erzengel und die Jahreszeiten«.

Die meisten Menschen kümmern sich nur um die Dinge, die sie persönlich betreffen, z. B. für ihr tägliches Leben sorgen, eine Familie gründen, Freizeitbeschäftigungen nachgehen… Natürlich tun sie von Zeit zu Zeit etwas für die Gesellschaft, aber meistens arbeiten sie für sich selbst, kümmern sich um ihre eigenen Angelegenheiten. Nun, ob sie es wollen oder nicht, sie leben in einer Gemeinschaft, und wenn in dieser Gemeinschaft Unruhen ausbrechen, ist ihr persönliches Eigentum, und sogar ihr Leben, nicht mehr sicher. Sich auf seine Interessen, seine Familie, seinen Besitz zu konzentrieren, sie zu schützen, ist demnach nicht die beste Lösung, denn es besteht immer das Risiko, dass sich in der Gesellschaft Geschehnisse ereignen, die alles hinwegfegen. Die Geschichte berichtet über sehr viele diesbezügliche Beispiele. Es muss klargestellt werden, dass Egoismus für niemanden eine vorteilhafte Lösung ist. Die einzig vorteilhafte Lösung ist, dass jeder daran denkt, das kollektive Leben zu verbessern. Ja, unter dieser Voraussetzung wird jeder Einzelne in Sicherheit sein.*

* Vergleiche Band 15 »Liebe und Sexualität«, Kap. 29, Teil 2

Alles in der Natur betont folgendes Gesetz: Damit das Leben, das Licht, die himmlischen Strömungen fließen können, muss man ihnen den Weg ebnen. Warum sind die Edelsteine so kostbar? Weil sie das Licht durchlassen… Und wenn es der Natur gelungen ist, bestimmte Substanzen so großartig zu bearbeiten, sie zu verfeinern, zu reinigen, zu färben, bis aus ihnen jene Kostbarkeiten geworden sind, die wir heute bewundern, Kristalle, Diamanten, Saphire, Smaragde, Topase, Rubine… warum sollte es dann dem Menschen nicht gelingen, die gleiche Arbeit in seinem Inneren zu vollbringen? Was sind Gebet und Meditation? Es sind Aktivitäten, durch die der Mensch alles in sich reinigen und klären kann, bis er eines Tages genauso transparent wie ein Edelstein wird. Dann wird Gott, der die Edelsteine liebt, ihn in Seine Krone einsetzen. Das ist natürlich symbolisch gemeint, jedoch absolut wirklich.*

* Vergleiche Band 228 »Einblick in die unsichtbare Welt«, Kap. 7 »Die Botschaften des Himmels«.

Im Sohar heißt es: »Wir haben gelernt, dass das Geheime Buch jenes Buch ist, welches vom Gleichgewicht der Waage handelt.« Dieses Gleichgewicht bedeutet jedoch nicht Unbeweglichkeit. Als Gott sich polarisierte, um schöpferisch zu werden, setzte sich die Waage in Bewegung, sie fing an zu pendeln. Die Schöpfung setzt ein ständiges Auf und Ab der beiden Waagschalen voraus, und solange die Schöpfung noch nicht vollendet ist, wird die Waage weiter pendeln. Das Pendeln der Waage drückt aus, dass die Schöpfung immer noch im Werden ist. Ein perfektes Gleichgewicht verhindert den Austausch. Dabei besteht das Leben nur aus Austausch. Die Bewegung muss jedoch gemäßigt sein. Denn wenn die eine Waagschale zu hoch hinauf geht, sinkt die andere zu weit nach unten, und das bedeutet den Stillstand: Die Pendelbewegung hört auf und es gibt kein Leben mehr. Was wir Gleichgewicht nennen, ist in Wirklichkeit ein gewisses Ungleichgewicht. Es ist das Gleichgewicht, was einen Augenblick unterbrochen wird, um sofort wieder hergestellt zu werden. Bei der Aufhebung der waagerechten Ebene entstehen Kräfte, die schnell von einer entgegengesetzten Bewegung aufgefangen werden müssen, damit sie beherrscht werden können. Dieses Pendeln bringt also das Leben hervor, und man kann sagen, dass das Leben ein Ungleichgewicht ist, das ständig wieder ausgeglichen wird.*

* Vergleiche Band 237 »Das kosmische Gleichgewicht – Die Zahl 2«, Kap. 2 »Das Pendeln der Waage«.

Wer ihr auch seid und an welchem Platz ihr euch auch befindet, ihr begegnet Feinden und müsst kämpfen. Es gibt jedoch zwei Arten von Kampf; den Kampf, bei dem ihr euren Feind auslöscht und den, bei dem ihr ihn verschont. Wenn ihr euren Feind auslöscht, müsst ihr nicht mehr kämpfen… das wäre eine Katastrophe, ihr würdet keine Fortschritte mehr machen! Wenn ihr ihn verschont, um das ganze Leben mit ihm kämpfen zu können, werdet ihr stark. Wie viele Leute versuchen, ihre Feinde loszuwerden! Und was geschieht an dem Tag, an dem es ihnen gelingt? Sie fühlen sich nicht glücklicher, sondern haben den Eindruck, dass ihnen etwas fehlt, denn sie brauchten diese Gegner, um sich mit ihnen zu messen. Man soll also die Gegner nicht auslöschen, sondern wissen, wie man handeln soll, um stark zu werden, sich zu bessern… und auch sie bei der gleichen Gelegenheit besser zu machen! Dies gelingt euch jedoch nur unter der Bedingung, dass ihr sie als unentbehrliche Faktoren für eure Entwicklung betrachtet.*

* Vergleiche Band 237 »Das kosmische Gleichgewicht – Die Zahl 2«, Kap. 7 »Zyklische Schwankungen und Gegenpole: Das Gesetz der Gegensätze«.

Wie viele behaupten, sie seien vom Himmel geführt! Sie gestikulieren, rollen die Augen in alle Richtungen, halten unzusammenhängende Vorträge oder bleiben stundenlang in einer Haltung erstarrt, die eine Ekstase imitiert. Aber in Wirklichkeit sind das Geistesgestörte, Kranke, was übrigens ihr weiteres Verhalten beweist. Selbst wenn sie vom Himmel, vom Heiligen Geist, den Engeln, den Erzengeln sprechen, sind sie in Wirklichkeit krank. Sie glaubten, mit der göttlichen Welt in Verbindung gekommen zu sein, haben aber tatsächlich, aus Mangel an Disziplin und Mangel an innerer Arbeit, sich nur mit den niederen Regionen der Astral-Ebene* verbinden können, von der sie natürlich auch Botschaften und Anordnungen erhalten, denen sie besser misstrauen sollten. Man muss lernen, zwischen Inspiration und bestimmten Formen von mystischem Delirium zu unterscheiden. Derjenige, der wirklich in Kontakt mit dem Himmel tritt, kann nur Ströme von Licht, Harmonie und Frieden empfangen.**

* Siehe Abbildung und Anmerkung im Anhang auf Seite 392-393.

** Vergleiche Band 228 »Einblick in die unsichtbare Welt«, Kap. 18 »Die Quelle der Inspiration«.

Wir verdanken der Natur alles. Die Elemente, aus denen unser Körper gemacht ist und alles, was wir zu unserer Erhaltung brauchen, das Wasser, die Nahrung, die Luft, die wir atmen, das Licht und die Wärme der Sonne, die Materialien, aus denen wir unsere Kleider, unsere Häuser und Werkzeuge machen… alles. Die Menschen sind sehr stolz auf ihre Geschicklichkeit, aber woher nehmen sie das Material, aus dem sie ihre Instrumente, Apparate und selbst ihre Kunstwerke machen? Von der Natur.

Die Natur gibt uns alles. Aber was wir nehmen, wird irgendwo genau vermerkt. Es sind Schulden, die wir ihr gegenüber machen, und wir müssen diese Schulden begleichen. Wie? Mit einer Währung, die Respekt, Dankbarkeit, Liebe heißt und dem Willen, alles zu studieren, was in ihrem großen Buch geschrieben ist. Bezahlen bedeutet, etwas im Austausch zu geben, und alles, was unser Herz, unsere Intelligenz, unsere Seele und unser Geist an Gutem hervorbringen können, kann eine Bezahlung sein. Auf der physischen Ebene sind wir begrenzt, und die Natur verlangt nicht von uns, dass wir ihr die Nahrung, das Wasser oder die Luft, die wir genommen haben, wieder zurückgeben. Auf der spirituellen Ebene sind unsere Möglichkeiten jedoch unbegrenzt, und dort können wir alles, was die Natur uns gegeben hat, hundertfach zurückgeben.*

---

* Vergleiche Band 13 »Die neue Erde – Anleitungen, Übungen, Sprüche, Gebete«, Kap. 8 »Unsere Dankesschuld…«.

Wenn ihr euch um ein Kind kümmert und dabei an seine Seele, seinen Geist denkt, zieht ihr den Segen seines Schutzengels an. Jedes kleine Kind hat einen Engel um sich, der sich um es kümmert und es erheben möchte. Oft trifft er aber auf große Schwierigkeiten bei seiner Aufgabe, weil das Kind schädlichen und schlechten Einflüssen ausgesetzt ist. Der Schutzengel wacht, gibt acht, ist aber auf der physischen Ebene sehr begrenzt. Deswegen ist er überaus glücklich, wenn er jemanden sieht, ob Vater, Mutter oder einen Erzieher, der dem Kind den Weg des Guten und des Lichtes weist, und zum Lohn gibt er ihm Licht und Freude.*

* Vergleiche Band 27 »Die Pädagogik in der Einweihungslehre«, Kap. 3 »Erziehung und Bildung – Die Macht des Vorbildes«.

Die wahre Tragödie der Menschen besteht darin, dass sie von den Mitmenschen etwas anderes erwarten, als diese ihnen geben können. Und was sie ihnen an Kostbarem geben, lassen sie außer Acht, weil es nicht das ist, was sie erwartet hatten. Seht einmal, sind die Menschen ihrem Schöpfer etwa dankbar? Nein, sie machen ihm sogar jede Menge Vorwürfe. Sind die Kinder ihren Eltern wirklich dankbar? Man hört oft, wie sie sich über sie lustig machen und sie kritisieren… Und reden wir nicht von den Klagen, die die geistigen Schüler in Bezug auf ihren Meister nähren! Er kann ihnen noch so lange alle Methoden geben, mit denen sie an sich arbeiten, sich vervollkommnen und wirklich lichtvolle und strahlende Söhne Gottes werden können. Aber nein, das ist es nicht, was sie wollen. Sie wollen Erfolge, Macht, Ruhm, und der Meister lässt sich zuschulden kommen, dass er auf ihre Wünsche nicht eingeht. Herrgott, was soll man mit solchen Wesen machen? Man darf sich dann nicht wundern, wenn sie ewig unglücklich sind. Würden sie doch lernen, ein bisschen von all dem zurückzugeben, was sie von Gott, von ihren Eltern, von ihrem Meister, sofern sie einen haben, bekommen. Hätten sie wenigstens Dankbarkeitsgefühle, dann würden sie Frieden und Freude finden.*

* Vergleiche Band 237 »Das kosmische Gleichgewicht – Die Zahl 2«, Kap. 12 »Das Gesetz des Austauschs«.

Wie viel Unglück geschieht den Menschen, weil sie die Gefahr nicht sehen, in die sie hineinlaufen, wenn sie eine bestimmte Entscheidung treffen oder sich auf bestimmte Unternehmungen einlassen. Sie gehen ruhig drauflos, ohne etwas zu sehen, ohne Vorsichtsmaßnahmen zu treffen und stürzen sich geradewegs in Schwierigkeiten. Wenn sie verstanden hätten, ihr inneres Auge zu entwickeln, dann hätte es sie gewarnt, denn dieses Auge, was man manchmal drittes Auge nennt, ist wie ein Radar. Es sendet Wellen aus, die zurückkommen und uns vor Hindernissen auf unserem Weg warnen. Aber bei den meisten Menschen ist dieser Radar außer Betrieb, weil das chaotische Leben, das sie führen, sich seinem intakten Funktionieren widersetzt.

Es stimmt, dass es Fälle gibt, in denen dieses spirituelle Auge uns nicht warnt, selbst wenn es entwickelt ist. Das ist dann, wenn bestimmte Ereignisse durch die 24 Ältesten, die Herren des Schicksals, vorher festgelegt sind und sich gezwungenermaßen ereignen müssen. Selbst wenn wir sie sehen oder kommen fühlen, können wir sie nicht umgehen, sondern müssen ihnen mit dem Licht der Einweihungslehre die Stirn bieten. Aber sonst ist dieses spirituelle Auge im Allgemeinen da, um uns zu warnen und zu führen, wenn wir es verstanden haben, ihm gute Bedingungen zu schaffen.*

* Vergleiche Band 228 »Einblick in die unsichtbare Welt«, Kap. 10 »Das spirituelle Auge«.

Seit Jahrhunderten ist die Religion für die meisten Leute eine Ansammlung von Praktiken, an denen ihr inneres Wesen nicht teilhat. Von daher konnten diese Praktiken natürlich nicht ausreichen, um die spirituellen Zentren in ihnen zu wecken und zu entwickeln. Sie dienten lediglich dazu, sie mit dicken Panzern zu bedecken. Deswegen können sie jetzt lange beten und meditieren, sie sehen nichts, sie fühlen nichts, weder die Engel, noch die Erzengel, noch die Naturgeister. Und sie ahnen nicht einmal die Gegenwart feindlicher Wesenheiten, die ihnen Böses antun. Wenn ein Wolf um eine Herde streicht, zeigen die Schafe, die seine Gegenwart spüren, ihre Furcht, und die Schäfer, die sie sehen, treffen Vorsichtsmaßnahmen. Sie wissen, dass der Wolf in der Nähe ist. Wie kommt es, dass die Schafe den Wolf spüren, während die Menschen die schlechten Wesenheiten, die ihnen schaden wollen, nicht spüren?*

* Vergleiche Band 238 »Der Glaube versetzt Berge«, Kap. 4 »Wissenschaft und Religion«.

Es gibt viele schwierige Berufe, aber der schwierigste »Beruf« ist, die Menschen auf den Weg des Lichts und der göttlichen Herrlichkeit zu führen. Das erfordert eine Vorbereitung von mehreren Inkarnationen. Man muss sogar dafür geschaffen worden sein. Und dennoch: Wie viele Leute bilden sich ein, dass sie fähig seien, die anderen zu führen! Sie »machen ein Geschäft auf«, um Schüler anzuziehen, denen sie schöne Vorträge halten. Aber leider genügt das nicht, denn all ihre Unvollkommenheiten und Mängel, die sie nie zu verbessern gedachten, spiegeln sich in ihren Ratschlägen, ihren Lehren und den Orientierungshilfen, die sie geben. Und so führen sie ihre Schüler auf Abwege voller Stolpersteine und werden oft selbst in Abgründe gerissen, statt ihnen zu ermöglichen, die steilen Wege zu erklimmen, die zu erhabenen Höhen führen.*

* Vergleiche Band 27 »Die Pädagogik in der Einweihungslehre«, Kap. 7 »Die Rolle eines Meisters«.

Unser physischer Körper ist symmetrisch zu beiden Seiten einer zentralen Achse, der Wirbelsäule, aufgebaut. In diesem Sinne kann man sagen, dass er von der Zahl 2 regiert wird. Wir haben 2 Augen, 2 Ohren und obwohl es nur ein Gehirn und eine Nase gibt, kann man sagen, dass sie in Wirklichkeit auch 2 sind: die 2 Gehirnhälften und die 2 Nasenflügel. Dann gibt es die 2 Lungen, die 2 Nieren und weiter unten noch beim Mann die 2 Hoden und bei der Frau die 2 Ovarien. Und schließlich haben wir 2 Arme und 2 Beine.

Selbst wenn diese Symmetrie nicht perfekt ist, denn die linke Seite unseres Körpers ist nie genau symmetrisch zur rechten Seite, so ist sie körperlich doch vorhanden. Auf der psychischen Ebene stellt sich die Frage jedoch ganz anders. Die Untersuchungen des menschlichen Gehirns haben gezeigt, dass die Funktionen der beiden Hemisphären nicht identisch sind: die linke Hemisphäre ist der Sitz der analytischen Fähigkeiten (Logik, Verstand), die man als männlich bezeichnen kann, und die rechte Hemisphäre ist der Sitz von Fähigkeiten der Synthese (Intuition, Sensibilität), die man als weiblich bezeichnen kann. So haben diese beiden Hemisphären einander ergänzende Tätigkeiten. Man kann also sagen, dass unser physischer Körper auf einer Symmetrie aufgebaut ist, während unsere Psyche auf einer männlichen und weiblichen, positiven und negativen Polarisierung beruht.*

* Vergleiche Band 237 »Das kosmische Gleichgewicht – Die Zahl 2«, Kap. 9 »Der Äskulapstab des Hermes – Die Schlange der Astral-Ebene«.

Um die Gedanken und Gefühle beherrschen zu lernen, sollte man damit beginnen, auf die kleinsten Gesten des täglichen Lebens zu achten. Auf diese Weise erwirbt man nach und nach psychische Fähigkeiten, die es später ermöglichen, auch stärkere Ströme zu beherrschen. Ihr werdet sagen, dass ihr da keinen Zusammenhang seht. Doch gerade da täuscht man sich. Solange ihr nicht gelernt habt, euch in den allerkleinsten Einzelheiten zu beherrschen, werdet ihr auch Wut, Verachtung, Gier, Ablehnung und Rachebedürfnisse nicht beherrschen können... Wenn ihr nur auf eure Sprechweise achten würdet, hättet ihr bemerkt, dass ihr nicht einmal in der Lage seid, eure Hände zu beherrschen: Ihr bewegt sie in alle Richtungen, kratzt euch, zieht an den Knöpfen eurer Kleider... Lernt zuerst, eure Hände ruhig zu halten. Wie wollt ihr es schaffen, Kräfte zu beherrschen, die stärker sind als ihr, wenn ihr es nicht geschafft habt, kleine, instinktive Gesten zu kontrollieren?*

* Vergleiche Band 229 »Der Weg der Stille«, Kap. 4 »Eine Übung: In Stille essen«.

Physische Welt, spirituelle Welt und göttliche Welt – oder wenn ihr wollt, Form, Inhalt und Sinn – oder auch die Welt der Tatsachen, die Welt der Gesetze und die Welt der Prinzipien, ja das ist immer die gleiche Dreiheit: Körper, Seele und Geist. Der Geist ist ein Ausdruck der göttlichen Welt, die Seele entspricht der spirituellen und der Körper der physischen Welt. Die Seele steht also zwischen Materie und Geist. Sie ist ein Vermittler, ein Fahrzeug, das die Elemente vom Himmel zur Erde transportiert und wieder von der Erde zum Himmel.* Alles, was absteigt und alles, was aufsteigt, geht über die Seele. Der Geist kann sich nur nach unten richten, und der Körper kann sich nur nach oben richten, aber die Seele steigt zwischen den beiden auf und ab. Deshalb hat der Geist nur Macht über die Materie, indem er über die Seele wirkt. Seht, was in der Natur geschieht: Die Sonne kann nicht direkt auf die Erde einwirken, sie braucht Vermittler und diese Vermittler sind die Luft und das Wasser. Ebenso kann unser Geist unseren physischen Körper nicht direkt berühren, er braucht einen Vermittler: die Seele.

* Vergleiche Band 319 »Die Seele«.

Die Frage der Existenz oder Nicht-Existenz Gottes ist in Wirklichkeit sehr einfach. Für den Ungläubigen existiert Gott tatsächlich nicht. Denn es hängt vom Menschen ab, ob die Dinge existieren oder nicht. Seht euch einen schlafenden Menschen an. Selbst wenn alle Schätze der Welt sich um ihn anhäufen, kann er sich darüber nicht freuen, weil sie ihm nicht bewusst sind. Fast alle Menschen sind so im Schlaf der Unbewusstheit versunken.*
Nur die Eingeweihten, die wirklich erwachte Menschen sind, sehen die Herrlichkeit, die sie umgibt und sind begeistert. Die anderen haben die gleichen Reichtümer um sich und in sich, aber sie sind sich dessen nicht bewusst. Alles hängt also vom Bewusstseinszustand ab. Wenn man wach ist, werden bestimmte Dinge eine Realität, wenn man aber einschläft, werden sie gelöscht. So ist es auch mit Gott. Wenn ihr schlaft, spürt ihr Ihn nicht und ihr sagt, Er existiere nicht. Wacht doch auf, und ihr werdet spüren, dass Gott da ist, lebendig in euch und um euch!

* Vergleiche Band 238 »Der Glaube versetzt Berge«, Kap. 9 »Der Beweis für die Existenz Gottes ist in uns«.

Wenn Jesus gesagt hat: »Werft keine Perlen vor die Säue!«, so bedeutet dies, dass es unvorsichtig ist, spirituelle Wahrheiten denjenigen zu offenbaren, die nicht bereit sind, sie zu empfangen.* Aber für den, der bereit ist, ist die Kenntnis jener Wahrheiten das Allerbeste, denn Jesus hat auch gesagt: »Erkennet die Wahrheit, und die Wahrheit wird euch befreien!« Was gibt es Wichtigeres als frei zu sein? Gerade die Wahrheit hat die besondere Eigenschaft, frei zu machen. Die Wahrheit hat die Eigenschaft zu befreien, wie die Liebe die Eigenschaft hat zu wärmen und die Weisheit die Eigenschaft aufzuklären. Jede Qualität, jede Tugend besitzt besondere Eigenschaften, und diejenige der Wahrheit ist es also zu befreien, weil sie eine Verbindung zum Willen und zur Kraft hat.

* Vergleiche Band 207 »Was ist ein geistiger Meister?«, Kap. 3 »Spielt nicht den Zauberlehrling!«.

Das All ist von Milliarden böswilliger Wesenheiten bevölkert, die sich den Untergang der
Menschheit geschworen haben. Und es ist natürlich
auch von Milliarden von Lichtwesen bevölkert, die
da sind, um ihr zu helfen und sie zu schützen. Aber
ihre Hilfe und ihr Schutz werden niemals völlig
wirksam sein, solange der Mensch selbst nichts
tut, um den rechten Weg einzuschlagen. Und kein
Meister ist in der Lage, euch zu schützen, wenn ihr
euch darauf versteift, ein unvernünftiges Leben zu
führen. Ein Meister unterrichtet euch, klärt euch
auf, versucht sogar, euch durch seine Gedanken
und Gefühle zu beeinflussen, wenn ihr aber durch
eure Sorglosigkeit und Unbesonnenheit oder sogar
durch euren Unwillen all seine gute Arbeit zerstört
und eure Türen den dunklen Wesenheiten öffnet,
was kann er da machen?*

* Vergleiche Band 227 »Goldene Regeln für den Alltag«, Kap.
  112 »Weiht euch den lichtvollen Geistern«.

Viele Wissenschaftler glauben, ihre mörderischsten Entdeckungen mit der Erklärung rechtfertigen zu können, dass sie dann, wenn sie für das Wohl ihres Landes arbeiten, eine Aufgabe von höchster Moral erfüllen. Nun, für die Einweihungswissenschaft ist dies kein Argument, denn die Einweihungswissenschaft ist eine universelle Wissenschaft, für die Landesgrenzen keine Bedeutung haben, denn sie steht über allen Formen der Begrenzung. Sie lehrt, was für die ganze Welt wirklich gut oder schlecht, moralisch oder unmoralisch ist. Wenn wir uns also an diese Wissenschaft wenden, um nach ihrer Meinung zu fragen, wird sie sich klar äußern und niemals Vorgehen rechtfertigen, die gut für ein Land und schlecht für alle anderen sind.

Für die kosmische Intelligenz ist das Wichtigste immer das Ziel, für das wir arbeiten, wie wir die Energien und Talente gebrauchen, die uns gegeben wurden.* Daher wird derjenige, der alles in sich für das Reich Gottes mobilisiert, von oben immer gebilligt, akzeptiert und geehrt, was immer er auch unternimmt.

* Vergleiche Band 28 »Die Pädagogik in der Einweihungslehre«, Kap. 8 »Die Liebe, ein Bewusstseinszustand«.

Der Mensch hat den Schoß des Ewigen verlassen, um einen langen Abstieg in die Materie zu unternehmen und braucht daher zum Leben alles, was die Materie ihm zur Verfügung stellen kann. Heute, wo er sich so weit von der Quelle entfernt hat, ist es ihm unmöglich, leicht, direkt, ohne irgendeine Stütze, ohne Werkzeug oder materielles Instrument, dorthin zurückzukehren. Es ist also weise und vernünftig, dass er die materiellen Mittel benutzt, die er besitzt. Nur darf er sie nicht benutzen, um sich noch mehr zu verzetteln und von Gott zu entfernen, sondern um zur Einheit zurückzukehren.

Was also zählt, ist das Ziel, ist die Richtung, die ihr einschlagt, während ihr das benutzt, was die materielle Welt euch bietet. Ob ihr nun esst, atmet, spazieren geht, arbeitet, liebt, das ist alles in Ordnung, insofern ihr es einsetzt, um zur göttlichen Quelle zurückzukehren.*

* Vergleiche Band 229 »Der Weg der Stille«, Kap. 11 »Das Wort eines Meisters in der Stille«.

Man kann nie ein endgültiges Urteil über das Gute oder Schlechte fällen, denn nichts ist ganz und gar gut oder ganz und gar schlecht. Selbst die besten Dinge im Leben bringen Unannehmlichkeiten. Nehmen wir nur den Frühlingsbeginn. Einerseits ist es herrlich: Das Licht, die Wärme, alles entfaltet sich! Ja, aber auch das Ungeziefer entfaltet sich: die Wespen, Fliegen, Raupen, Blattläuse, Stechmücken… Und der technische Fortschritt? Ist er gut oder schlecht? Wie viele Entdeckungen, die zu Anfang ungeheure Verbesserungen brachten, endeten in Katastrophen, weil die Menschen nicht in der Lage waren, vernünftig und vorausschauend zu sein und über die Folgen nachzudenken. Ich brauche euch keine Beispiele zu geben, ihr habt jeden Tag welche vor Augen. Man muss also für alle Situationen oder Ereignisse immer Vorkehrungen treffen. Für die Dummen wird das Beste schlecht, weil sie nicht damit umgehen können. Während die Weisen, die wissen, wie man arbeitet, sich selbst in den schlimmsten Prüfungen weiterentwickeln.*

* Vergleiche Band 237 »Das kosmische Gleichgewicht – Die Zahl 2«, Kap. 7 »Zyklische Schwankungen und Gegenpole: Das Gesetz der Gegensätze«.

Einfach und natürlich sein bedeutet, seine Gedanken und Wünsche vereinen zu können. Solange ihr allerlei widersprüchlichen Gedanken und Wünschen in euch Raum gebt, werdet ihr in Schwierigkeiten und Chaos leben und jammern: »Ich weiß nicht mehr, wo ich stehe!« Wer sich beklagt, dass er nicht mehr weiß, wo er steht, bringt an den Tag, dass er zu viele widersprüchliche Dinge gewünscht und angesammelt hat, und jetzt steckt er bis zum Hals in Schwierigkeiten.

Der Diamant ist deswegen so kostbar, weil er unvermischt ist, reiner Kohlenstoff.* Fügt ihm ein anderes Element hinzu, so ist er kein Diamant mehr. Genauso ist es auch mit dem Schüler, der alles schmecken, berühren, ausprobieren, kennen will. Er verliert seinen Diamantwert und ist nur noch ein trüber Stein. Der echte Schüler muss, symbolisch gesprochen, sich einem einzigen Ziel zuwenden, ein einziges Ideal haben, einen einzigen Wunsch, eine einzige Nahrung. Nur auf diese Weise wird er in der Einfachheit des Lichtes leben.*

* Vergleiche Band 227 »Goldene Regeln für den Alltag«, Kap. 27 »Bringt Ziel und Mittel in Übereinstimmung«.

Jeder Mensch hat das Bedürfnis nachzudenken, um seinen Intellekt zu befriedigen, Gefühle zu empfinden, um sein Herz zufriedenzustellen und zu handeln, um seinen Willen zu befriedigen. In der Handlung findet er jedoch die größte Freude. Die Erfüllung lässt sich nicht im Verstehen oder im Gefühl finden, sondern in der Ausführung. Indem man eine Handlung ausführt, fühlt man sich im Einklang mit der Urkraft. Eine Handlung setzt die Konzentration aller Energien, die Teilnahme aller Zellen unseres Wesens in vollem Einklang im Hinblick auf eine ausgeführte Geste voraus.[*] Deswegen bringt uns jeder Akt der Güte, Weisheit, Uneigennützigkeit und Liebe die Erfüllung, wenn er in voller Bewusstheit ausgeführt wird.

[*] Vergleiche Band 216 »Geheimnisse aus dem Buch der Natur«, Kap. 5 »Die Arbeit mit den Gedanken zur Gewinnung der Quintessenz«.

Das männliche Prinzip ist ein emissives Prinzip, das ausstrahlt, aussät, das den Lebenssamen gibt. Und das weibliche Prinzip ist das Prinzip, das aufnimmt und ordnet, um ein vollendetes, vollkommenes Werk hervorzubringen. Der Schöpfungsvorgang ist demnach auf beide Prinzipien verteilt, und man darf niemals die Bedeutung des einen oder des anderen über- oder unterschätzen. Die Frage, welche das Notwendigere, Wichtigere ist, darf so nicht gestellt werden. Beide sind gleich wichtig, gleich unerlässlich, jedoch in zwei verschiedenen Bereichen. Das männliche Prinzip sendet Wellen oder Kräfte aus. Das dient jedoch zu nichts, wenn es nicht das andere Prinzip gibt, das antwortet, das empfängt und an dem arbeitet, was es empfangen hat. Dank dieser beiden Prinzipien ist das Leben möglich und selbst da, wo wir sie nicht sehen, selbst im physischen Körper, arbeiten sie zusammen. Wenn das eine auf Kosten des anderen herrscht, dann beginnen die Anomalien, das Ungleichgewicht. Die Wissenschaft der beiden Prinzipien ist die Wissenschaft vom kosmischen Gleichgewicht.*

* Vergleiche Band 218 »Die geometrischen Figuren und ihre Sprache«, Kap. 3 »Das Dreieck«.

Das Denken muss überall Vorrang haben und allem vorangehen. Der Rest, das heißt die Gefühle und Wünsche, müssen an zweiter Stelle stehen. Nehmt einmal an, ihr hättet das Gefühl an die erste Stelle gesetzt und das Denken an die zweite. Und schon überlasst ihr euch euren Trieben, euren Eindrücken, ohne zu überlegen, ohne nachzudenken. Nun, das wird den Wert eurer Tätigkeit vermindern und ihr riskiert sogar, euch den Kopf einzuschlagen. Das heißt nicht, dass man das Gefühl unterdrücken soll, nein, das würde euch um ungeheure Reichtümer der Materie bringen, an der der Gedanke arbeiten muss. Stellt einfach das Denken an die erste Stelle, um immer die richtigen Lösungen und die rechte Verhaltensweise zu finden.*

* Vergleiche Band 224 »Die Kraft der Gedanken«.

Denkt nicht, dass ein Meister, der sein Leben opfert, um den Menschen zu helfen, nicht ihre schlechte Seite sieht. Er sieht sie, er hat sogar einen sehr gut entwickelten Blick dafür, aber er hält sich nicht dabei auf, weil er auch weiß, dass man niemandem helfen kann, indem man nur seine Fehler und Unzulänglichkeiten unterstreicht. Mit dieser Haltung verschlimmert man sie sogar. Ein Weiser weiß, dass alle Männer und Frauen Söhne und Töchter Gottes sind. Er beschäftigt sich mit diesem Gedanken und nimmt sich mit diesem Gedanken aller Wesen an. Auf diese Weise macht er eine schöpferische Arbeit, denn er entwickelt so die göttliche Seite bei allen, denen er begegnet. Und er selbst fühlt sich glücklich. Das ist also die beste Art, mit den anderen umzugehen: versucht, ihre Qualitäten, ihre Tugenden, ihre Reichtümer zu entdecken und euch auf sie zu konzentrieren. So helft ihr ihnen, diese zu entwickeln.*

* Vergleiche Band 207 »Was ist ein geistiger Meister?«.

Es gibt Menschen, die Hellseher aufsuchen, um ihre Zukunft zu erfahren.* Nun, ich selbst sage euch, dass man keine Hellseher dafür braucht, denn es ist sehr leicht, seine Zukunft zu kennen. Natürlich kann man vielleicht nicht voraussagen, welchen Beruf, welche Begegnungen, welche finanziellen Gewinne oder Verluste, Krankheiten, Unfälle oder Erfolge man haben wird. Aber all das hat keine große Bedeutung. Das Wichtigste ist zu wissen, ob man auf dem Weg der Weiterentwicklung vorankommt, ob man frei sein wird, ob man im Licht und im Frieden sein wird oder nicht. Und das ist leicht zu erkennen. Wenn ihr alles liebt, was groß, edel, gerecht und schön ist, und wenn ihr von ganzem Herzen, mit allen Gedanken, mit all eurer Willenskraft daran arbeitet, es zu erreichen und zu realisieren, dann ist eure Zukunft schon vorgezeichnet: Ihr werdet eines Tages in Bedingungen leben, die eurem Streben, eurem Ideal entsprechen. Das ist das Wesentliche, was ihr über eure Zukunft wissen müsst. Alles andere ist zweitrangig, weil es vergänglich ist, es kann euch gegeben und wieder genommen werden. Wenn ihr die Erde verlasst, bleibt euch wirklich nur das, was dem Verlangen eurer Seele und eures Geistes entspricht.

* Vergleiche Band 228 »Einblick in die unsichtbare Welt«, Kap. 5 »Sollte man sich von Hellsehern beraten lassen?«.

Von der Erde bis zur Sonne und darüber hinaus ist der ganze Weltraum von Lebewesen bewohnt. Auch die vier Elemente Erde, Wasser, Luft und Feuer sind bewohnt. Diese Lebewesen werden in allen Überlieferungen der ganzen Welt erwähnt. Natürlich sind sie vielleicht nicht so, wie sie in jeder Religion oder Kultur beschrieben wurden, aber sie existieren, und wir können mit ihnen Verbindung aufnehmen und sie an unserer Arbeit für die Ankunft des Reiches Gottes teilhaben lassen.

Wenn ihr in die Natur geht, versucht, euch der Gegenwart all dieser Geister bewusst zu werden, die sie bevölkern, und die schon lange vor dem Erscheinen des Menschen auf der Erde existiert haben. Verbindet euch mit ihnen, sprecht zu ihnen, bewundert die Schönheit der Arbeit, die sie in den Seen, Flüssen, Wäldern, Bergen, Wolken usw. vollbringen. Dann werden sie glücklich sein, sie werden mit euch Freundschaft schließen und euch Geschenke bringen, in Form von Vitalität, Freude, Inspiration.*

* Vergleiche Band 310 »In die Stille gehen«, Kap. 3 »Im Heiligtum der Natur«.

Die Sonne sendet Licht und Leben, und Erde, Menschen, Tiere und Pflanzen nehmen beides in sich auf. Wir nehmen dieses Leben entgegen. Auf der psychischen oder körperlichen Ebene scheiden wir danach Abfallstoffe aus, welche die Sonne umwandelt und reinigt, um sie uns in Form von neuem Leben zurückzusenden. Dieser unablässige Kreislauf zwischen Erde und Himmel existiert in gleicher Weise zwischen den gewöhnlichen Menschen und den Eingeweihten: Die Eingeweihten fangen deren rohe, unverarbeitete Materie auf, verwandeln diese und senden sie ihnen in Form von geistigen Schätzen zurück. Wenn wir uns wahrhaft entwickeln wollen, sollten wir uns nicht über die Fehler und Schwächen beklagen, die wir bei den anderen sehen, sondern uns an die Arbeit machen, um diese in uns umzuwandeln und sie ihnen als Licht zurücksenden. Indem wir daran arbeiten, die Bosheiten und Schwächen all derer, mit denen wir zu tun haben, umzuwandeln, arbeiten wir für das Reich Gottes. Und eines Tages akzeptieren uns die Eingeweihten dann als Schüler. Sie werden zu uns sagen: »Kommt mit uns, wir brauchen Mitarbeiter, und ihr seid darauf vorbereitet, uns zu helfen.«*

* Vergleiche Band 2 »Die spirituelle Alchimie«, Kap. 9 »Die spirituelle Alchimie«.

So mancher sagt: »Je mehr ich überlege, je mehr ich nachdenke, desto unglücklicher werde ich. Ich höre auf, mir den Kopf zu zerbrechen, ich lasse alles laufen, wie es läuft.« Nun, auf diese Weise geht man seinem Untergang entgegen.

Die Fähigkeit zu denken, zu überlegen und Schlüsse zu ziehen, ist das Beste, was Gott uns gegeben hat. Warum sollte man das abschaffen wollen? Das wäre genauso, als würde man mit verbundenen Augen an einem Abgrund entlangspazieren. Natürlich ist es schwierig zu denken und zu verstehen, aber es ist das einzige Mittel, um sich weiterzuentwickeln.

In Wirklichkeit gibt es zwei Arten des Denkens: Die eine bringt Kummer und Leiden, weil man nicht gelernt hat, wie und worüber man nachdenken soll. Die andere bringt euch Frieden und Freude. Beobachtet Euch, und ihr werdet das feststellen. Bemüht euch deshalb, nur solche Gedanken zuzulassen, die etwas dazu beitragen, dass ihr aufrecht durchs Leben geht.*

* Vergleiche Band 211 »Die Freiheit, Sieg des Geistes«, Kap. 1.

Die einzig wahre Religion ist die Sonnenreligion. Das bedeutet nicht, dass die anderen
Religionen falsch oder schlecht sind, nein, aber sie
sind nur soweit wahr, wie sie sich an die Sonnenreligion annähern. Wie viele Religionen gibt es in
der Welt, von denen wir fast nichts wissen! Wie
viele sind verschwunden, und wie viele werden
noch verschwinden! Selbst die christliche Religion
kann verschwinden. Aber sie wird in einer anderen
Form wiedererstehen… sofern sie sich von der
Sonnenreligion anregen lässt. Denn die von Jesus
überbrachte Religion war eine Sonnenreligion,
doch das haben die Christen nicht verstanden.
Wenn er zum Beispiel sagt: »Seid vollkommen
wie euer Vater im Himmel vollkommen ist«, wie
soll man sich dann diese Vollkommenheit vorstellen, wenn man nicht die Sonne als Vorbild nimmt?

Um wahrhaft vollkommen zu werden, solltet
ihr niemand anderen als die Sonne zum Vorbild
nehmen, nicht einmal Heilige oder Eingeweihte.
Sie geben euch natürlich ein Beispiel großer
Tugenden, aber sie wissen genau, dass sie neben
der Sonne verblassen. Darum treten sie voller
Demut auf und verneigen sich vor der Sonne. Sie
wissen, dass ihr Licht, ihre Wärme, ihr Leben sich
auf keinen Fall mit dem Licht, der Wärme und dem
Leben der Sonne vergleichen kann, wie sehr sie
sich auch bemühen mögen.*

---

* Vergleiche Band 206 »Eine universelle Philosophie« und
  Band 23/24 »Die neue Religion – Eine universelle Sonnenreligion«.

Jeder kommt mit bestimmten Vorlieben und Neigungen auf die Welt, und was er auch tut, wie stark auch sein Wille sei, er kann nichts daran ändern. Darum ist es so wichtig, die Wesensart der Menschen zu kennen, mit denen ihr verkehrt, damit ihr nicht Erwartungen an sie stellt, die sie nicht erfüllen können. Vielleicht bemühen sie sich, euch zu gefallen, aber das wird nicht andauern, denn man kann von den Menschen nicht verlangen, dass sie sich gegen ihre wahre Natur wenden. Gebt einer Katze die besten Ratschläge, erklärt ihr, dass sie keine Mäuse mehr fressen soll: Sie wird euch zustimmen, sie wird »miau« machen, was heißt: »Ich bin einverstanden.« Aber während ihr noch dabei seid, ihr zu predigen, hört sie irgendwo ein leichtes Kratzen, und schon ist sie weg, um die Maus zu fangen, ganz ohne Gewissensbisse. Die Maus interessiert sie mehr als eure Darlegungen. Das ist ihre Natur. Macht euch also nicht zu viele Illusionen, wenn ihr, symbolisch gesprochen, einer Katze predigt, keine Mäuse mehr zu fressen.*

---

* Vergleiche Band 15 »Liebe und Sexualität«, Kap. 18 »Die Liebe ist überall im Universum verbreitet«.

Meditiert über das Bild des Baumes. Ein Baum besteht aus Wurzeln, einem Stamm und Ästen, die Blätter, Blüten und Früchte tragen. Die Wurzeln sind in den Boden eingegraben; sie leben und arbeiten in tiefster Dunkelheit und entnehmen der Erde Elemente, um den rohen Saft herzustellen, der im Stamm des Baumes emporsteigt. Weit weg von Luft und Licht erfüllen sie eine schwierige und undankbare Arbeit und kennen nur Hindernisse, Druck und Begrenzung. Der Stamm erhebt sich zum Himmel und ein intensives Leben durchströmt ihn: im Zentrum die aufsteigenden Kanäle mit dem rohen Saft und nach außen hin die absteigenden Kanäle mit dem verarbeiteten Saft. In dem Maße, wie der Stamm wächst und stärker wird, wachsen ihm neue Zweige, die glücklich in Wind und Licht hin- und herschaukeln und allen die Schönheit ihrer Blätter, Blüten und Früchte darbieten. Seht nur diesen Kontrast zwischen oben und unten.*

* Vergleiche Band 234 »Die Wahrheit, Frucht der Weisheit und der Liebe«, Kap. 18 »Die Wahrheit wird euch frei machen«.

Unter bestimmten Umständen ist der Instinkt ein guter Führer, aber es gibt andere, da sollte man ihm besser nicht folgen. Als der Mensch noch in einem sehr primitiven, tierischen Zustand war, war der Instinkt sein bester Führer. Aber nachdem er, dank der Entwicklung seines Gehirns, ein höheres Niveau erreicht hat, stehen ihm andere Führer zur Seite: die Vernunft, die Intelligenz, und ihnen muss er folgen. So ist das, was in der Vergangenheit gut war, heute unzweckmäßig geworden. Nehmen wir als Beispiel die Angst. Für die Tiere ist die Angst ein sehr guter Führer, sogar unerlässlich, denn durch sie werden sie gerettet, von ihr werden sie belehrt. Aber dem Menschen ist es nicht mehr erlaubt, Angst zu haben. Darum war es immer die Aufgabe der Einweihung, die Schüler zu lehren, die Angst zu besiegen. Angst und Tod sind die beiden großen Feinde, die man besiegen muss, und sie werden von der Liebe und dem Wissen besiegt.*

* Vergleiche Band 221 »Alchimistische Arbeit und Vollkommenheit«, Kap. 5 »Die Angst«.

In manchen Gegenden der Welt muss man auf seine Kinder, seine Haustiere und sein Vieh aufpassen und Schutzmaßnahmen treffen, damit nicht wilde Tiere kommen und sie verschlingen. In gleicher Weise muss jeder Mensch achtsam sein und um sich herum Schutzmaßnahmen einrichten, damit nicht auch seine Kinder und Haustiere (symbolisch gesprochen) von wilden Tieren angefallen werden. Wer sind diese Kinder, diese Haustiere? Das sind seine guten Gedanken, seine guten Gefühle, seine guten Ansätze, alles, was für spirituellen Reichtum, Fülle und Glück steht. Wenn sie ihm wirklich etwas bedeuten, muss er sie schützen, sonst werden sie von finsteren Wesenheiten der Astralwelt zerrissen. Und dann fragt er sich, warum er sich arm und beraubt wiederfindet. Nun, er ist einfach nicht aufmerksam gewesen, er ist eingeschlafen, und die wilden Tiere haben alles verwüstet.*

* Vergleiche Band 221 »Alchimistische Arbeit und Vollkommenheit«, Kap. 4 »Das Erbe aus dem Tierreich«.

Die Fähigkeit zu sehen, ist eines der Geheimnisse für Erfolg. Wenn ihr aus einem Büro oder aus einem Geschäft herauskommt, solltet ihr sagen können, wie viele Personen und Gegenstände es dort gab, wie sie aussahen und wo sie standen… Aber ja, das ist wichtig; nicht dass diese Einzelheiten wirklich von Interesse wären, sondern weil es wichtig ist, sich in genauer Beobachtung zu üben. Wie viele Leute sehen nichts und bemerken nichts! Fragt manche Männer, welche Farbe die Augen ihrer Frau haben, sie wissen es nicht. Sie haben ihre Frau tausendmal umarmt, aber sie haben niemals die Farbe ihrer Augen bemerkt! Oh ja, es gibt solche komischen Typen, Männer und natürlich auch Frauen. Sie gehen an Dingen und Menschen vorbei, ohne sie zu sehen, und sie rempeln sie an, körperlich und psychisch. Schauen sie zumindest nach rechts oder links, wenn sie eine Straße überqueren? Nein, nicht einmal das, und mit der gleichen Unaufmerksamkeit gehen sie durchs Leben. Nichts ist wichtiger, als sehen zu können. Seien es nun Personen, Gegenstände oder eine Situation, man muss lernen zu sehen.*

---

* Vergleiche Band 16 »Alchimie und Magie der Ernährung –
  Hrani-Yoga«, Kap. 8, Teil 2 »Auf alles achten, was man tut;
  richtig wahrnehmen lernen«.

Oft hört man Leute wieder und wieder sagen: »Ich will frei sein, ich will mich nicht beeinflussen lassen…«* Nur wissen diese Leute nicht, dass das ganze Leben aus Beeinflussung besteht: Alles, was sie essen, atmen, berühren, schmecken, hören, betrachten oder lesen, beeinflusst sie ständig. Und wenn sie meinen, völlig frei sein zu können, kommt das oft nur daher, dass sie nicht wissen, unter welchem Einfluss sie handeln. Man kann daher von Glück sprechen, dass manche, ohne es zu wissen, einigen guten Einflüssen unterliegen, denn wenn sie es wüssten, hätten sie in ihrem lächerlichen Wunsch nach Unabhängigkeit sogar diese guten Einflüsse abgelehnt.

* Vergleiche Band 327 »Der Preis der Freiheit«, Kap. 1 »Die Bedingung für die Freiheit: Die Beachtung der kosmischen Gesetze«.

Sobald ihr ein Element isoliert, um es zu untersuchen, könnt ihr es nicht wirklich kennenlernen, denn ihr trennt es vom Leben des Ganzen ab. Ihr lernt dieses Element nur dann richtig kennen, wenn ihr es mit allen anderen Elementen verbunden habt und seht, wie das Leben zwischen ihnen kreist. Um die Wahrheit über das Leben kennenzulernen, muss man lernen, die Menschen und Dinge mit einer zentralen Idee zu verbinden, sie in das kosmische Bauwerk einzubetten, um zu sehen, wie sie in Harmonie schwingen und am universellen Leben teilnehmen. Auf diese Weise hat jede Tatsache, die ihr studiert, einen Platz als ein Element, das zur Erhaltung des kosmischen Bauwerks beiträgt.*

* Vergleiche Band 234 »Die Wahrheit, Frucht der Weisheit und der Liebe«, Kap. 14 »Wahrheit der Wissenschaft und Wahrheit des Lebens«.

Wie viele Menschen merken nicht, dass sie dabei sind, einen gefährlichen Abhang hinunterzurutschen! Nach einer Folge von Unannehmlichkeiten und Enttäuschungen geraten sie nach und nach in krankhafte Zustände, und eines Tages werden sie verschlungen. Was zunächst nur ein leichtes Unbehagen war, endet schließlich in einer Katastrophe.

Bemüht euch daher immer, auf eure inneren Zustände zu achten, sonst geschieht mit euch dasselbe wie mit einem Schneeball, den ihr ins Rollen bringt: Nach und nach klebt immer mehr Schnee daran fest, und die Kugel wird schließlich so groß, dass sie euren Weg versperrt. Dann klagt ihr: »Ich kann nicht mehr vorbei!« Aber bei wem liegt der Fehler? Wer hat die Kugel geformt? Ihr habt alle möglichen negativen Gedanken und Gefühle genährt, habt sie in eurem Kopf und in eurem Herzen gigantische Ausmaße annehmen lassen, und jetzt seid ihr eingeengt und blockiert. »Und was kann ich denn jetzt tun?« Entzündet ein Streichholz und nähert es dieser Schneekugel. Die Wärme bringt sie zum Schmelzen, das Wasser begießt eure Obst- und Blumengärten, und ihr habt eine Fülle von Blumen und Früchten. Genau das muss man tun: Entzündet das Feuer der Liebe, und die Liebe wird alle Tumore in euch zum Schmelzen bringen.*

* Vergleiche Band 225 »Harmonie und Gesundheit«, Kap. 9 »Die Pflege der Zufriedenheit«.

In der Universellen Weißen Bruderschaft wird kein okkultes Wissen gelehrt, sondern das Einweihungswissen, das spirituelle Wissen. In den okkulten Wissenschaften sind Licht und Dunkelheit vermischt. Viele Okkultisten, die sich mit den dunklen Bereichen dieser Wissenschaften befasst haben, wollten ihr Wissen dazu benutzen, Geld, Frauen oder Macht zu erlangen und haben ein schlimmes Ende gefunden.

Die okkulte Wissenschaft macht viele Versprechungen: Dank diesem Duft, jenem Talisman oder jenem magischen Stein könnt ihr zu Reichtum, Liebe und Erfolg kommen… Die okkulten Bücher sind voll davon, und die Menschen, die voller Begierden sind, stöbern darin herum, um bequeme und schnelle Mittel zu finden, um ihre Begierden zu befriedigen. Darum ist die schwarze Magie auf der ganzen Welt so verbreitet. Für die weiße Magie dagegen, die Theurgie, gibt es wenige Kandidaten, denn es gibt sehr wenige, die sich von ihren niederen Wünschen befreit haben und mit der göttlichen Welt in Verbindung treten wollen! Man darf sich niemals der esoterischen Wissenschaft bedienen, um seine Leidenschaften zu befriedigen, sondern einzig, um sich zu vervollkommnen und der Menschheit zu helfen.*

* Vergleiche Band 24 »Die neue Religion – Eine universelle Sonnenreligion«, Kap. 7 »Die geistige Schöpfung – Die Suche nach dem Stein der Weisen«.

Die meisten Menschen haben Vorstellungen von Gott, an denen es vieles zu revidieren gäbe. Das Bild eines über die Menschen verärgerten Gottes oder das eines Greises mit langem Bart, der damit beschäftigt ist, ihre guten und schlechten Taten aufzuschreiben und ihre Fehler zu bestrafen. Diese Bilder waren vielleicht in einer bestimmten Epoche und unter bestimmten Umständen akzeptabel, aber heutzutage sind sie, offen gestanden, lächerlich. Kein vernünftiger Mensch kann wollen, dass man so ein Leben und solche Beschäftigungen Gott unterstellt.

Zweifellos war die von Moses verbreitete Vorstellung eines einzigen Gottes ein sehr großer Fortschritt in der Geschichte des Denkens. Aber es kam ein Zeitpunkt, an dem das Bild dieses gerechten, strengen, unbarmherzigen Gottes abgeändert werden musste, damit die Menschen sich weiterentwickeln konnten. Denn wie hätten sie sonst gelernt, ihren Mitmenschen gegenüber Geduld, Nachsicht und Güte zu zeigen, wenn sie ständig das Beispiel eines unnachgiebigen, unversöhnlichen Gottes vor sich gehabt hätten? Darum ist Jesus gekommen, um zu lehren, dass Gott die Liebe ist.*

* Vergleiche Band 235 »Im Geist und in der Wahrheit – Wie finde ich zu Gott?«, Kap. 17 »Das Reich Gottes ist in uns«.

die Menschen jegliche spirituelle oder moralische Autorität ablehnen, damit sie tun können, was sie wollen, wiederholen sie unwissentlich wieder den gleichen Fehler wie Adam und Eva. Es heißt in der Genesis, dass Gott Adam und Eva in den Garten Eden gebracht hatte, ihnen aber verboten hatte, vom Baum der Erkenntnis von Gut und Böse zu essen. Doch sie gehorchten nicht und wurden aus dem Paradies vertrieben.*

Das Mysterium, das den Baum der Erkenntnis von Gut und Böse umgibt, bezieht sich auf die in der Natur wirkenden Kräfte. Der Mensch nimmt einen bestimmten Platz im Universum ein; diesem Platz entspricht ein ganz bestimmter Bewusstseinszustand, der es ihm nicht erlaubt, alles kennenzulernen und alles ungestraft auszuprobieren. Auch wenn man sagen kann, dass die Neugier ein wesentlicher Antrieb für die menschliche Weiterentwicklung ist, gibt es Erfahrungen, für die der Mensch noch nicht reif ist, und wenn er sie vorzeitig macht, setzt er sich großen Gefahren aus. Symbolisch betrachtet kann man sagen, dass die ersten Menschen vor dem Sündenfall in den Blüten des kosmischen Baumes lebten, dass sie aber bis in seine Wurzeln hinabgestiegen sind, weil sie ihr Forschungsgebiet ausdehnen wollten. Es gibt da sicherlich viele Dinge zu entdecken. Aber sie haben dort auch die Begrenzung und den Tod entdeckt.

* Vergleiche Band 210 »Die Antwort auf das Böse«, Kap. 1 »Die zwei Bäume des Paradieses«.

Was ist ein Zauberstab? Das ist ein Instrument, das dazu dient, Himmel und Erde zu verbinden, einen Kontakt herzustellen. Das gilt auch für die innere, psychische Welt und die äußere, physische Welt, damit sich eine Idee, ein Willensimpuls, ein Bild, in der Materie konkretisieren oder verwirklichen kann.*

Wenn Jesus im Vaterunser sagte: »Dein Wille geschehe, wie im Himmel, so auf Erden«, hat er einen magischen Akt vollzogen, da er durch diese Worte bereits eine Verbindung zwischen oben und unten herstellte. Und er fordert alle Menschen auf, ebenfalls eine magische Handlung auszuführen: Reinheit, Licht und Harmonie des Himmels anzuziehen, damit die Erde ein Spiegelbild des Himmels wird. Das einzige Mittel, um dieses Ideal zu verwirklichen, ist, sich mit dem Himmel zu verbinden und beständig, mit seinem ganzen Wesen, die Verbindung zum Himmel aufrechtzuerhalten, um den Strom kreisen zu lassen. Der Zauberstab ist also wie ein elektrischer Stecker, den jeder zuerst an den Himmel anschließen muss.

* Vergleiche Band 32 »Die Früchte des Lebensbaums – Die kabbalistische Überlieferung«, Kap. 21 »Der Zauberstab«.

Was ist eine Rose? Oder auch nur ein Blütenblatt einer Rose?* Für einen Eingeweihten, der die Kabbala kennt, ist sie ein Mittel, um sich mit der Welt der Venus zu verbinden, die zur Sephira Netzach gehört. Venus hat die Rose erschaffen. Jedes Blütenblatt einer Rose ist von der Quintessenz der Venus durchdrungen, und durch dieses Blütenblatt könnt ihr mit den Bewohnern und Tugenden der Venus in Verbindung treten. Es ist von den Quintessenzen dieser Region durchdrungen, und wenn ihr dieses Blütenblatt betrachtet und liebt, übermittelt ihr ihm etwas von eurem Magnetismus, und es gibt euch auch etwas zurück: Es verbindet euch mit den Bewohnern der Venus, die weiterentwickelt sind als die Bewohner der Erde. Wenn ihr der Liebe, der Zärtlichkeit, der Schönheit oder eines Wohlgeruches bedürft, könnt ihr sie dank dieses Blütenblattes anziehen. Das Blütenblatt einer Rose ist nicht die Venus selbst, und ihr dürft nicht dabei stehenbleiben, denn von ihm allein werdet ihr nichts erhalten. Aber durch dieses Blütenblatt könnt ihr mit höheren Lebensformen in Berührung kommen, und diese werden euch durch dieses Blütenblatt alles geben.

* Vergleiche Band 941 »Die Botschaft der Blumen«.

Freitag

Beobachtet genau, und ihr werdet feststellen, dass jemand, der sich in der Wahrheit befindet, sich von den anderen durch allerhand gute Eigenschaften unterscheidet, besonders aber durch seine Güte, seinen Edelmut und seine Selbstlosigkeit. Wenn ich daher jemanden sehe, der behauptet, im Besitz der Wahrheit zu sein, sich aber boshaft, gehässig und rachsüchtig zeigt, so habe ich große Lust ihm zu sagen: »Leg dich schlafen, mein Alter. Wenn das die Wahrheit ist, dann lohnt es sich nicht, auch nur die geringste Anstrengung zu machen, um sich ihr zu nähern.« Aber selten besitzen die Menschen diese Kriterien. Sie sehen, wie Besessene im Namen der Wahrheit Hass und Gewalt predigen. Sie sind nicht nur bereit, ihnen zu folgen, nein, sie ahmen sie sogar noch nach.

Glaubt niemals jemandem, der behauptet, die Wahrheit zu haben, wenn er euch nicht seine Diplome vorweisen kann. Ihr fragt: »Gibt es da auch Diplome?« Aber ja, nur mit dem Unterschied, dass derjenige, der die Wahrheit besitzt, nicht ein Diplom aus Papier hat: Dieses Diplom ist ihm eingeprägt. Es ist ein lebendiges Diplom, das die Eingeweihten und sogar die Naturgeister von fern lesen können, denn es leuchtet und sendet Strahlen aus. Wenn man einem solchen Menschen begegnet, hat man das Gefühl, erhellt und erwärmt zu werden, als ob man einem Sonnenaufgang beiwohnen würde.*

---

* Vergleiche Band 324 »Der Friede, ein höherer Bewusstseinszustand«.

Man kann sagen, im weitesten Sinn, dass das Wort die Synthese aller Äußerungen des inneren Lebens eines Menschen ist, eine Ausstrahlung, die durch seine Gedanken und Gefühle hervorgerufen wird. Und dieses Wort steht oft im Widerspruch zum gesprochenen Wort. Beispielsweise hasst ein Mensch seinen Nachbarn. Während er über dessen Ruin nachsinnt, versichert er ihm, um sein Misstrauen einzuschläfern, jeden Tag seine Freundschaft. Und der Unglückliche lässt sich durch diese Worte einlullen. Wie oft wird das Wort, anstatt ein wahrheitsgetreuer Ausdruck der wirklichen Tatsachen zu sein, nur benutzt, um bei anderen Menschen gewisse Reaktionen hervorzurufen: Misstrauen, Hass, Widerstand und andere Emotionen, welche im Interesse desjenigen liegen, der spricht.

Misstraut also dem Wort! Natürlich könnte man einwenden, dass das Wort auf diese Art seine magische Rolle bewahrt, nämlich die Wirklichkeit umzugestalten. Ja, aber das Wort sollte die Realität nicht in diesem Sinne umgestalten. Die Macht des Wortes darf immer nur für das Gute benutzt werden.*

* Vergleiche Band 226 »Das Buch der göttlichen Magie«, Kap. 4.

Das Licht ist das Erste von Gott erschaffene Wesen. Das Licht ist Christus, und Christus ist die kosmische Sonne. Der Geist Christi ist identisch mit dem Sonnengeist.* Wenn wir wissen, wie wir uns mit dem Geist der Sonne verbinden können, welcher der Geist Christi, eine Emanation Gottes ist, schenkt er uns all seine Segnungen: Licht, Wärme, Leben, Schönheit, Reinheit, Gesundheit... Aber es reicht nicht aus, sich der Sonne auszusetzen, so wie viele es tun, instinktiv, ohne die Beteiligung ihres Bewusstseins, denn auch wenn sie in dem Moment einige Strahlen abbekommen, so ist das nicht genug. Um von der Sonne spirituelle Elemente zu empfangen, muss unser Geist mit ihr in Verbindung treten, sie berühren, in sie eindringen und mit ihr verschmelzen: ja, unser Geist, und nicht unsere Haut! Sich physisch der Sonne auszusetzen ist schon sehr gut; wenn aber unser Bewusstsein, unser Denken, unser Geist an dieser Begegnung mit ihr teilnimmt, empfangen wir weitaus mehr als Wärme und Vitalität: nämlich Wissen und Erleuchtung.

* Vergleiche Band 228 »Einblick in die unsichtbare Welt«, Kap. 8 »Sichtbares und unsichtbares Licht: Svetlina und Videlina«.

Die Redewendung »den Schleier der Isis heben« ist ein Bild. Der Schleier der Isis ist das Mysterium der lebendigen Natur, das wir bisher noch nicht zu durchdringen vermochten.* Und mit »Natur« ist auch der Mensch gemeint: Auch der Mensch ist, wie die Natur, von Schleiern verhüllt. Daher bereitet es ihm so viele Schwierigkeiten, sich und die anderen zu erkennen. Wahre Erkenntnis verlangt, dass es uns gelingt, uns bis zu den erhabenen Regionen des Geistes zu erheben. Wenn wir damit aufhören, uns und die anderen durch die verzerrenden Brillengläser unserer dichten Körper zu sehen (denn dem Astral- und Mentalkörper** fehlt es genauso wie dem physischen Körper an wahrer Hellsicht), dann können wir endlich wissen, was der Mensch in den erhabenen Regionen wirklich ist: nämlich Unermesslichkeit, Licht und Herrlichkeit. Alle Hierophanten der Vergangenheit haben dieselbe Lehre weitergegeben; sie offenbarten den Schülern, dass der Mensch nach dem Bild der Natur geschaffen ist, auch er ist verschleiert. Verborgen unter den Schichten der Materie wohnt ein Geist, ein Funke, ein unbeschreibliches Wesen, allwissend, allmächtig, Gott selbst. Derjenige, der durch Askese, Gebet und Entsagung fähig wird, den Ansprüchen des Geistes zu gehorchen, wird Isis entschleiert vor sich erscheinen sehen.

---

* Vergleiche Band 235 »Im Geist und in der Wahrheit – Wie finde ich zu Gott?«, Kap. 7 »Die Kontemplation der Wahrheit«.

** Siehe Abbildung und Anmerkung im Anhang auf Seite 392-393.

Als Jesus gekommen ist, hat er die Menschen gelehrt, dass Gott ihr Vater ist. Die Betonung lag damit nicht mehr ausschließlich auf dem Aspekt von Gerechtigkeit und Strenge, wie bei Moses, sondern auf dem von Liebe, Güte und Vergebung. Gott war nicht mehr dieser strenge Herrscher, vor dem die Menschen sich wie Sklaven niederwerfen mussten, sondern ein Vater, und die Menschen wurden zu Seinen Kindern. Diese Änderung des Standpunktes hinsichtlich der Beziehung zwischen den Menschen und Gott hat noch eine andere, tiefergehende nach sich gezogen, die ebenfalls in den Evangelien erwähnt wird, aber noch nicht richtig verstanden worden ist. Diese Änderung der Anschauung betrifft die Natur des Menschen. Wenn Gott unser Vater ist, dann sind wir von derselben Wesensart wie Er.* Niemals hat es einen Unterschied in der Wesensart zwischen einem Vater und seinen Kindern gegeben. Und wenn wir von gleicher Wesensart sind wie Er, können wir uns mit Ihm identifizieren. Wir sind also in Ihm und Er ist in uns.

* Vergleiche Band 235 »Im Geist und in der Wahrheit – Wie finde ich zu Gott?«, Kap. 17 »Das Reich Gottes ist in uns«.

Wenn man das Planetenzeichen von Merkur ☿ untersucht, stellt man fest, dass in ihm die Symbole von Sonne und Mond in ungewöhnlicher Weise angeordnet sind. Im Prinzip, wie es der Lebensbaum* offenbart, steht die Sonne über dem Mond, Tiphereth steht über Jesod, und in der Hierarchie der Elemente steht das Feuer über dem Wasser. Hier aber ist die Sonne unter den Mond gesetzt worden. Warum? Um ihn zu erwärmen, ihn anzuregen. Diese umgekehrte Anordnung von Sonne und Mond entspricht einem kosmischen Phänomen, das euch verständlicher werden wird, wenn ich euch sage, dass man diesem Phänomen jedes Mal im täglichen Leben begegnet, wenn man Wasser über dem Feuer zum Kochen bringt. Das kochende Wasser verwandelt sich in Dampf und kann dann sogar den Deckel des Wasserkessels hochheben. Das Feuer verwandelt das Wasser in eine motorische Kraft. Das Feuer steht für das männliche Prinzip und das Wasser für das weibliche Prinzip. Wirkt das männliche nun auf das weibliche Prinzip ein, so ruft es eine Kraft hervor, und dieser Kraft wussten sich die Eingeweihten zu bedienen, um sich durch den Raum zu bewegen. Im Menschen ist das männliche Prinzip der Geist und das weibliche Prinzip die Seele, und wenn die Seele, vom Geist angeregt, den Raum durcheilt, wird der Mensch zur vollkommenen Verkörperung des Zeichens von Merkur. Diese gleiche Idee wird in der griechischen Mythologie durch den Gott Hermes (Merkur) ausgedrückt, der sich dank der Flügel an seinen Fersen fortbewegte.

* Siehe Abbildung und Anmerkung im Anhang auf Seite 394-396.

Wenn die Eingeweihten zu uns von Einheit sprechen, wollen sie uns nicht zur Vereinheitlichung bewegen. Sie sagen nicht, dass alle Menschen genau dieselben Gedanken, dieselben Wünsche, denselben Geschmack und dieselben Tätigkeiten haben sollen. Das Leben ist außerordentlich reich an verschiedenen Möglichkeiten, und nur im Bereich des Grundsätzlichen müssen wir die Einheit wiederfinden.

Der Mensch besteht aus drei Grundprinzipien: dem Intellekt, dem Herzen und dem Willen. Der Intellekt braucht Licht (das Wissen), das Herz braucht Wärme (die Liebe) und der Wille möchte handeln, indem er versucht, das Licht des Verstandes und die Liebe des Herzens zum Ausdruck zu bringen. In dieser Hinsicht sind die Menschen identisch: durch diese Grundstruktur und durch die Bedürfnisse und Bestrebungen, die dieser Struktur entsprechen. Genau darin besteht ihr wahres Sein, ob sie sich nun dessen bewusst sind oder nicht, ob sie diese Vorstellung akzeptieren oder nicht. Und in diesem Sinne müssen sie alle arbeiten.*

* Vergleiche Band 235 »Im Geist und in der Wahrheit – Wie finde ich zu Gott?«, Kap. 5 »Von der Vielfalt zur Einheit«.

Ein Mann, der reich werden wollte, schloss eines Tages einen Pakt mit dem Teufel. »Einverstanden«, sagte der Teufel, »ich gebe dir Geld, aber jedes Mal musst du mir etwas dafür zurückgeben.« »Und was denn?« »Jedes Mal, wenn ich dir Geld bringe, gibst du mir eines deiner Haare.«* »Oh, ist das alles? Aber das ist ja nichts, ein Haar!« Ja, aber in sehr kurzer Zeit bekam er eine Glatze, was zu vielen Veränderungen in seinem Leben führte. Seine Braut verließ ihn, weil sie ihn lächerlich fand; aus Kummer fing er an zu trinken, stellte alle möglichen Dummheiten an und verlor auch noch seine Freunde. Schließlich ging er eines schönen Wintertages ohne seine Mütze hinaus, erkältete sich und starb.

Sicher, das ist eine humoristische Anekdote, aber viele Leute überlegen genauso: »Was verliere ich schon, wenn ich die Verbindung zu Gott durchtrenne, um all meinen Launen nachzugehen? Es passiert gar nichts!« Nun, unglücklicherweise geschieht doch etwas: Jeden Tag lösen sich einige Teilchen ihres Lichts, ihrer Lebenskraft von ihnen, und dieser Verlust macht sich in ihrem Familien- und Berufsleben bemerkbar. Auf diese Weise vergeuden sie nach und nach ihr ganzes Leben.

* Vergleiche Band 202 »Der Mensch erobert sein Schicksal«, Kap. 5 »Das Gesetz der Entsprechungen«.

Zuerst ist man im Innern verwundbar, und nach und nach tritt das Übel schließlich auch im Äußeren in Erscheinung. Man hat diesbezügliche Beispiele bei Ärzten und Krankenschwestern gesehen: Einige von ihnen, die einen außerordentlich starken Glauben und sehr reines Blut besaßen, konnten unter an Pest, Lepra oder Tuberkulose erkrankten Menschen leben, ohne angesteckt zu werden.* Andere dagegen wurden von den Mikroben eingeholt, auch wenn sie flüchteten, um davonzukommen. Ja, denn sie hatten Unreinheiten in sich eindringen lassen, und Unreinheiten sind immer eine willkommene Nahrung für Mikroben und Viren. Die Reinheit des Blutes, genauso wie die der Gedanken und Gefühle, leistet der Krankheit Widerstand. Ist dagegen das Übel bereits in die Gedanken, in die Gefühle, ins Herz, in die Wünsche vorgedrungen, dann steht dort eine Tür offen, und schon kann dieses Übel ganz leicht bis auf die physische Ebene hinabsteigen.

* Vergleiche Band 224 »Die Kraft der Gedanken«, Kap. 3 »Die psychische Verschmutzung«.

Unsere Freiheit hängt vom Grad unserer Entwicklung ab. Darum gibt es für den Menschen, wie auch für jedes andere Geschöpf, keine absolute Freiheit. Nur Gott, der Schöpfer, ist wirklich frei. Selbst Engel und Erzengel, selbst die Cherubim und Seraphim sind nicht vollkommen frei. Alle erschaffenen Wesen, Engel wie Menschen, sind abhängig vom Schöpfer. Sie sind nur frei in Bezug auf die Stufe, auf der sie sich in der unendlich großen Hierarchie der Wesen befinden. Um unsere Freiheit zu erlangen, gibt es für uns kein anderes Mittel, als wieder den Weg nach oben einzuschlagen. Wie denn? Indem wir uns bemühen, den Willen des Schöpfers zu erfüllen. Wir finden wirkliche Freiheit nur, wenn wir uns Gott ergeben. Wenn wir Seinen Willen erfüllen, offenbart sich Gott in uns, und weil Er frei ist, fühlen auch wir uns frei, da Er in uns gegenwärtig ist – wir sind frei durch Seine Freiheit.*

* Vergleiche Band 211 »Die Freiheit, Sieg des Geistes«.

Die Hände stellen den Willen dar. Wenn ihr
euren Willen erziehen wollt, beginnt also damit,
eure Hände kennenzulernen, sie zu erziehen, euch
mit ihnen zu beschäftigen. Ihr solltet wissen, dass
jeder Finger, wie eine Antenne, verschiedenartige
Schwingungen, die im Raum zirkulieren, auffängt
und weiterleitet. Weil die Eingeweihten die Reinsten dieser Wellen auffangen können, vollbringen
sie mit ihren Händen Wunder: Sie beruhigen,
heilen oder befehlen den Naturkräften.

Man sollte sich oft die Hände waschen, damit
sie wie vollkommene Antennen funktionieren
können.* Aber um sie wirklich zu waschen, genügt
das physische Wasser auf den physischen Händen
nicht. Stellt euch daher so oft ihr könnt vor, dass
ihr geistiges Wasser fließen lasst, einen Strom von
Licht in den reinsten Farben, unter dem ihr eure
Hände so lange als möglich badet.

* Vergleiche Band 3 »Die beiden Bäume im Paradies«, Kap. 4
  »Die magische Kraft der Gesten und des Blickes«.

Maulwürfe leben unter der Erde, fern vom Licht, und um sich fortzubewegen, müssen sie lange Tunnel durch den Boden graben, die manchmal durch den Pflug eines Bauern zerstört werden. Dieses dunkle, begrenzte Leben gefällt ihnen zweifellos, weil sie eben Maulwürfe sind und sich kein anderes Leben vorstellen können.* Das Leben der Fische ist da schon freier: Der Raum, in dem sie sich bewegen, ist weiter und heller. Aber noch freier ist das Leben der Vögel: Der ganze Luftraum gehört ihnen, und sie singen und vergnügen sich im Licht der Sonne. Maulwurf (Erde), Fische (Wasser) und Vögel (Luft) sind hier Symbole; jedes entspricht einer Bewusstseinsebene, und die Bewusstseinsebene bestimmt das Schicksal.

---

* Vergleiche Band 234 »Die Wahrheit, Frucht der Weisheit und der Liebe«, Kap. 18 »Die Wahrheit wird euch frei machen«.

Damit ihr am nächsten Tag in guter Verfassung, voller Freude und Hoffnung seid, denkt vor dem Einschlafen an etwas Schönes, Gutes, damit dies während der Nacht in euch arbeitet. Schlaft niemals mit einem negativen Gedanken ein, denn er wird während des Schlafes Unruhe in euch stiften. Und wenn ihr beim Einschlafen ein Gefühl von Angst in euch aufsteigen fühlt, dann bleibt nicht im Bett, erhebt euch, schaltet das Licht an und macht ein paar Atemübungen, sprecht ein Gebet oder lest etwas Aufbauendes und legt euch dann wieder hin. Wenn dieser Zustand nach einer Weile wieder auftritt, steht ihr noch einmal auf und beginnt von vorne. Man kann nicht wirksam kämpfen, wenn man liegen bleibt. Die Körperstellung ist in bestimmten Fällen äußerst wichtig. Ihr meint, dass euch kalt wird, wenn ihr aufsteht und dass ihr lieber im warmen Bett bleibt und mit Hilfe eurer Gedanken kämpft. Nein, wenn ihr fürchtet, euch zu erkälten, zieht euch etwas an, denn ihr müsst wissen, dass man äußerst stark sein muss, um sich im Liegen verteidigen zu können. In horizontaler Lage ist man passiver und nicht so stark. Um Herr der Lage zu bleiben und Widerstand leisten zu können, muss man sich aufrecht halten.*

* Vergleiche Band 13 »Die neue Erde – Anleitungen, Übungen, Sprüche, Gebete«, Kap. 2 »Die Bedeutung des letzten Augenblicks vor dem Einschlafen«.

Wenn ihr glücklich sein wollt, öffnet euch den anderen! Ihr meint, dass die Leute, denen ihr auf der Straße, in Geschäften oder an eurem Arbeitsplatz begegnet, euch nicht inspirieren und dass sie euch außerdem nicht verstehen würden, wenn ihr euch ihnen gegenüber offen zeigt. Das ist wahr, es gibt Leute, die euch nicht verstehen werden; wenn ihr sie grüßt oder ihnen zulächelt, dann sagen sie: »Was hat der denn? Der ist ja nicht normal.« Aber wenn es auch einige geben mag, die euch nicht verstehen werden, wie viele andere verstehen euch! Und außerdem: lebt man denn nur für die Leute, denen man begegnet? Nein, man lebt für die ganze Schöpfung, die Sichtbare und die Unsichtbare, und dort gibt es eine Menge Geschöpfe, die eure Liebe zu schätzen wissen, und das ist das Wesentliche.*

---

* Vergleiche Band 29 »Die Pädagogik in der Einweihungslehre«, Kap. 7 »Nehmt teil an der Arbeit der Universellen Weißen Bruderschaft«.

Freitag

Wenn Männer und Frauen ein vernünftigeres, intelligenteres und reineres Leben führen würden, würden sie wie die Blumen werden. Denn die Haut kann einen Duft ausströmen, der dem mancher Blumen gleicht, die man nur in den Bergen findet.* In sehr ferner Vergangenheit besaßen der erste Mann und die erste Frau diesen Duft, besonders Eva, und darum erkannten und liebten die Pflanzen sie. Sie war mit dem gesamten Pflanzenreich verbunden, und im Paradies, im Garten Eden, übertraf Eva alle Pflanzen mit ihrem Duft. Nach dem Sündenfall, der ein Abstieg in die dichtesten Bereiche der Materie bedeutete, verlor sie diese Fähigkeit, Düfte abzusondern, und die Blumen haben sie nicht mehr erkannt. Denn die Blumen sind rein und keusch, sie haben keine astralen Begierden, und als sie Evas Fehler sahen, haben sie aufgehört, sie wie zuvor an allen ihren Tugenden teilhaben zu lassen. Weil die Frauen in ihrem Unterbewusstsein die Erinnerung an diesen früheren Zustand im Paradies bewahrt haben, spüren sie das Bedürfnis, sich zu parfümieren. Von nun an sollten sie wissen, dass es ihnen möglich ist, diesen Duft von neuem wiederzufinden, unter der Bedingung, dass sie in sich diesen ursprünglichen Zustand der Reinheit wiederherstellen: durch reine Nahrung, reine Gefühle und reine Gedanken.

* Vergleiche Band 235 »Im Geist und in der Wahrheit – Wie finde ich zu Gott?«, Kap. 10 »Der Duft des Garten Eden«.

Jemand beklagt sich: »Seitdem ich mich entschieden habe, mein Leben zu ändern und einer geistigen Lehre zu folgen, bin ich der unglücklichste Mensch.« Und davor, war er da glücklich?... Nein, ich glaube nicht. Dem Anschein nach, ja, vielleicht, denn derjenige, der sich nicht anstrengt, ist sozusagen unbesorgt! Aber während dieser Zeit sammeln sich durch ein unordentliches Leben die Unreinheiten an. Und eines Tages spürt er, dass nichts mehr geht, er wird nervös oder depressiv, er wird krank... Derjenige hingegen, der sich entschließt, die Reinheit und das Licht* in sein psychisches Leben einzuführen, verspürt möglicherweise zu Anfang gewisse Unannehmlichkeiten, denn er löst eine richtige Revolution in sich aus. Hat er aber diese Phase hinter sich gelassen, entdeckt er den Frieden, die Freiheit, das Glück. Das muss man also verstehen. Im ersten Fall wird unter dem äußeren Schein der Unbesorgtheit schon der Verfall vorbereitet. Wenn ihr nicht richtig lebt, so könnt ihr immer sagen: »Ich fühle mich wohl, mir geht es gut.« In Wirklichkeit täuscht ihr euch aber. Es ist, wie wenn bei einem schönen Haus die Balken schon von Würmern zerfressen sind. Im Moment ist es vielleicht noch stabil, aber eines Tages...

---

* Vergleiche Band 242 »Unerschöpfliche Quelle der Freude«, Kap. 17 »Der lange Weg zur Freude«.

Wenn wir morgens unser Fenster öffnen und die Sonne erblicken, sind wir glücklich, ihr Licht zu sehen, ihre Wärme zu spüren und uns von ihrem Leben, das sie im Universum verteilt, durchfluten zu lassen. Könnten wir aber die Erde verlassen und uns der Sonne nähern, würden wir diese Bereiche vielleicht als etwas Schwarzes, Finsteres entdecken, was uns gar nicht erfreuen würde. Das ist ein Geheimnis, in das wir tiefer eindringen sollten.

Wenn ein Schüler im alten Ägypten den letzten Grad der Einweihung erreichte, flüsterte ihm der Hohepriester ins Ohr: »Osiris ist ein schwarzer Gott… Osiris ist Finsternis, dreifache Finsternis.« Wie konnte Osiris, Gott des Lichtes und der Sonne, schwarz sein? Der Schüler war durcheinander, denn schwarz ist das Sinnbild des Bösen und des Unerforschlichen.* Er hat das Licht gesucht, den ganzen Weg zurückgelegt, um schließlich die Finsternis zu entdecken! Tatsächlich ist Osiris derart licht, dass er finster scheint, denn Osiris ist Licht jenseits des Lichts.

---

* Vergleiche Band 236 »Weisheit aus der Kabbala«, Kap. 6 »Ain Soph Aur: Licht ohne Ende«.

Die Eingeweihten haben an den Stätten, wo sie gelebt haben, Spuren hinterlassen. Manche sehr fortgeschrittene Hellseher sind fähig, diese Spuren im Ätherbereich der Materie wiederzufinden und sie zu interpretieren. Aber selbst diese so gefundenen Spuren sind nur Hüllen des Geistes, der an diesen Orten geweht hat, und es ist keineswegs sicher, dass man den Geist findet, selbst wenn man an diese Orte geht.*

Ihr sagt: »Wie können wir also den Geist all der Eingeweihten aus Indien, Ägypten, Chaldäa, Israel und Griechenland finden?« In Wirklichkeit sind sie nicht tot. Sie sind in ihre Heimat zurückgekehrt, in die Sonne. Ja, alle lichtvollen Geister, die gekommen sind, die Welt zu erleuchten, sind zurückgekehrt, um in der Sonne zu leben. Von dort sind sie gekommen und von dort oben helfen sie uns weiterhin. Über die Sonnenstrahlen nehmen sie Kontakt zu uns auf, sie lächeln uns zu, berühren uns sanft, läutern uns, beleben uns. Diese Strahlen sind wie ihre Arme und Hände; aber ihr Geist bleibt oben. Wenn ihr es lernt, euch nach diesen Spuren zu richten, nach den Sonnenstrahlen, kommt ihr bis zu ihnen, bis zu ihrem Geist.

---

* Vergleiche Band 235 »Im Geist und in der Wahrheit – Wie finde ich zu Gott?«, Kap. 13 »Überreste sind nichts als Spuren ohne Geist«.

Wasser ist zusammengesetzt aus den beiden Gasen Sauerstoff und Wasserstoff. Damit sich diese beiden Gase vereinigen und Wasser ergeben, muss das Feuer eingreifen. Sobald der Funke überspringt, entbrennt eine unwiderstehliche Liebe des einen zum anderen, und sie verschmelzen. Sie rufen kein drittes Gas ins Leben, sondern einen flüssigen Körper, der einen anderen Aggregatzustand darstellt. Ein neues Element kam also hinzu, um diese Verschmelzung zu ermöglichen, die mit einer Veränderung der Beschaffenheit einhergeht. Sauerstoff und Wasserstoff sind unsichtbar, nicht greifbar, flüchtig. Das Wasser dagegen sieht man, berührt man. Man kann es sogar in einem Gefäß aufbewahren. Wenn wir das Wasser erhitzen, wird es zu Dampf und verflüchtigt sich. Wenn man es jedoch stark abkühlt, so verfestigt es sich und wird Eis. Das ganze Abenteuer des Wassers gibt wirklich zu denken. Man kann sich fragen, warum das, was für Wasser gilt, nicht auch für andere Substanzen gelten sollte. Und da man Wasser in drei verschiedenen Zuständen beobachten kann, fest, flüssig, gasförmig, was den drei Elementen Erde, Wasser und Luft entspricht, so gibt es sicherlich auch eine Form, die dem Element Feuer entspricht, nämlich der ätherische Zustand.*

* Vergleiche Band 232 »Feuer und Wasser – Wunderkräfte der Schöpfung«.

Die Musik – die wahre Musik, so wie die Eingeweihten sie verstehen – ist nicht nur die von Menschen geschaffene Anordnung von Klängen, die unsere Ohren wahrnehmen können. Wenn sie von der Sphärenmusik* sprechen, so beziehen sich die Eingeweihten auf die Harmonie, die zwischen allen Elementen des Universums besteht, auf eine Abstimmung, eine Ordnung, die auf Zahlenzusammenhängen beruht. Die Harmonie ist zuerst Struktur. Danach, wenn sie in die Materie hinabsteigt, wird sie zur Schöpferin von Formen. In diesem Sinne ist die Harmonie der Ausdruck der göttlichen Vernunft, der Weisheit, und deshalb ist sie auch dem göttlichen Wort gleichgestellt. Es gibt keine Harmonie, es gibt keine Musik außerhalb von Vernunft und Weisheit. Das göttliche Wort, die Musik und die Weisheit sind ein und dasselbe.

* Vergleiche Band 236 »Weisheit aus der Kabbala«, Kap. 3 »Die Engelshierarchien«.

Jeder kennt die unliebsamen Begleiterscheinungen von verstopften Leitungen, schmutzigen Scheiben und schlecht geputzten Brillengläsern. Aber sehr wenige denken, dass sie dieselben Zustände auch in sich selbst aufrechterhalten. Nämlich durch Gedanken, Gefühle und Wünsche, die wie Flecken, Staub und Abfälle sind, welche die geistigen Leitungen verstopfen und das göttliche Licht daran hindern, bis zu ihnen vorzudringen und sie zu durchdringen. Man kann nichts Dauerhaftes, Sicheres im spirituellen Leben unternehmen, ohne zuvor an der Reinheit gearbeitet zu haben.

Weshalb glaubt ihr, bestehen die Religionen derart auf der Reinheit? Um sich nur mit ihr zu beschäftigen und darüber hinaus nichts anderes zu suchen? Nein, sie bestehen auf der Reinheit, weil sie die Grundlage des spirituellen Lebens ist. Nun ist es aber die Aufgabe einer Grundlage, das ganze Bauwerk zu tragen. Die Reinheit stellt die Bedingungen dar, die man erfüllen muss, um in der geistigen Welt lernen und erschaffen zu können.*

* Vergleiche Band 7 »Die Reinheit, Grundlage geistiger Kraft. – Die Mysterien von Jesod«.

Wenn ihr wirklich und grundlegend an eurer Reinheit arbeitet, dringt das Licht leichter in euch ein, und ihr beginnt, klarer zu sehen und lichter zu werden. Die krankhaften Teilchen, die eurer Gesundheit schaden, werden vertrieben, und ihr werdet gesünder. Die Teilchen, die euren Willen untergraben, werden hinausgeschleudert, und ihr werdet stärker. Alles, was finster und dunkel ist, verlässt euch, und wenn ihr traurig gewesen seid, wird euch die Freude erfüllen. Denn die Freude ist nichts anderes als ein Aspekt der Reinheit. Je mehr man sich reinigt, desto leichter, heiterer und fröhlicher fühlt man sich. Die Unreinheit bringt Gärung, Fäulnis, Auflösung und Tod; je mehr man sich dagegen reinigt, desto mehr nähert man sich der Unsterblichkeit. Also sind Gesundheit, Kraft, Wissen, Glück und Unsterblichkeit nichts anderes als verschiedene Aspekte der Reinheit. Das ist eine Zusammenfassung der Einweihungswissenschaft, es liegt an euch, dies nachzuprüfen.*

* Vergleiche Band 7 »Die Reinheit, Grundlage geistiger Kraft. – Die Mysterien von Jesod«.

Samstag

Wenn ihr gemeinsam singt oder betet, so verschwinden alle Missverständnisse, die es zwischen euch geben kann. Gebet und Gesang sind magische Kräfte, fähig, die Finsternis zu besiegen. Deshalb dürft ihr niemals eine Gelegenheit für diese Arbeit verpassen: das neue Bewusstsein zu erwerben, das Bewusstsein der Einheit. In einer geistigen Bruderschaft findet ihr die Bedingungen, den wahren Frieden, die wahre Harmonie, um zu erschaffen. Anstatt also hierhin und dorthin zu laufen, unter dem Vorwand, ihr braucht Zerstreuung, damit ihr Sorgen, Kümmernisse und Schwierigkeiten vergesst, die ihr mit den anderen habt, ist es im Gegenteil vorzuziehen, sie zu treffen und mit ihnen zu singen und zu beten. Schritt für Schritt wird sich alles in euch ordnen, und eine Reinigung, Befreiung und Erleuchtung wird sich vollziehen. So bereitet ihr alle zusammen den Kern des neuen Lebens vor.*

* Vergleiche Band 306 »Musik und Gesang im spirituellen Leben«.

Um unsere Aura zu entwickeln, genügt es nicht, sich vorzustellen, wie wir von Farben umgeben sind. Diese Farben können sich nur halten, wenn sie durch die Qualitäten und Tugenden, deren materielle Entsprechungen sie sind, unterstützt und aufrechterhalten werden. Unsere Tugenden nähren die Farben unserer Aura.

Wenn die Geister oben die Erde beobachten, sehen sie oft nur Finsternis; entdecken sie aber inmitten der Finsternis ein Wesen, das strahlt, das um sich Lichtbündel ausstrahlt, so nähern sie sich ihm, um es zu beschützen und sich um es zu kümmern.*

* Vergleiche Band 309 »Die Aura, unsere geistige Haut«.

Montag

Wenn ihr akzeptiert, euch anderen zuzuwenden, wenn ihr die Schwierigkeiten ertragt, die sie euch bereiten, werden sich andere, die höher stehen als ihr, entschließen, euch zu ertragen und zu unterstützen. Solange ihr nicht bereit seid, euch mit denjenigen zu verbinden, die weniger entwickelt sind als ihr, entgeht euch ein gewisser Austausch, und auch die unsichtbare Welt wird sich weigern, sich mit euch auszutauschen.

Es ist wichtig, dass die Menschen lernen, eine wirkliche Verbindung untereinander herzustellen. Möge der Wissenschaftler oder Weise sein Licht geben, und möge der Unwissende es erhalten und sich freuen, aufgeklärt worden zu sein. Möge der Reiche den Armen besuchen und glücklich darüber sein, Gutes getan zu haben; und möge der Arme sich geholfen und unterstützt fühlen. Solche aufrichtigen, brüderlichen Austausche schaffen großes Glück. Aber derjenige, der seine vollen Scheunen, seine gefüllten Kassen für sich behält und sich weigert, seine Reichtümer fließen zu lassen, wird zum Sumpf. Er stagniert innerlich. Er wird nie den Sinn des Lebens entdecken, denn er kennt nicht das mächtige Gesetz des Austausches.*

---

* Vergleiche Band 237 »Das kosmische Gleichgewicht – Die Zahl 2«, Kap. 12 »Das Gesetz des Austauschs«.

Lasst nicht zu, dass eine Uneinigkeit in euch herrscht, weil ihr mehrere widersprüchliche Gedanken oder Gefühle gleichzeitig habt, sondern arbeitet daran, Einheit zu schaffen, indem ihr euch mit Gott verbindet.* Einheit, das bedeutet, dass alle Bereiche der Peripherie dem Zentrum zustreben. Nur so hat man die Möglichkeit, wirksam zu handeln. Jedes lebendige Wesen, ob es sich nun um ein Atom oder um einen Menschen handelt, kann nur fortbestehen, wenn die Einzelteile der Peripherie sich um ein einziges Zentrum anordnen. Beobachtet das Leben, und ihr werdet bemerken, dass eine Teilung oder Spaltung der Ursprung vieler Leiden und Misserfolge ist, während dagegen die Einheit den Sieg mit sich bringt. Glück, Erfolg und selbst Gesundheit sind immer das Ergebnis unserer Bemühungen zur Einheit hin.

* Vergleiche Band 202 »«, Kap. 5 »Das Gesetz der Entsprechungen«.

Der Greis, der sich in der Apokalypse an den heiligen Johannes wendet, sagt zu ihm: »Ich bin Alpha und Omega, der Erste und der Letzte, der Anfang und das Ende.« Alpha und Omega sind der erste und der letzte Buchstabe des griechischen Alphabets, der Sprache, in der das Neue Testament geschrieben wurde. Und im Hebräischen, welches die Sprache Jesu war, sind der erste und der letzte Buchstabe des Alphabets Aleph und Tav.

Alpha und Omega oder Aleph und Tav... Diese beiden Buchstaben zu nennen, kommt in Wirklichkeit dem Nennen des ganzen Alphabetes gleich, denn man kann den Anfang vom Ende nicht trennen. Ein Alphabet ist eine Gesamtheit, die aus einer Folge von einzelnen Teilen besteht, den Buchstaben. Und die Reihenfolge, in der diese Buchstaben angeordnet sind, ist kein Zufall. Ihre Gestalt entspricht den Buchstaben, die in der Schöpfung existieren. Im hebräischen Alphabet repräsentieren die Buchstaben die Elemente, Kräfte, Tugenden, Qualitäten, Geistwesen und Mächte, durch deren Verbindung Gott das Universum erschaffen hat. Dank dieser lebendigen Buchstaben hat Gott Worte und Sätze gebildet und bildet weiterhin Worte und Sätze. So hat Er die Welt erschaffen und erschafft sie immer noch...*

---

* Vergleiche Band 320 »Menschliches und göttliches Wort«, Teil 1 »Das Alphabet und die zweiundzwanzig Elemente des Worts«.

Die Materie begrenzt uns, sie hält uns gefangen, sie ist ein Hindernis zwischen uns und der geistigen Welt, jedoch um uns zu zwingen, an ihr eine bestimmte Arbeit zu verrichten, nicht um uns zu lähmen und uns unter ihrem Schutt zu begraben. Jemand beklagt sich: »Ich fühle mich begrenzt, geknechtet, wo bin ich da hineingeraten? Wie soll ich hier wieder rauskommen?« Es gibt nur eine Antwort: Arbeitet mit Liebe, Weisheit und Willenskraft, nehmt den Weg nach oben wieder auf, und wartet nicht, bis ihr ganz und gar gefesselt seid.

Stellt euch jemanden vor, der in Zement watet; selbstverständlich kann er, solange der Zement noch weich ist, seine Füße herausziehen. Wenn er aber den Kopf woanders hat, an andere Dinge denkt, wird der Zement hart, und er sitzt fest. Jetzt muss man den Zement zerschlagen, mit dem Risiko, ihn zu verletzen.* Ja, so ist es, die Zeit verfestigt die Dinge, und wenn man zögert, aus bestimmten Zuständen herauszukommen, so wird man bald ›seine Füße nicht mehr herausziehen können‹. Gibt man sich den Leichtigkeiten hin, den Freuden, die das materielle Leben bietet, entfernt man sich von der göttlichen Welt und findet oft dort, wo man Freiheit und Glück zu finden hoffte, nur Knechtschaft und Leiden.

* Vergleiche Band 17 »Erkenne Dich selbst«, Kap. 9 »Die Wahrheit«.

Da ihr die Möglichkeit habt, zu tun was ihr wollt, glaubt ihr euch frei. Wenn ihr euch jedoch genauer analysiert, so seht ihr, dass die Wahl der einen oder anderen Tätigkeit oder Freizeitgestaltung von bestimmten Neigungen diktiert wird, von bestimmten in euch vorherrschenden Wünschen oder Begierden, denen ihr nicht widerstehen könnt. Eure Freiheit ist also nur scheinbar.

Was für Kämpfe haben die Menschen ausgefochten, um frei zu sein! Selbst der Tod schien ihnen oft besser, als das Entbehren der Freiheit. Es ist schade, dass sie nicht dieselben Anstrengungen unternommen, dieselben Schlachten ausgefochten haben, um geistig frei zu sein. Nur äußerlich wollen sie frei sein, innerlich lassen sie sich leicht zu Sklaven machen. Wer die Möglichkeit hat, seine niederen Neigungen auszuleben, glaubt sich frei. Aber nein, gerade dann ist er versklavt.*

* Vergleiche Band 211 »Die Freiheit, Sieg des Geistes«.

Unter den Tausenden von Dingen, welche die Menschen lernen müssen, gibt es besonders eines, das sie vernachlässigt haben: welche Einstellung man im Leben gegenüber der Natur, den Menschen und dem Schöpfer haben soll. Ja, vor allem dem Schöpfer gegenüber. Anstatt sein Gesicht Ihm zuzuwenden und zu sein wie die Nadel im Kompass, die sich nach dem Polarstern ausrichtet, drehen sie Ihm den Rücken zu. Deshalb stoßen sie auf so viele Schwierigkeiten und Prüfungen.

Die Frage der Einstellung ist wesentlich, denn sie bestimmt unser ganzes inneres und äußeres Leben. Wir müssen jeden Tag versuchen, eine richtige Einstellung gegenüber diesem Polarstern zu finden, den wir Gott nennen, damit wir von Ihm alle Segnungen erhalten. Und wenn es uns gelungen ist, die Frage der Einstellung gegenüber Gott ins Reine zu bringen, finden wir auch die richtige Einstellung gegenüber allen Geschöpfen, den Menschen und der Natur.*

---

* Vergleiche Band 233 »Eine Zukunft für die Jugend«, Kap. 3 »Sinn für das Heilige«.

Die offizielle Wissenschaft ist noch weit davon entfernt zu wissen, wie Gott den Menschen oben in seinen Werkstätten geschaffen hat. Nur die großen Hellseher, die großen Eingeweihten, die ihren Blick weit genug schweifen lassen konnten, sodass sie die Wirklichkeit der Dinge entdeckten, haben uns enthüllt, dass der Mensch in seinem Wesenskern keine wirkliche Form hat. Er ist aus Energieströmen, aus lichten Ausströmungen gemacht; und indem sich diese Energien und Ausströmungen verdichtet haben, haben sie seine physischen Organe geformt, so wie wir sie kennen. Also sind Magen, Leber, Milz, Gehirn, Augen, Ohren, Beine und Arme die Materialisation von Kräften, die in der feinstofflichen Welt kreisen. Wenn der Mensch nicht vernünftig ist, so ist es, als ob er nach und nach seine Lampen oben auslöscht, das heißt, seine Tugenden und Kräfte. Und die Organe, die diesen Tugenden und Kräften entsprechen, werden dadurch auch schwächer. So lassen sich seine körperlichen Störungen, seine Krankheiten erklären: durch die Verdunkelung, das Löschen seiner Lichter oben.*

* Vergleiche Band 14 »Liebe und Sexualität«, Kap. 3 »Die Schlange, die entschleierte Isis«.

Wenn ihr etwas wirklich wollt, könnt ihr selbst den Herrn zwingen. Ja, wenn ihr wisst, wie man mit Ihm kämpfen kann, so werdet ihr es sein, der siegt. Ihr leidet, ihr seid gequält, ihr habt das Gefühl, dass der Herr euch verlassen hat und sogar, dass Er euch überfordern will. Also wendet euch an Ihn und sagt zu Ihm: »Herr, Du hast mir den Krieg erklärt, Du willst mich niederschlagen, aber ich werde nicht nachgeben, ich werde gegen Dich kämpfen…« Wie aber kämpfen? Mit denselben Waffen wie die Seinen. Da Gott Liebe ist, nun gut, kämpft eben mit Liebe. Nähert euch Ihm, legt die Arme um Seinen Hals und sagt zu Ihm: »Ich liebe Dich, Herr, Du kannst alles mit mir tun, was Du willst, ich werde es annehmen.« Nun beginnt sich der Herr am Kopf zu kratzen und sagt sich: »Aber was geschieht mir da mit diesem Kind? Ich kann es nicht weiter leiden lassen…« Er überlegt, Er nimmt euch in die Arme, und es ist vorbei, ihr tretet von neuem in Seinen Frieden und in Sein Licht ein. So habt ihr den Herrn besiegt. Ihr habt Ihn besiegt mit eurer Liebe.*

* Vergleiche Band 29 »Die Pädagogik in der Einweihungslehre – Teil 2 und 3«, Kap. 7 »Nehmt teil an der Arbeit der Universellen Weißen Bruderschaft«.

Alles, was im Universum existiert, ist aus Fäden, aus Verbindungen gemacht. Selbst unser physischer Körper ist nur eine Gesamtheit von Fäden und Verbindungen, die man je nachdem Fasern, Bänder, Nerven, Kanäle, Gefäße, Gewebe usw. nennt. Wärt ihr hellsichtig, würdet ihr ebenfalls sehen, dass alle Menschen Bindungen haben, die nach allen Richtungen gehen. Und dann stellen sie sich vor, sie seien voneinander getrennt, frei und unabhängig! Nein, schon wenn ihr an jemanden denkt, verbindet ihr euch mit ihm, denn Gedanken sind nichts anderes als Verbindungen, Fäden. Wenn ihr ihm Schlechtes tun wollt, ist euer Gedanke wie ein Seil, ein Lasso, das ihr auswerft, um ihn zu euch zu ziehen, gefangen zu nehmen und zu zerstören. Habt ihr im Gegensatz dazu viel Liebe für ihn, ist euer Gedanke wie eine Leitung, durch die ihr ihn ernährt, eine Verbindung, die ihr geschaffen habt, zwischen ihm und dem Besten, was ihm hilft und ihn aufklärt. Ob von Liebe oder Hass inspiriert, Gedanken und Gefühle sind Bindungen.*

* Vergleiche Band 14 »Liebe und Sexualität«, Kap. 25 »Die Frage der Bindungen«.

Lernt bei allem, was in euch vorgeht, klar zu sehen. Ihr müsst versuchen, nicht nur eure Wünsche, eure Gefühle und eure Gedanken zu erkennen, sondern auch wissen, ob sie euch von eurer niederen Natur oder eurer höheren Natur eingegeben worden sind. Versucht sogar, ihre Farben, ihre Düfte und die Wesenheiten zu erkennen, die ihnen entsprechen. Denn alles ist vorbestimmt, eingeordnet. Alles, was wir in unserem Bewusstsein leben, ist die Widerspiegelung der höheren Welt oder der niederen Welt. Was wir Bewusstsein nennen, kann in Wirklichkeit der Ausdruck des Unbewussten, des Unterbewussten oder des Überbewussten sein. Alles hängt von der Wesensart dessen ab, was auf den Bildschirm unseres Bewusstseins einwirkt und was darauf projiziert wird. Die düsteren Manifestationen sind der Ausdruck des Unterbewussten, während hingegen die lichtvollen Manifestationen der Ausdruck des Überbewusstseins sind. Unser Bewusstsein ist ein neutrales Gebiet, auf dem sich Gutes und Schlechtes ausdrücken können, und unsere vorrangige Aufgabe ist es, unterscheiden zu lernen.*

* Vergleiche Band 17 »Erkenne Dich selbst – Jnani-Yoga«, Kap. 7 »Das Bewusstsein«.

Die Menschen haben ein Wissen, das sie sich zu eigen gemacht haben, und ein anderes, das ihnen irgendwie fremd ist. Wenn jemandes Wissen rein theoretisch ist, das heißt, es im Leben nie in die Praxis umgesetzt wurde, so besitzt er dieses Wissen nicht wirklich. Selbst wenn man ihn als den größten Philosophen der Erde betrachtet, in einer folgenden Inkarnation wird er in der Haut eines Unwissenden wiederkommen, er wird all die Kenntnisse, die er ehemals besaß, entbehren müssen. Der Bescheidenste unter den Menschen dagegen, der daran gearbeitet hat, sein Wissen im Bereich der Tugenden in die Praxis umzusetzen, kommt mit angeborenen Fähigkeiten zurück und wird wahrhaft intelligent und weise sein.

Alles Wissen, das ihr gelebt und ausprobiert habt, bleibt in eurem Besitz, und ihr nehmt es mit euch, auf welchem Planeten auch immer ihr eines Tages leben werdet. Aber alles theoretische Wissen, alles Bücherwissen, was in Wirklichkeit nur geliehenes Wissen ist, wird ausgelöscht und ist verloren.*

---

* Vergleiche Band 203 »Die Erziehung beginnt vor der Geburt«, Kap. 11 »Erziehung und Unterricht«.

Der größte Reichtum des Menschen ist seine schöpferische Fähigkeit. Diese Fähigkeit betrifft alle Lebensbereiche und im Besonderen die Kunst. Aber die Künstler müssen den Wert dessen hinterfragen, was sie erschaffen: was es bringt, wohin es führt, auch daran sollten sie denken. Die Leute erklären, dass sie das Bedürfnis haben, etwas aus sich hervorzubringen, sich auszudrücken, wie sie sagen. Ja, alle Wesen haben das Bedürfnis, auf die eine oder andere Art etwas aus sich hervorzubringen. Aber muss man wirklich alles zeigen, was herauskommt? Unglücklicherweise tun im Bereich der Kunst, der Literatur, der Philosophie eine ganze Reihe Künstler Folgendes: Sie zeigen den anderen ihre Exkremente. Ihr sagt: »Das ist übertrieben.« Oh nein, das ist nicht übertrieben! Man muss zu jener Auffassung der Kunst zurückkehren, die in den Einweihungsschulen der Vergangenheit gelehrt wurde, d. h. einzig Werke zu schaffen, die die menschliche Seele inspirieren und sie den Weg in ihre himmlische Heimat zurückfinden lassen.*

* Vergleiche Band 317 »Die Kunst und das Leben«.

Ihr verlangt, dass euer Dasein glatt, angenehm, ohne Aufregung und Unglück verläuft. Aber warum fragt ihr nicht vielmehr, was der tiefere Sinn all dieser Hindernisse ist, die es in der Natur und im Leben gibt? Wenn ihr einen hohen Berg besteigen wollt, um dort die reine Luft zu atmen oder wunderbare Landschaften zu bewundern, so hättet ihr, wenn der Weg glatt wäre, nichts, um euch daran festzuhalten. Ihr könntet nicht klettern und würdet bis in die Abgründe der Schluchten rutschen. Das geschieht all denen, deren Dasein sehr leicht ist, und die in Bequemlichkeit und Wohlstand leben. Wie viele ließen es zu, dass sie abrutschten, bis sie ihren Reichtum, ihre Gesundheit, selbst ihre Vernunft verloren hatten! Wenn ihr also an den Hängen der geistigen Berge klettert, wünscht euch nicht einen glatten Weg. Liebt die Unebenheiten, denn an diesen Unebenheiten könnt ihr euch festhalten, um zum Licht aufzusteigen.*

* Vergleiche Band 232 »Feuer und Wasser – Wunderkräfte der Schöpfung«, Kap. 7 »Das Gebirge, Mutter des Wassers«.

Stellen wir uns einen temperamentvollen, ungestümen, sogar gewalttätigen Mann vor. Er ist so grob, so bestimmend, dass er keinen Satz aussprechen kann, ohne bei den anderen Anstoß zu erregen, sie zu beleidigen, zu verletzen. Sein impulsives Temperament treibt ihn dazu, auf diese Weise Explosionen und Verwüstungen anzurichten. Aber eines Tages wird diesem Mann schließlich bewusst, dass diese Haltung ihm große Nachteile bringt. Er entschließt sich, sich zu ändern. Nach einiger Zeit gelingt es ihm, sich mit Hilfe seines Willens maßvoller, verträglicher zu zeigen; und alles ändert sich für ihn. In der Tiefe hat er sich nicht geändert. Er ist noch immer genauso fähig, zurückzuschlagen und Schläge zu verteilen – und er wird es bis ans Ende seines Daseins bleiben – aber dank seines Willens gelingt es ihm, sich zu bemeistern. Leider haben sich sehr wenige zu dieser Art Anstrengung entschlossen. Dennoch ist es für jeden von euch so grundlegend wichtig, dass ihr lernt, euch zu beherrschen, zu meistern und die Geste, das Wort und den Blick zu finden, die keinen Schaden anrichten!*

* Vergleiche Band 5 »Die Kräfte des Lebens«, Kap. 2 »Charakter und Temperament«.

Der Tag des heiligen Johannes, der Tag, an dem die Sonne in den Krebs eintritt, ist nicht das Fest des geistigen Feuers, sondern des physischen, irdischen Feuers. Und dieses Feuer ist nicht nur das, welches das Getreide und die Früchte der Bäume reifen lässt, sondern auch das Feuer im Innern des Planeten, das eine ganze Materie schmelzflüssig hält, wo Metalle und Mineralien gebildet werden und das man mit der Hölle gleichgesetzt hat.

In manchen Traditionen wird der Sommer durch einen Drachen symbolisiert, der Feuer speit. Der Drache ist genau dieses mythische Tier, das unter der Erde lebt und nur an die Oberfläche kommt, um zu verbrennen, zu verschlingen und zu zerstören. Aber er ist auch der Hüter aller verborgenen Schätze, der Edelsteine und der Edelmetalle, der Früchte der Erde. Um sich diese Schätze anzueignen, muss man fähig sein, sich ihm zu stellen und ihn zu besiegen. Viele Traditionen, vor allem überliefert in den Märchen, feiern den wagemutigen und reinen Helden, der fähig war, den Drachen zu besiegen, um sich seine Schätze anzueignen. Das sind Erzählungen, über die der Schüler meditieren sollte: Man darf sich nicht vom Drachen verschlingen lassen, nur weil der Sommer unterirdische Kräfte freilässt.*

* Vergleiche Band 236 »Weisheit aus der Kabbala – Der lebendige Strom zwischen Gott und Mensch«, Kap. 12 »Malkuth, Jesod, Hod, Tiphereth: Die Erzengel und die Jahreszeiten«.

Wenn ein Mensch sich auf der Erde inkarniert, verbringt er zunächst neun Monate im Leib seiner Mutter, mit der er durch die Nabelschnur verbunden ist. Am Ende dieser neun Monate muss die Schnur abgetrennt werden, damit er als Individuum ein unabhängiges Leben führen kann. In diesem Moment sagt man: Er ist geboren. Aber damit er leben kann, ist er mit dem Universum durch eine andere Schnur von fluidaler Beschaffenheit verbunden, und an dem Tag, an dem diese Schnur unterbrochen wird, stirbt er. Schließlich verbindet ihn eine dritte, noch feinstofflichere Schnur mit Gott, dem Schöpfer. Viele Menschen haben diese Schnur in ihrem Bewusstsein abgetrennt. Sie können wohl sagen: »Wir sind am Leben, ihr seht es doch.« In Wirklichkeit sind sie tot, etwas Wesentliches in ihnen ist tot. Sie haben ihre Verbindung, die sie mit der göttlichen Quelle des Lichtes und der Wärme verband, abgebrochen, um sich in der Finsternis und der Kälte zu verlieren. Geistig sind sie tot. Physisch leben sie noch, weil sie die Nabelschnur, die sie mit der Mutter Natur verbindet, noch nicht abgeschnitten haben. Aber in der geistigen Welt sind sie tot. Dieser spirituelle Tod hat zwangsläufig Auswirkungen auf alle Bereiche des Daseins.*

* Vergleiche Band 219 »Geheimnis Mensch – Seine feinstofflichen Körper und Zentren«, Kap. 3 »Das Sonnengeflecht«.

Man soll lieben, aber nicht nur die eigene Frau oder den eigenen Mann, man soll alle Frauen und alle Männer lieben. Manche werden sagen: »Aber Sie drängen uns dazu, unserem Partner untreu zu werden?« Oh la la, als ob ihr es nötig hättet, dass euch jemand dazu drängt. Seid ein bisschen ehrlich und aufrichtig: Könntet ihr sagen, wie lange ihr wirklich nur einen Mann oder eine Frau geliebt habt? Wie viele andere Gesichter, die euch im Vorbeigehen aufgefallen sind, haben den Weg zu eurem Herzen, zu eurer Seele genommen, wo ihr sie wertschätzend aufbewahrt! Ist das schlecht? Nein, im Gegenteil, aber nur unter der Bedingung, dass ihr nicht bei ein paar Geschöpfen stehenbleibt, sondern dass ihr die ganze Welt bewusst in eure Liebe einbezieht. Nur diese derart weite, reiche und reine Liebe macht euch glücklich und bringt auch demjenigen Menschen Glück, mit dem ihr euer Dasein teilt. Ihr müsst ihm die gleiche Freiheit zu lieben geben, damit auch ihr in den Genuss einer bereicherten, verschönten und erleuchteten Liebe kommt.*

* Vergleiche Band 15 »Liebe und Sexualität«, Kap. 21 »Eine erweiterte Vorstellung der Ehe«.

Jede eurer Tätigkeiten, sei sie nun physisch, gefühlsmäßig oder intellektuell, verursacht eine Verbrennung, und jede Verbrennung ist begleitet von der Bildung von Abfällen. Diese Abfälle muss man ausscheiden, denn wenn sie sich anhäufen, gibt es Stauungen, die das richtige Funktionieren des Organismus hemmen. Müsst ihr ein Feuer in einem Ofen oder einem Kamin machen, wird euer Ofen nicht in Gang kommen, wenn ihr nicht zuerst die Asche und die Schlacken vom Vortag wegräumt. Mit eurem physischen Organismus ist es dasselbe, und ebenso mit eurem psychischen Organismus: den Gedanken und Gefühlen. Deshalb müsst ihr euch nicht nur körperlich sauber halten, sondern auch auf die Beschaffenheit eurer Gedanken und Gefühle aufpassen, um immer weniger Abfälle in euren psychischen Körpern entstehen zu lassen. So nährt ihr euer inneres Feuer und könnt eurer Aufgabe nachgehen.*

* Vergleiche Band 212 »Das Licht, lebendiger Geist«, Kap. 7 »Die Reinheit öffnet dem Licht die Tore«.

Was bedeutet »nackt sein«? Dieser Ausdruck hat in Wirklichkeit zwei Bedeutungen. Er kann aussagen, dass der Mensch arm, elend und bar aller Qualitäten und Tugenden ist. Aber er kann auch bedeuten, dass ein Mensch nicht mehr mit Panzern bedeckt ist, die sich gegen das Eindringen des Lichtes und der Wahrheit wehren. Er ist also unschuldig, frei, vollkommen. Nur die göttlichen Wesen sind in diesem Sinne nackt, was man auch ausdrückt, indem man sagt, sie seien in Licht gehüllt, in Licht gekleidet. Es ist sehr schwierig, im Wortschatz die Worte zu finden, die die Realität des geistigen Lebens genau ausdrücken. Man muss oft Zuflucht zu Bildern suchen, und dasjenige der Nacktheit dient dazu, je nachdem, die Armut oder eben den geistigen Reichtum auszudrücken.*

---

* Vergleiche Band 216 »Geheimnisse aus dem Buch der Natur«, Kap. 7 »Die entschleierte Wahrheit«.

In der Bibel steht im Buch Exodus geschrieben, dass Moses von Gott den Auftrag erhielt, die Hebräer vom Joch der Ägypter zu befreien (Ex 3,9-14). Moses antwortete Gott: »Ich werde also zu den Kindern Israels gehen und ihnen sagen: ›Der Gott eurer Väter hat mich zu euch gesandt.‹ Aber wenn sie mich fragen, wie sein Name ist, was werde ich ihnen antworten?« Gott sagte zu Moses: »Ehje Ascher Ehje«, was wörtlich heißt: »Ich werde sein, der ich sein werde«. Und Er fügte hinzu: »So wirst Du den Kindern Israels sagen: Ehie (der ›Ich werde sein‹) hat mich zu Euch gesandt.«

Gott sagt von sich selbst »Ich werde sein«. Damit drückt Er aus, dass Er Seine Manifestation nicht vollendet hat. Er ist derjenige, der im erhabenen Werden begriffen ist und den wir weder sehen noch hören noch berühren können.*

---

* Vergleiche Band 236 »Weisheit aus der Kabbala – Der lebendige Strom zwischen Gott und Mensch«, Kap. 4 »Die Namen Gottes«.

Das Universum ist einem Baum vergleichbar. Übrigens ist in vielen religiösen Traditionen der kosmische Baum das Symbol der Schöpfung. Die Geschöpfe befinden sich, je nach ihrem Entwicklungsgrad, in den Wurzeln, dem Stamm oder den Ästen dieses Baumes. Die Wurzeln nehmen die Elemente der Erde auf und die Blätter das Sonnenlicht, welches den unbearbeiteten Saft in bearbeiteten Saft verwandelt. Die farbigen duftenden Blüten bereiten sich darauf vor, Früchte zu werden. Was die Früchte angeht, so sind diese nicht nur eine Nahrung für Tiere und Menschen, sondern sie enthalten in sich Keime, die neuen Bäumen das Leben schenken. Wurzeln, Stamm und Äste haben ihren Nutzen und ihre Schönheit. Aber wer möchte nicht in den Ästen des Baumes leben, mit den Blättern, Blüten und Früchten, die sich dem Licht und der Wärme der Sonne öffnen?*

* Vergleiche Band 234 »Die Wahrheit, Frucht der Weisheit und der Liebe«, Kap. 18 »Die Wahrheit wird euch frei machen«.

Das Leben auf der Erde gleicht einem Ball, aus dem Luft entwichen ist, seitdem die Erbsünde ein Loch hineingestochen hat. Viele Menschen haben versucht, diesen Ball wieder zu reparieren, aber wenn es ihnen gelingt, die Einbuchtung auf der einen Seite auszugleichen, erscheint sie auf der anderen Seite. Warum? Weil nicht mehr genug Luft im Ball ist. Also, wie kann man dieses Problem lösen und es schaffen, dem Ball seine Kugelform wiederzugeben?

Das Loch flicken steht in Verbindung mit dem physischen Leben, Luft hinzufügen mit dem spirituellen Leben. Wenn man also nur das materielle Leben in Ordnung bringt und dabei das spirituelle Leben vergisst, oder wenn man nur an das spirituelle Leben denkt und dabei das materielle Leben völlig vernachlässigt, wird der Ball niemals seine vollkommene Form wiedererlangen. Von nun an muss jeder beginnen, Luft in seinen leeren Ball, sein irdisches Dasein, hineinzublasen, und diese Luft, das sind Glaube, Hoffnung, Liebe.*

---

* Vergleiche Band 3 »Die beiden Bäume im Paradies«, Kap. 9 »Die beiden Bäume im Paradies«, Teil 2 »Die Schlange in der Genesis«.

Ein sehr wohlhabender Mensch sollte seinen Reichtum nicht so sehr seinen Kindern zeigen, weil sie sonst auf ihr zukünftiges Erbe zählen und keinerlei Anstrengungen unternehmen, zu arbeiten oder zu lernen allein zurechtzukommen. Sie würden faul und launisch werden, und das wäre die schlechteste Erziehung. Daher sollten die Eltern ihre Kinder soweit wie möglich in Unkenntnis über das Erbe lassen, das sie erwartet. Wenn ihnen Arbeit und Selbstbeherrschung zur Gewohnheit geworden sind, dann – ja dann – können die Eltern mit ihnen darüber sprechen, aber nicht vorher.

So handelt der Herr, was die Menschen betrifft. Der Herr ist der größte Erzieher, der größte Pädagoge. Er zeigt uns nicht sofort das Erbe, welches uns in den himmlischen Gefilden erwartet. Und weil wir uns für arm und elend halten, arbeiten wir und bemühen uns. Wenn wir es endlich, unter Leiden und Tränen, geschafft haben, uns unseres himmlischen Erbes würdig zu zeigen, zeigt uns unser Vater alle Reichtümer, die Er für uns angesammelt hat.*

* Vergleiche` Band 27 » Die Pädagogik in der Einweihungslehre «, Kap. 1 »Zuerst sollten die Eltern unterwiesen werden!«, Teil 3.

Es kommt vor, dass mir junge Leute von ihrem Vorhaben erzählen, einen Beruf zu wählen, in welchem sie viel Geld verdienen, und sie fügen bei, dass das ihnen dann ermöglichen würde andern zu helfen. Und denkt ihr nun, dass ich erfreut sei über ihre Worte? Oh nein, überhaupt nicht, denn ich sehe immer, dass sich etwas sehr Persönliches hinter diesen anscheinend großherzigen Absichten verbirgt.

Jene, die so sprechen, wissen nicht, in was für Verwicklungen sie ihre Finger hineinhalten, und wenn sie einmal einen Finger da drin haben, wird nach und nach ihr ganzes Wesen davon eingenommen werden. Wenn man das Ziel anstrebt, viel Geld zu verdienen, muss man wissen, dass man in der Materie versinken wird und dass man eines Tages so sehr von ihr eingenommen sein wird, dass man nicht nur sehr schnell vergisst, dass man anderen helfen wollte, sondern dass man egoistisch und hart werden wird. Ja, man ist voller guter Absichten, aber die Materie ist eine Falle für die Kinder Gottes. Ihr sagt: »Was soll man also tun? Muss man auf materiellen Erfolg verzichten?« Nein, aber man muss zuerst während vielen Jahren spirituell erstarken. Nur unter dieser Bedingung kann man materiellen Erfolg anstreben, ohne fürchten zu müssen, sich dabei zu verlieren.*

* Vergleiche Band 231 »Saaten des Glücks«, Kap. 1 »Das Glück ist eine Gabe, die gepflegt werden muss«.

In den Tempeln der Antike waren die Eingeweihten zugegen, wenn während der Mysterienfeiern heilige Tänze von Jungfrauen aufgeführt wurden, die sich Außenstehenden nicht zeigen durften und deren ganzes Leben der Reinheit geweiht war. Andere wollten sie nachahmen, meist Schüler, die aufgrund ihrer Schwächen aus den Tempeln vertrieben worden waren und Schulen gründeten, in denen sie angeblich in große Geheimnisse einweihten. Wenn man aber nicht weit genug entwickelt ist, um die himmlische Schönheit zu erreichen, begnügt man sich mit grob sinnlichen Imitationen. Und so sind all die Zuschauer, die sich in der heutigen Zeit in den Nachtclubs drängen, um die »entschleierte Isis« zu betrachten, nichts anderes als Schüler, die damals die wirklichen Einweihungsprüfungen nicht mit Erfolg ablegen konnten und sich jetzt an den Orten der Ausschweifung darauf vorbereiten. Und sie alle bekommen bei dieser Prüfung die Note »sehr gut«, weil sich diese Isis natürlich viel leichter entschleiert als die Göttin in den antiken Tempeln. Das ist sehr schade, denn derjenige, der die wahre Schönheit zu schauen weiß, kann bis zum Throne Gottes aufsteigen.*

* Vergleiche Band 28 »Die Pädagogik in der Einweihungslehre, Teil 2 und 3«, Kap. 7 »Die Raupe und der Schmetterling«.

Jedes menschliche Wesen fühlt sich dazu gedrängt, nach Vergnügungen zu suchen, das ist bekannt und auch normal. Soll der Mensch aber ein absolutes Vertrauen in diesen Drang seiner Natur haben, die ihn dazu treibt, alle seine instinktiven Bedürfnisse zu befriedigen? Manche erfreuen sich daran, maßlos zu essen oder zu trinken, sich zu schlagen, zu stehlen, zu zerstören oder Frauen zu verführen. Zwar kann man verstehen, dass sie an solchen Dingen Vergnügen finden, die Natur ist so reich an Ausdrucksmöglichkeiten! Wenn sie aber nicht durch Weisheit oder Vernunft beherrscht und in die richtigen Bahnen gelenkt wird, ist die Tendenz zum Vergnügen nicht absolut gerechtfertigt. In ihrem Drang ist sie schon gerechtfertigt, aber niemals in ihren Manifestationen, und man darf ihr nicht die Möglichkeit geben, sich unkontrolliert zu verwirklichen. Alle Bedürfnisse sind wunderbare Kräfte und haben nichts Schlechtes an sich, sie werden erst schlecht, wenn der andere Faktor fehlt, um ein Wort hinzuzufügen: die Weisheit.*

* Vergleiche Band 234 »Die Wahrheit, Frucht der Weisheit und der Liebe«, Kap. 1 »Die Suche nach der Wahrheit«.

Alle Welt weiß, dass man einen Führer braucht, um die Gipfel hoher Berge zu erklimmen. Im Bereich des Sports geben alle den Nutzen und sogar die Notwendigkeit eines Führers zu. Was aber das innere Leben betrifft, bilden sich viele ein, dass sie keinen benötigen. Es ist schon merkwürdig: Für das innere Leben, in dem man so viel mehr Gefahr läuft, sich zu verirren, von Lawinen verschüttet zu werden oder in tiefe Abgründe zu fallen, da benötigen sie niemanden, da kommen sie schon allein zurecht. Ja, und deshalb trifft man auf so viele kranke, unausgeglichene und neurotische Personen. Sie wollten keinen Führer und haben sich in ihrem inneren Labyrinth verirrt.*

---

* Vergleiche Band 30 »Leben und Arbeit in einer Einweihungsschule«, Kap. 3 »Die Arbeit in der göttlichen Schule«.

Zu einer Zeit, als die Menschen wirklich fähig waren, sich zu lieben und sich treu zu bleiben, gab es die Ehe als Institution noch nicht. Die Ehe wurde geschaffen, weil die Menschen nicht mehr zu lieben verstanden. Um sie zurückzuhalten, war man gezwungen, Gesetze, Sakramente usw. zu erfinden... Wenn die Liebe da ist, braucht man dann Papiere, Verträge, Standesbeamte oder Priester? Außerdem haben all diese Papiere, Standesbeamte und Priester die Ehepaare nicht daran gehindert, sich zu entzweien und zu trennen. Wo die Liebe ist, braucht man nichts anderes dazu, damit sie ewig andauert, noch nicht einmal den Segen der Priester. Denn Gott hat ja Seinen Segen schon gegeben. Gott ist in der Liebe derer, die sich wahrhaftig lieben, und das ist der wahre Segen: die Liebe selbst.*

* Vergleiche Band 214 »Liebe, Zeugung und Schwangerschaft«, Kap. 3 »Die Ehe«.

Wenn ein Lehrer seinen Unterricht beendet hat, kümmert er sich nicht mehr um seine Schüler, er wird von seinen persönlichen Aktivitäten, Gedanken, Gefühlen und seinen eigenen Problemen in Anspruch genommen. Er hat seinen Unterricht gehalten, und damit ist für ihn die Sache beendet. Ein spiritueller Meister hingegen kümmert sich ohne Unterlass um seine Schüler. Tag und Nacht, ob er isst, arbeitet oder schläft, kümmert er sich um ihre Seele und ihren Geist, und so hilft er ihnen jeden Tag, ohne Pause…

Ihr fragt euch, wie so etwas möglich ist. Ganz einfach deshalb, weil ein Eingeweihter frei ist! Und wenn man frei ist, wenn man seine eigenen Probleme gelöst hat, kann man seinen Freunden und Schülern helfen. Wenn man aber immer zu sehr von seinen eigenen Angelegenheiten in Anspruch genommen, darin eingespannt und verwickelt ist, wie das auf die meisten Menschen zutrifft, was kann man dann für die anderen tun…? Dies ist noch ein weiterer Unterschied zwischen einem wahren spirituellen Meister und einem gewöhnlichen Lehrer.*

* Vergleiche Band 207 »Was ist ein geistiger Meister«.

Geld ist die Quelle einer Vielzahl von Versuchungen. Man muss sehr stark sein, um inmitten von Überfluss das gleiche spirituelle Leben zu führen, als ob man nur das Allernötigste besäße. Was glaubt ihr, warum wohnen Einsiedler in Wüsten,

und warum nehmen Mönche es auf sich, Armut zu geloben? Weil Reichtum nicht die beste Voraussetzung für ein geistiges Leben ist, das viele Entsagungen und innere Anstrengungen fordert. Sie haben verstanden, dass wahrer Reichtum bedeutet, klar zu sehen und im Frieden zu sein. Denn was bedeutet schon jener Reichtum, den man nur erreicht auf Kosten all dessen, was an Kostbarstem in uns selbst ist? Wahrer Reichtum ist der Reichtum an Gedanken und Gefühlen, den man an andere verteilen kann, ohne jemals selbst arm zu werden.*

* Vergleiche Band 25 »Der Wassermann und das Goldene Zeitalter«, Kap. 6 »Gold und Licht«.

Die Geister der Dunkelheit sind sehr raffiniert, sie stellen sich euch nicht mit Hörnern, einem gespaltenen Schwanz oder mit allen Schrecklichkeiten der Hölle vor, denn ihnen liegt nichts daran, euch zu erschrecken. Im Gegenteil, sie bringen euch das Versprechen, alle eure Wünsche zu befriedigen und kommen solange wieder, bis ihr ihnen – wie eine überreife Frucht – in die Falle geht. Mit den Versprechungen von Macht, Freuden und Geld schaffen sie es, die Menschen zu verführen. Die Wesenheiten des Guten hingegen sagen euch: »Es kann sein, dass du weder Ruhm noch Reichtümer erhältst, wenn du auf uns hörst, weil diese vom Fürsten dieser Welt verwahrt werden. Wir aber können dir andere Dinge wie Licht, Frieden, Wissen und vor allem Leben, ein erfülltes Leben geben. Willst du mit uns kommen?« Wenn ihr erhellt seid, wenn ihr ein echtes Unterscheidungsvermögen besitzt, werdet ihr auf die Stimme der himmlischen Wesenheiten hören, sonst geht ihr unweigerlich den dunklen Geistern in die Falle.*

* Vergleiche Band 215 »Die wahre Lehre Christi«, Kap. 9 »Wachet und betet«.

Anatomisch und physiologisch gesehen stellt das menschliche Gehirn den Gipfel der Organisation dar, aber das bedeutet nicht, dass alle Menschen eine wahrhaft geordnete psychische Aktivität haben, denn man sieht, dass ihre Gedanken und Gefühle immer wieder verworren sind, sich widersprechen und aufeinanderprallen... Und die Gesellschaft, ist sie organisiert? Augenscheinlich funktioniert alles gut: Wasser, Elektrizität, Erdgas, Autos, Züge, Post, Polizei, Krankenhäuser usw. Aber das ist nur eine mechanische Organisation, weil noch jene Harmonie fehlt, die untrennbar mit dem Begriff der Ordnung verbunden ist. In Wirklichkeit können die Worte »Ordnung« oder »Organisation« nur auf die göttliche Welt angewendet werden, in der alles ohne Zusammenstöße und Dissonanz abläuft. Wenn man auf der Erde von einer vollkommenen Organisation, von einem organisierten Gehirn oder einer geordneten Gesellschaft spricht, dann handelt es sich dabei nur um eine physische, materielle Ordnung. Denn in Wirklichkeit herrscht auf der psychischen, geistigen Ebene noch Unordnung.*

* Vergleiche Band 26 »Der Wassermann und das Goldene Zeitalter«, Kap. 4 »Der kosmische Körper«.

Wenn wir in einem Geschäft einkaufen, müssen wir etwas geben im Austausch für das, was wir haben wollen, nicht wahr? Wer nicht zahlen will, dem gibt man auch nichts. In der Natur und der unsichtbaren Welt spielt sich alles genauso ab wie in den Geschäften auf der Erde. Die unsichtbare Welt sagt uns: »Gebt Gott euer Herz, und Er wird euch dafür alles geben.« Aber was antwortet ihr: »Ich kann nicht, ich habe mein Herz schon vergeben. Ich habe eine Frau, Kinder und eine entzückende Geliebte; ich besitze kein Herz mehr, das ich geben könnte.« Oh ja, genau das ist der Grund, warum eure Gebete niemals erhört werden. Ihr stellt euch immer vor, dass man etwas erhalten kann, ohne dafür etwas im Austausch geben zu müssen. Nein, das ist unmöglich! Um die Segnungen des Himmels zu erhalten, muss man wenigstens einen Teil seiner Liebe, seiner bewussten Aufmerksamkeit, seiner Zeit und seiner täglichen Anstrengungen geben.*

* Vergleiche Band 305 »Das Gebet«, Teil 1.

Der Mensch bestimmt sein Schicksal durch die Natur seiner Bedürfnisse. Nehmen wir ein Beispiel: Wenn ihr eine große Menge Zigaretten oder Alkohol pro Tag braucht, wenn ihr das Bedürfnis habt, Besitztümer wie Häuser, Autos oder Firmen anzuhäufen oder wenn ihr jeden Abend in einen Nachtclub oder ins Kasino zum Roulette gehen müsst, dann ist euer Schicksal schon vorgezeichnet. Es besteht aus Verfall, Ruin, vielleicht sogar Gefängnis. Und wenn ihr das Bedürfnis habt, die göttliche Schönheit zu schauen oder Frieden und Licht um euch zu verbreiten, auch dann ist der Weg klar: Ihr werdet auf Glück und Fülle treffen. Wie kommt es, dass die Menschen nicht gemerkt haben, dass jedes Bedürfnis, jeder Wunsch sie auf bestimmte Gleise stellt, die sie entweder in Regionen führen, die von Wespen, Schlangen und Raubtieren heimgesucht werden und in denen sie ihr Leben lassen müssen oder aber zu lichtvollen, wunderbaren Regionen, in denen sie alle Freuden erleben werden? Je nach seinen Neigungen, Vorlieben und Wünschen bestimmt der Mensch selbst sein Ziel.*

* Vergleiche Band 202 »Der Mensch erobert sein Schicksal«.

Um auf der physischen Ebene bestehen zu können, brauchen wir feste Nahrung. In der unsichtbaren Welt aber existieren Wesen, die sich nur von Gerüchen, Farben und Tönen ernähren. Für die Mehrzahl der Menschen ist es schwierig zuzugeben, dass es oberhalb von Mineral-, Pflanzen-, Tier- und Menschenreich noch Regionen gibt, die für sie unsichtbar sind, aber von Geschöpfen bewohnt werden, die verschieden sind von allem, was sie kennen. In Wahrheit ist das gesamte Universum von den erstaunlichsten Geschöpfen bewohnt, von denen sich einige nur von Licht, Farben und Tönen ernähren. Weit fortgeschrittene Wesen haben manche dieser Geschöpfe besucht. Natürlich stellen Farben, Musik und Licht für uns keine substantielle Nahrung dar, aber für Wesen von sehr feinstofflicher und zarter Materie sind Licht, Töne und Gerüche Kräfte und Mächte, und damit auch Nahrungsmittel.*

* Vergleiche Band 210 »Die Antwort auf das Böse«, Kap. 6 »Die drei großen Versuchungen«.

Ihr könnt an eurer Aura auf zweierlei Art
arbeiten. Mit dem Denken, der Vorstellungskraft,
versucht ihr, die reinsten und schönsten Farben
anzuziehen und euch mit ihnen zu umhüllen.
Aber in Wahrheit ist dies eine etwas künstliche
Anstrengung, deren Wirkung nicht lange anhalten
wird, wenn ihr nicht gleichzeitig versucht, die
Tugenden zu verwirklichen, die zu den entsprechenden Farben gehören. Das Wesentliche ist
nämlich nicht die gedankliche Übung, sondern
die Entwicklung der Tugenden. Selbst wenn ihr
keinerlei Konzentrationsübung macht, um die Farben eurer Aura zu entwickeln, könnt ihr, ob ihr es
wollt oder nicht, die wunderbaren Farben anziehen
welche den Tugenden entsprechen, indem ihr nur
daran arbeitet, diese in euch zu entwickeln. Und
je mehr ihr die Tugenden verwirklicht, umso mehr
werden die Farben immer schöner und strahlender
aufleuchten.*

* Vergleiche Band 309 »Die Aura«.

Alle Geschöpfe besitzen ein Bewusstsein, ob sie nun zum Mineralreich, zum Pflanzen-, Tier- oder Menschenreich gehören. Je nach dem Grad der Entwicklung ist dieses Bewusstsein aber mehr oder weniger von ihrem Körper entfernt. Bei den Mineralien ist es am weitesten entfernt, deshalb befinden sie sich im Zustand der Bewegungslosigkeit. Das Bewusstsein der Pflanzen liegt im Zentrum der Erde, und deshalb müssen wir versuchen, sie dort zu berühren, wenn wir zu ihnen sprechen und wenn wir möchten, dass sie uns verstehen und entsprechend handeln. Auch die Tiere haben kein persönliches Bewusstsein, sondern ein kollektives Bewusstsein, außerhalb von ihnen. Jede Rasse besitzt eine Gruppenseele, die sie lenkt. Wenn sie z. B. ganz bestimmte Perioden für Zeugung, Legezeit, Wanderung, Mauserung usw. haben, dann deshalb, weil sie einer außenstehenden Gruppenseele gehorchen. Der Mensch ist der Einzige, der ein individuelles Bewusstsein besitzt, und deshalb ist er ein denkendes und freies Wesen.*

* Vergleiche Band 17 »Erkenne Dich selbst – Jnani-Yoga«, Kap. 7 »Das Bewusstsein«.

Sich anzupassen, bedeutet für den Schüler, sich zu öffnen, Intuition und Takt zu besitzen, genau zu fühlen, welches Wort er sagen soll, wann der richtige Moment ist zu sprechen oder zu handeln und schließlich die richtige Einstellung zu haben. Er muss aber in der Lage sein, all dies zu tun, ohne etwas von seinem Ideal zu verlieren, ohne die geistigen Prinzipien Rechtschaffenheit, Aufrichtigkeit und Ehrlichkeit zu vernachlässigen. Die so verstandene Anpassung hängt von der Charakterstärke und der Feinheit der Intelligenz ab.

Obwohl er Flexibilität beweist, muss der Schüler also fest und unerschütterlich an seiner Überzeugung festhalten. Selbst wenn er in Stücke gehackt wird, bleibt ein wahrer Diener Gottes unerschütterlich in seiner Liebe und seinem Glauben.*

* Vergleiche Band 30/31 »Leben und Arbeit in einer Einweihungsschule«.

Donnerstag

So wie es Banken auf der Erde gibt, gibt es auch Banken im Himmel. All unsere lichtvollen und reinen Ausstrahlungen, alle unsere Taten, Gefühle und Gedanken, die von Edelmut, Uneigennützigkeit und Großzügigkeit geleitet sind, werden ohne unser Wissen von Wesen, die damit beauftragt worden sind, klassifiziert und anschließend in der himmlischen Bank als Kapital auf unseren Namen eingezahlt. Wenn wir dann später einmal Schwierigkeiten durchmachen oder Gutes tun und anderen Wesen helfen wollen, können wir um Hilfe und Unterstützung bitten: Diese Bank wird sie uns sofort gewähren. Wenn aber kein Kapital hinterlegt wurde, kennt uns die himmlische Bank nicht. Wie viele Menschen fragen sich, ob ihre Gebete vom Himmel erhört werden oder nicht. Das ist die Antwort darauf: Der Himmel hört und erhört nur diejenigen, die in der himmlischen Bank Reichtümer hinterlegt haben.*

* Vergleiche Band 217 »Ein neues Licht auf das Evangelium«, Kap. 4 »Sammelt euch Schätze...«.

Wenn ihr das Gefühl habt, dass Meditation und Gebet euch nichts oder nicht viel bringen, dann liegt der Grund darin, dass ihr versucht aufzusteigen, ohne euch zuvor von euren alten, dicken und groben Kleidern, symbolisch gesprochen, befreit zu haben. Was soll eure Seele unter solchen Bedingungen denn erhalten können? Das Licht und die Antworten des Himmels können nicht durch diesen Panzer bis zu euch vordringen. Ihr müsst ihn ablegen und euch dem Himmel in leichten, durchsichtigen Kleidungsstücken vorstellen, d. h. zuallererst daran arbeiten, euch von euren Begehren, Berechnungen, euren falschen Ideen und eurer Engherzigkeit zu befreien. Wenn ihr das erreicht habt, werdet ihr spüren, kaum dass ihr die Augen geschlossen habt, um euch mit dem Himmel zu verbinden, wie alle seine Segnungen euch zuströmen.*

* Vergleiche Band 908 »Vom Sinn des Betens – Erklärung und Gebete«.

Wie viele Menschen sind kalt, ohne Liebe, strahlen keinerlei Wärme, keinerlei Licht aus und denken auch noch, dass sie auf diese Art und Weise im Leben Erfolg haben werden, die Armen! Nein, sie müssen sich erst einmal daran gewöhnen, wieder lebendig zu werden. Und lebendig wird man nur, wenn man lieben lernt, und auch dafür gibt es Übungen. Und welche? Hier eine ganz einfache Methode: Hebt eure Hand in einem Augenblick, in dem niemand euch sieht, und projiziert eure gesamte Liebe auf die Erde und den Himmel, zu den Engeln, dem Herrn und sagt: »Ich liebe euch, ich liebe euch, ich liebe euch, ich möchte in Harmonie mit euch sein.« Wenn ihr euch auf diese Weise daran gewöhnt, etwas Vibrierendes, Intensives auszustrahlen, werdet ihr wie eine Quelle, eine Sonne werden. Die Menschen glauben immer, sie könnten sich hinter einem düsteren Gesicht verschanzen, in dem man weder Liebe noch Güte spürt. Sie bemerken nicht, wie gefährlich diese Haltung ist, sowohl für sie selbst als auch für die anderen. Sie müssen lernen, ihrer Liebe Ausdruck zu verleihen, damit sie lebendig werden, ihr Gesicht, ihr Blick soll lebendig sein, damit ihre Gegenwart lebendig sei.*

* Vergleiche Band 225 »Harmonie und Gesundheit«, Kap. 2 »Die Welt der Harmonie«.

Eine Idee ist ein lebendiges, handelndes Wesen. Wenn ihr das nicht wisst, sind euch die Auswirkungen einer Idee bis in die Tiefen eures Seins noch nicht bewusst geworden. Beobachtet euch, und ihr werdet entdecken, wie weh euch manche Ideen getan haben, während euch andere im Gegenteil wunderbar geholfen haben. In dem Moment versteht ihr, wie wichtig es ist, in sich eine göttliche Idee zu nähren, die alles umwandeln und transformieren kann, nicht nur in euch selbst, sondern auch außerhalb von euch. Es gibt keine ruhmreichere Idee, als für das Licht, für das Reich Gottes und Seine Gerechtigkeit zu arbeiten. Diese Idee lässt in euch Gold entstehen, was bedeutet, dass sie euch Gesundheit, Freude, Stärke, Intelligenz, Hoffnung, Glaube bringt. Ihr werdet regeneriert und wiedererweckt aufgrund dieser Idee.*

* Vergleiche Band 307 »Das hohe Ideal«.

Jemand fährt in Urlaub, und im Augenblick seiner Abfahrt spricht er ein kleines Gebet: »Herr, bewahre mein Haus vor Dieben.« Seht euch das an, das ist wirklich unglaublich! Der Herr soll sein Haus bewachen, während er in dieser Zeit spazieren fährt und sich amüsiert. Und wenn er bei seiner Wiederkehr einen Einbruch in sein Haus feststellt, wird er natürlich wütend auf den Herrn sein, der seine Arbeit nicht richtig getan hat. Glaubte er wirklich, dass der Herr, der Arme, sich die Zeit damit vertreiben würde, auf sein Haus aufzupassen, während er selber in Urlaub fährt? Was denken denn die Menschen eigentlich vom Herrn?… Man darf sich also nicht wundern, wenn sich die Wesen oben im Himmel von Zeit zu Zeit entscheiden, einem sorglosen Menschen, der den Herrn für seinen Hausmeister hält, eine Lektion zu erteilen. Sie bringen einige Strolche dazu, ihn auszurauben. Ihr werdet jetzt fragen: »Ja aber, soll man dann den Herrn nicht bitten, auf sein Haus aufzupassen?« Doch, aber zunächst einmal darf man sich nicht vorstellen, dass Er selbst dies tun wird; man sollte Ihn bescheiden darum bitten, einen Seiner Diener zu schicken. Außerdem muss man selbst etwas beitragen, d. h. die eine oder andere Regel oder Vorschrift beachten. Die Menschen sind wirklich merkwürdig: Sie wollen alles haben, ohne etwas im Austausch dafür zu geben. Nein, man muss immer etwas geben, im Austausch für das, um was man gebeten hat.*

* Vergleiche Band 238 »Der Glaube versetzt Berge«, Kap. 3 »Wahrer Glaube und persönliche Überzeugung«.

Lernt, gemeinsam in Harmonie zu singen mit dem Bewusstsein, dass ihr dabei natürlich vor allem für euch selbst arbeitet, aber auch für die ganze Welt, weil die Harmonie, die ihr erschafft, sich nach und nach ausbreitet und alle Wesen im All beeinflusst.

Könnt ihr mit eurer individualistischen Philosophie und euren individualistischen Forschungen einen Chor bilden? Nein, ihr singt ein Solo. Mit mehreren dagegen bildet man einen Chor. Es ist unzureichend, allein zu arbeiten und nur für sich selbst. Natürlich muss jeder individuell arbeiten, aber für das Wohl der Gemeinschaft, denn eine Gemeinschaft muss von korrekt entwickelten Einzelwesen gebildet werden. Es reicht also nicht, egoistisch nach Vervollkommnung zu streben, ohne an die Gemeinschaft zu denken. Die neue Philosophie verwirft die alte nicht, jene der Vervollkommnung des Individuums, aber die individuelle Vervollkommnung muss immer dem Wohle aller dienen. Das ist es, was wir lernen, wenn wir im Chor singen.*

* Vergleiche Band 917 »Der spirituelle Pfad der Musik«, Kap. 5 »Der Musiker in einer Einweihungsschule«.

Die Sonne geht jeden Tag lebendig und vibrierend auf, um ins All Schätze von Licht, Wärme und Leben zu senden. Aber selbst unter euch sind noch einige, die unbeeindruckt davon sind, als ob es zwischen ihnen und der Sonne einen Schirm gäbe. Und das stimmt, es gibt eine Abschirmung aufgrund des Lebens, das sie am Vorabend oder einige Tage vorher geführt haben. Sie haben nicht geglaubt, dass ihre Taten, Gedanken und Gefühle eine schädliche oder wohltuende Wirkung haben könnten, wenn sie vor der Sonne stehen, und deshalb bedeutet die Sonne ihnen nichts.

Wenn ihr euch jeden Tag der Sonne nähert, nachdem ihr euch zuvor innerlich vorbereitet habt, werdet ihr verstehen, dass sie ein lebendes Wesen, eine blendend strahlende Welt ist, in der die am weitesten entwickelten Wesen wohnen und dass ihr dank der Sonne die Lösung all eurer Probleme finden könnt. Ja, denn die Sonne kann noch mehr tun, als euch ihre Wärme und ihr Licht zu geben: Sie kann euren Verstand und euer Herz öffnen.*

* Vergleiche Band 201 »Auf dem Weg zur Sonnenkultur«, Kap. 1 »Die Sonne, Begründerin der Kultur«.

Nichts kann der Dankbarkeit widerstehen. Deshalb bedankt euch jeden Tag beim Himmel bis ihr fühlt, dass alles, was euch passiert, zu eurem Guten ist. Sagt von nun an: »Danke Herr, danke Herr...« Dankt für das, was ihr habt und für das, was ihr nicht habt, für das, was euch erfreut und für das, was euch leiden lässt. So werdet ihr in euch die Flamme des Lebens aufrechterhalten. Das ist ein Gesetz, welches man kennen muss. Ihr fragt: »Aber wie kann man danken, wenn man unglücklich, krank, in Not ist? Das schaffen wir niemals!« Doch, ihr könnt; und es ist das größte Geheimnis: Selbst wenn man unglücklich ist, muss man einen Grund finden, um zu danken. Ihr seid arm oder krank? Dankt, dankt und freut euch, die anderen reich, gesund, im Überfluss zu sehen... und ihr werdet erleben, wie sich bald darauf einige Türen öffnen und die Segnungen des Himmels auf euch herabregnen werden.*

* Vergleiche Band 227 »Goldene Regeln für den Alltag«, Kap. 58 »Dankt für die Prüfungen«.

Manche glauben, Prüfungen und Leid zu entgehen, indem sie sich umbringen. In Wahrheit machen sie dadurch alles nur noch schlimmer. Niemand hat das Recht, selbst über seinen Tod zu entscheiden, das ist wie eine Fahnenflucht, für die man mit anderen Leiden bezahlen muss. Es gibt oben keinen Platz für denjenigen, der sich davonstehlen wollte, er wird nicht aufgenommen. Er muss so lange in den unteren Astralbereichen herumirren, wie er auf der Erde noch hätte leben müssen.

Die Haltung eines Selbstmörders lässt große Schwächen bei ihm erkennen: Zum einen ist er unwissend, denn er sieht nicht die Ursache der Prüfungen, die er durchleiden soll. Zum anderen ist er hochmütig, weil er glaubt, die Bedingungen, die er verdient, besser zu kennen als der Himmel. Und schließlich ist er schwach, weil er Schwierigkeiten nicht erträgt. Also haben wir hier Unwissenheit, Hochmut und Schwäche. Und der Himmel ist unzufrieden, weil er seinen Posten verlassen hat. Der Himmel kann niemanden schätzen, der sich dafür entscheidet, sich das Leben zu nehmen, weil dies bedeutet, sich über den Herrn allen Schicksals zu stellen. Und dafür wird er schließlich viel Leid ertragen müssen.*

* Vergleiche Band 312 »Die Reinkarnation«, Teil 2.

Entscheidet euch ein für alle Mal, ein Ende zu machen mit all diesen kleinen Kümmernissen, den kleinen Unannehmlichkeiten und Beleidigungen, die euer tägliches Leben vergiften. Ihr werdet dann endlich Frieden und Freiheit kosten. Beobachtet euch, und ihr werdet feststellen, dass es nicht die großen Unglücke und schweren Unfälle sind, die euer Leben schwierig gestalten, die großen Unglücke und schweren Unfälle passieren nicht jeden Tag. Aber es sind irgendwelche widrigen Umstände, irgendwelche unliebsamen Dinge, denen ihr zu viel Bedeutung beimesst und die euer inneres Leben durcheinanderbringen oder lähmen.*

* Vergleiche Band 239 »Die Liebe ist größer als der Glaube«, Kap. 5 »Dir geschehe nach deiner Einstellung«.

Betrachtet einmal die Sümpfe oder den Dschungel. Dort sind alle Tiere damit beschäftigt, sich zu verschlingen. Aber geht einmal sehr viel höher hinauf, zum Himmel, und ihr werdet unter den Engelshierarchien nur noch Wesen sehen, die nicht aufhören, sich Liebe und Licht zu geben. Ja, oben findet man Liebe und Licht, und unten trifft man auf Feindseligkeit, Fallen und erbarmungslosen Überlebenskampf.

Ebenso können die Menschen, deren Wünsche und Sorgen so weit unten angesiedelt sind, nicht anders, als sich ebenso zu bekämpfen und gegenseitig zu verschlingen. Anschließend ziehen sie daraus Schlüsse über das Leben und sagen, der Mensch verhalte sich seinen Mitmenschen gegenüber wie ein Wolf, und auf der Erde herrsche das Gesetz des Dschungels. Ja, das stimmt, solange man unten bleibt. Aber je höher ihr aufsteigt, desto mehr findet ihr die Liebe und das Licht.*

* Vergleiche Band 17 »Erkenne Dich selbst – Jnani-Yoga«, Kap. 3 »Der Geist und die Materie«.

Man kann außen nichts finden, was man nicht zuvor in sich selbst entdeckt hat. Ja, denn was auch immer man außen entdeckt, wenn man es nicht innerlich bereits gefunden hätte, würde man daran vorbeigehen, ohne es zu bemerken. Je mehr ihr die Schönheit in euch entdeckt, desto mehr werdet ihr sie auch auf der physischen Ebene entdecken. Bestimmt denkt ihr jetzt: »Wenn ich sie nicht sehe, dann deshalb, weil sie nicht vorhanden ist.« Doch, sie ist da, aber ihr seht sie nicht, weil bestimmte Wahrnehmungsorgane in euch noch nicht genug entwickelt sind. Bemüht euch, innerlich die Schönheit zu erfassen, und ihr werdet sie auch außerhalb von euch entdecken, denn die äußere, objektive Welt ist nichts anderes als eine Widerspiegelung der inneren, subjektiven Welt. Es wäre also vergeblich, etwas außen zu suchen, wenn man es nicht zuvor in sich selbst gefunden hat.*

* Vergleiche Band 227 »Goldene Regeln für den Alltag«, Kap. 11 »Die Außenwelt ist ein Spiegelbild eurer Innenwelt«.

Um das Problem der sozialen Ungerechtigkeit zu verstehen und auf korrekte Weise zu lösen, muss man wissen, dass die Bedingungen, denen die Menschen in einer Inkarnation unterliegen, von der Lebensweise ihrer vergangenen Inkarnationen abhängen. Die Arbeiter, die nur mühsam ihren Lebensunterhalt verdienen, lehnen sich auf und fragen: »Warum diese Ungerechtigkeit?« Und die Arbeitgeber, die es normal finden, in Wohlstand oder sogar in Luxus zu leben, tun alles, um ihre Privilegien zu bewahren. Aber weder die einen noch die anderen wissen, dass sehr oft der Arbeiter, der leidet und sich auflehnt, einmal ein ungerechter und unmenschlicher Arbeitgeber war und deshalb in diesem Leben Umständen ausgesetzt ist, an denen er lernen soll, wie schwierig die Situation seiner einstigen Untergebenen war. Also muss sich jeder jetzige Arbeitgeber sagen: »Ich habe das Glück, in diesem Leben reich und mächtig zu sein, aber wenn ich meinen Arbeitnehmern gegenüber ungerecht bin, werde ich die Konsequenzen daraus in einem späteren Leben erleiden. Herr, hilf mir, sie glücklicher werden zu lassen.« Und es ist auch den Arbeitern nicht untersagt, dafür zu beten, dass ihr Chef ein wenig mehr erleuchtet wird: Vielleicht werden sie dann daraus sogar Vorteile ziehen.*

* Vergleiche Band 12 »Die Gesetze der kosmischen Moral«, Kap. 4 »Die Gerechtigkeit«.

Ihr wollt euch in den drei Bereichen der physischen, spirituellen und göttlichen Welt vollkommen entwickeln, ihr sucht die Liebe, Weisheit und Wahrheit und haltet außerdem Ausschau nach Freiheit, Stärke und Glück… Wisst, dass ihr dies alles nur finden könnt, wenn es euch gelingt, nur eine einzige Richtung einzuschlagen, ein einziges Ziel im Leben zu haben. Was immer auch eure Aufgaben oder euer Auftrag sei, all eure Sorgen, all eure Gedanken, all eure Wünsche und sogar alle Bewegungen eurer Zellen sollten in eine Richtung ausgerichtet sein: Auf das Reich Gottes und Seine Gerechtigkeit. Dann geschieht eine solche Freisetzung von Energie in euch, dass ihr alles, was ihr euch wünscht, verwirklichen könnt.*

* Vergleiche Band 235 »Im Geist und in der Wahrheit – Wie finde ich zu Gott?«, Kap. 5 »Von der Vielfalt zur Einheit«.

Donnerstag

Wenn ihr die Liebe oder die Freundschaft von jemandem auf euch lenken wollt, solltet ihr niemals irgendwelche Druckmittel wie Geld, Geschenke, Verführung oder Erpressung benutzen. Selbst wenn diese Methoden von allen angewendet werden, weil dies am leichtesten ist, wendet sie selbst nicht an! Das einzige Mittel, das ihr benutzen dürft, ist das Licht. Das einzig wahrhaft Wirksame ist das Licht. Sendet also den Menschen, von denen ihr geliebt werden möchtet, Geschenke von spirituellem Licht, die ihr um sie herum ausbreitet. Wenn ihr möchtet, dass jemand euch liebt und an euch denkt, schickt ihm Licht. Seine Seele, die die Anwesenheit einer wohltuenden Wesenheit spürt, wird euch mehr und mehr schätzen.*

* Vergleiche Band 13 »Die neue Erde – Anleitungen, Übungen, Sprüche, Gebete«, Kap. 14 »Übungen mit dem Licht«.

Um das heilige Feuer in euch zu nähren, müsst ihr jeden Tag Stücke eurer niederen Natur verbrennen. Ja, denn die niedere Natur, die Personalität, ist dazu bestimmt, das Feuer des Geistes zu nähren. Hört auf, euch zu fragen, wozu eure niedere Natur dient und wie ihr euch von ihr befreien könnt, denn ohne sie könntet ihr weder auf der Erde existieren noch eurem Geist immer neue Nahrung geben.

Wisst, dass es ein magisches Gesetz gibt, demzufolge ihr etwas von eurer Personalität opfern müsst, wenn ihr Ergebnisse auf der göttlichen Ebene erzielen wollt. Und wenn ihr einen Eingeweihten, einen Magier oder einen großen Meister aufsucht, um ihn z. B. um eure eigene oder die Heilung eines Familienmitgliedes, eines Freundes oder vielleicht auch um einen geschäftlichen Erfolg zu bitten, wird er euch erklären, dass dies nur möglich ist, wenn ihr bestimmten Schwächen oder schädlichen Gewohnheiten entsagt. Durch den Verzicht auf niedere Befriedigungen setzt der Mensch in sich eine Energie frei, welche der Verwirklichung all dessen neue Nahrung geben kann, was er Gutes für sich oder für andere wünscht.*

* Vergleiche Band 221 »Alchimistische Arbeit und Vollkommenheit«, Kap. 9 »Das Opfer, Umwandlung der Materie«.

Wenn ein Kind ganz klein ist, hat es keine anderen Bedürfnisse als zu essen und mit den ihn umgebenden Dingen zu spielen, und sobald man es ein wenig einschränkt, beginnt es zu schreien und zu weinen. Das Kind ist ein kleines, egoistisches Monster... Ja, in diesem Alter ist das völlig normal und natürlich. Die Erwachsenen, Vater und Mutter, begreifen, dass man nichts anderes von ihm verlangen kann. Falls es jedoch dasselbe Verhalten beibehält, wenn es größer geworden ist, schimpft man mit ihm und gibt ihm vielleicht sogar einen Klaps, denn es muss sich ändern und aufhören, nur an sich zu denken. Später fühlt es dann das Bedürfnis, zu heiraten und selbst Kinder zu bekommen...

Warum hat die kosmische Intelligenz die Dinge derart gestaltet? Um die Menschen dazu zu bringen, sich nicht nur um sich selbst, sondern auch um andere zu kümmern, zunächst um einen Ehemann oder eine Ehefrau und Kinder. Aber wie viele Menschen haben diese Lehre verstanden, die ihnen die kosmische Intelligenz erteilen will? Wie viele sind in der Lage, sich selbst ein wenig zu vergessen, um ernsthaft, uneigennützig an ihre Frau, ihren Mann oder ihre Kinder zu denken?*

* Vergleiche Band 3 »Die beiden Bäume im Paradies«, Kap. 1 »Das theozentrische, das biozentrische und das egozentrische System«.

Wie viele Menschen leben den ganzen Tag lang unbewusst und oberflächlich vor sich hin, um dann abends, vor dem Einschlafen, ein kleines Abendgebet zu sprechen, in dem sie Gott um Verzeihung für ihre Vergehen bitten. Nun, dies reicht nicht aus, und sie sollten wissen, dass – wenn sie weiter derart handeln – immer der Teufel mit ihnen sein wird, so wie bei dem Mönch aus dieser Anekdote. Ja, in einem Kloster gab es einmal einen braven Mönch, der trank und trank… Jeden Tag konnte man zusehen, wie der Weinspiegel in den Fässern abnahm. Ein wenig beschämt darüber, machte er natürlich jeden Abend sein Gebet und bat Gott um Verzeihung; danach schlief er dann beruhigt bis zum nächsten Morgen, an dem es wieder von vorne losging… Dies ging jahrelang so weiter. Eines Tages vergaß er jedoch sein Abendgebet. Mitten in der Nacht aber spürte er plötzlich jemanden, der ihn wachrüttelte und zu ihm sagte: »He, du hast heute dein Abendgebet vergessen. Steh auf, beeile dich, du musst noch beten!« Er erwacht, reibt sich die Augen, und wen sieht er? Den Teufel höchstpersönlich! Ja, es war der Teufel, der ihn weckte, und der ihn dazu drängte, täglich sein abendliches Gebet zu verrichten. Warum? Um zu verhindern, dass er sich besserte. Dadurch, dass der Mönch sein Gebet verrichtete und den Himmel um Verzeihung bat, hatte er ein ruhiges Gewissen und begann am nächsten Tag wieder zu trinken, zum größten Vergnügen des Teufels. Die Geschichte erzählt auch, dass der Mönch, als er dies verstand, so erschrocken war, dass er für immer dem Trinken entsagte.*

* Vergleiche Band 228 »Einblick in die unsichtbare Welt«, Kap. 14 »Der Schlaf, Spiegelbild des Todes«.

Wer über die Geometrie der Kristalle und Edelsteine meditiert, um deren Strukturen zu ergründen, nähert sich dem wahren Wissen, dem Wissen über die Prinzipien. Und eines Tages kann er das Innere der Erde besuchen, um zu sehen, wie die Naturgeister an den Mineralien arbeiten. Er wird die Arbeitsplätze besichtigen, an denen sich Millionen von intelligenten Wesenheiten, so gut sie können, darum bemühen, auf der Erde die Schönheit und Vollkommenheit des Himmels wiederzugeben.

In Wirklichkeit wird es auch dem wunderbarsten aller Edelsteine niemals gelingen, den Himmel, dessen Schönheit unerreicht ist, exakt widerzuspiegeln. Die physische Ebene ist weit davon entfernt, sich mit dem Himmel vergleichen zu können, aber wenigstens kann sie uns manchmal ein Bild davon vermitteln. Die Blumen, die Edelsteine usw. sind eine Widerspiegelung der göttlichen Welt, sie erinnern uns sozusagen an die Reinheit, Transparenz, Klarheit und Vollkommenheit des Himmels.*

* Vergleiche Band 26 »Der Wassermann und das Goldene Zeitalter«, Kap. 6 »Das neue Jerusalem«.

In welchen psychischen und materiellen Bedingungen ihr euch auch befindet, lasst euch nicht durch den Gedanken schwächen, dass das Böse, in all seinen Formen, euch so leicht erreichen kann. Wenn ihr euch dauernd schwach, verletzlich und schutzlos fühlt, dann seid ihr ihm wirklich ausgesetzt. Macht eine gedankliche Arbeit, um euch mit den himmlischen Wesen, mit dem Licht zu verbinden; führt ein ehrenhaftes und reines Leben, dann seid ihr in Sicherheit. Und selbst wenn wir annehmen, es gäbe Personen, die euch durch schwarze Magie schaden wollen, so fällt dies doch auf sie selbst zurück. Sie unterliegen dem Gesetz des Rückpralls.* Denn das Böse kann nicht in ein Wesen eindringen, das vom Herrn oder von Engeln besetzt ist, es wird sofort zurückgeworfen und fällt auf den zurück, der es ausgesandt hat. Haltet euch an diesem Gedanken fest, und schon seid ihr in Sicherheit.

* Vergleiche Band 327 »Der Preis der Freiheit«, Kap. 2, Teil 4 »Das Gesetz des Echos oder des Rückpralls«.

Das Männliche zieht das Weibliche an, und das Weibliche zieht das Männliche an. Positiv zieht negativ an, und negativ zieht positiv an. Aus diesem Grunde ist das ganze Leben dem Gesetz des Wechsels, dem Gesetz der Gegensätze, unterworfen. Am Morgen vertreibt das Licht die Schatten der Nacht, und abends sind es wiederum die Schatten, die erneut Boden gewinnen. Kann man aber deshalb behaupten, dass die Nacht dem Tag und der Tag der Nacht als Gegensatz gegenübersteht? Ja und nein. Ja, weil das Licht der Gegensatz zur Dunkelheit ist, und nein, weil Tag und Nacht gemeinsam daran arbeiten, Leben zu erschaffen und aufrechtzuerhalten. Seht einmal: Bevor ein Kind zur Welt kommt, verbringt es neun Monate verborgen im Schoß seiner Mutter... Um zu keimen, müssen die Samenkörner einige Zeit unter der Erde bleiben... Die Bienen kleiden ihren Bienenstock mit Wachs aus, weil sie Dunkelheit brauchen, um den Honig herzustellen usw. Wie viele Arbeiten beginnen in der Dunkelheit, bevor sie ans Licht treten! Licht und Dunkelheit sind Wesenheiten, Strömungen, Energien, die die Natur für ihre Arbeit benutzt.*

* Vergleiche Band 214 »Liebe, Zeugung und Schwangerschaft«.

Kennt ihr diese Erzählung von Tolstoi? Ein König fand eines Tages ein Samenkorn von der Größe einer Haselnuss. Er bemühte das Wissen aller Weisen an seinem Hof, aber niemand konnte ihm den Ursprung dieses Samenkorns erklären. Er hörte jedoch schließlich, dass in seinem Reich ein sehr alter Mann lebte, der ihm vielleicht weiterhelfen könnte. Der König schickte nach diesem Mann und ließ ihn holen. Er kam auf zwei Krücken gestützt und fast blind. Der Alte betrachtete lange dieses Samenkorn und sagte schließlich: »Majestät, ich weiß nichts über dieses riesige Samenkorn, aber erlaubt, dass ich meinen Vater rufe; vielleicht kann er sich daran erinnern, etwas Ähnliches gesehen zu haben.« Der Vater kam auf nur eine Krücke gestützt. Auch er konnte das Korn nicht identifizieren und schlug seinerseits vor, seinen Vater holen zu lassen. Auch der kam bald und sah aus wie ein junger Mann, robust und fröhlich. Er nahm das Korn und rief aus: »Aber das ist ein Korn des Weizens, der in meiner Kindheit wuchs! Zu dieser Zeit hatte der Weizen sehr große Körner, aber seitdem die Menschen begonnen haben, sich gegenseitig Schlechtes anzutun, sich zu bestehlen und sich umzubringen, sind die Weizenkörner immer kleiner geworden. Und wenn Sie mich heute so robust und jünger als meinen Sohn und meinen Enkelsohn sehen, so deshalb, weil ich weiterhin nach den Regeln der Rechtschaffenheit und Güte lebe, die in meiner Kindheit herrschten.«*

---

* Vergleiche Band 2 »Die spirituelle Alchimie«, Kap. 8 »Das Gleichnis vom Weizen und vom Unkraut«.

Wenn sich in eurer Nähe Menschen befinden, die nur schwer zu ertragen sind, dann soll euch dies lehren zu lieben. Wenn ihr eines Tages die Erde verlasst und euch den himmlischen Wesen vorstellt, werden sie Rechenschaft von euch verlangen und sagen: »Warum habt ihr keine Liebe für euresgleichen gezeigt?« »Weil sie böse, dumm und egoistisch waren.« Nein, das ist kein Grund. Der Himmel hat euch große Reichtümer gegeben, ihr habt Augen, einen Mund, Ohren, Arme und Beine erhalten. Und dies alles habt ihr bekommen, um zu lieben und nicht um zu verleumden, zu verachten, zu zerstören und alles mit Füßen zu treten. »Aber sie waren so gemein!« Nun, das ist gerade ein Grund mehr, um ihnen noch großzügiger zu geben. Nichts kann euch rechtfertigen.*

* Vergleiche Band 227 »Goldene Regeln für den Alltag«, Kap. 77 »Der Himmel hat uns reich beschenkt, damit wir unsere Großzügigkeit zeigen können«.

Herz und Verstand sind nützlich und notwendig, aber sie reichen nicht aus. Um die wahre Intelligenz des Lebens zu erlangen, muss man eine dritte Fähigkeit, die Intuition, entwickeln, die gleichzeitig Verständnis und eine Empfindung ist. Aber Vorsicht, man darf Intuition und Hellsicht nicht verwechseln. Die Intuition steht über der Hellsicht. Hellsicht ist eine Fähigkeit, die es euch nur erlaubt, die objektive Seite der Astral- und Mental-Ebene* zu sehen; ihr könnt hellsichtig sein und nichts von dem begreifen, was ihr seht. Mit der Intuition dagegen seht ihr vielleicht nichts, aber ihr versteht die Dinge, als würdet ihr sie hundertmal besser sehen, weil ihr sie erlebt.**

* Siehe Anmerkung und Abbildung im Anhang auf Seite 392-393.

** Vergleiche Band 228 »Einblick in die unsichtbare Welt«, Kap. 2 »Das begrenzte Wahrnehmungsvermögen des Intellekts und das unbegrenzte Wahrnehmungsvermögen der Intuition«.

Es ist wesentlich, das rechte Maß aller Dinge zu kennen. Ja, auch mit der Güte muss man Maß halten, denn wenn man dies nicht tut, wird man zwangsläufig Unannehmlichkeiten zu spüren bekommen. Es am rechten Maß fehlen zu lassen, ist weder böse noch kriminell, aber es ist ein Fehler, und jeder Fehler zieht eine Strafe nach sich.

Ich gebe euch ein Beispiel. Eine junge Frau kommt zu mir und sagt: »Oh Meister, ich bin so unglücklich! Ich weine Tag und Nacht.« – »Aber warum? Was ist passiert?« – »Nun, ich, die ich meinen Mann so sehr geliebt habe, die ihm alles zurechtgemacht hat, die allen seinen Wünschen zuvorkam, die ihn mit so viel Zuneigung und Wärme umgab, ich bin von meinem Mann verlassen worden, er ist mit einer meiner Freundinnen auf und davon.« – »Aha, und wie ist diese Freundin?« – »Oh, sie ist egoistisch und kalt.« – »Sehen Sie, da liegt das Unglück. Sie waren zu warm, und er ist gegangen, um sich abzukühlen.« Jetzt wird man natürlich sagen: »Also nützt die Güte gar nichts?« Leider kann eine dumme Güte jemanden in die schlimmsten Situationen bringen. Selbst den wunderbarsten Menschen fallen Ziegelsteine auf den Kopf, wenn sie das rechte Maß nicht kennen. Das ist keine Bestrafung, nein, aber durch ihre Unwissenheit haben sie ein Gesetz ausgelöst und bekommen nun Schläge.*

* Vergleiche Band 24 »Die neue Religion – eine universelle Sonnenreligion«, Kap. 13 »Die Liebe ist Eins«.

Wenn manche die Sonne als »Lampe« des Universums bezeichnen, dann soll dies die Idee ausdrücken, dass sie die Welt erleuchtet, und wir dank ihres Lichts sehen können. Und wenn die Sonne uns nicht leuchtet, dann benötigen wir andere Lichtquellen: elektrische Glühbirnen, Kerzen, Taschenlampen, Scheinwerfer… Die Dinge sind nur in dem Maße sichtbar, wie Licht auf sie fällt und sie beleuchtet. Dies ist ein Gesetz der Physik, aber auch ein Gesetz der geistigen Welt. In der geistigen Welt aber gibt es keine Lampe, die wir anknipsen können, wie die Lampe in unserem Treppenhaus oder in unserem Schlafzimmer, und wenn wir hier etwas sehen wollen, müssen wir Licht aus uns selbst hervorstrahlen lassen. Deshalb sind nur wenige Menschen in der Lage, auf der geistigen Ebene zu »sehen«, weil sie erwarten, dass die Dinge beleuchtet werden, obwohl es an ihnen wäre, die Strahlen auszusenden, die ihnen das Sehen ermöglichen.*

* Vergleiche Band 228 »Einblick in die unsichtbare Welt«, Kap. 9 »Die höchsten Entwicklungsstufen der Hellsichtigkeit«.

Die Physiker lehren uns, dass jedes Materieteilchen eine Energie besitzt. Diese Energie entspricht dem männlichen Prinzip und die Materie dem weiblichen Prinzip. Unser physischer Körper, der aus Materie gemacht ist, besitzt auch eine Energie, und diese Energie nennt man Seele. Aber weil der Mensch in Wirklichkeit aus mehreren Körpern* aufgebaut ist, besitzt jeder davon eine Seele. Für den physischen Körper ist dies die instinktive Seele, für den Astralkörper die emotionelle Seele, für den Mentalkörper die intellektuelle Seele. Und auch die Kausal-, Buddhi- und Atmankörper haben eine Seele. Jeder Körper besitzt eine Seele. Der Körper ist das Gefäß und die Seele der Inhalt, beide sind vereint. Die Natur, ja, selbst der ganze Kosmos ist ein Körper, der Körper Gottes, und auch er hat eine Seele: die Universalseele, die ihn erfüllt. All das ist klar und einleuchtend, nur die Menschen haben die Dinge verkompliziert, weil ihnen das Wissen fehlt. Für die Einweihungswissenschaft ist das sehr einfach: Es gibt genauso viele Seelen wie Körper.**

* Siehe Anmerkung und Abbildung im Anhang auf Seite 392-393.

** Vergleiche Band 8 »Sprache der Symbole – Sprache der Natur«, Kap. 2 »Der Mensch und seine verschiedenen Seelen«.

Die Seele benötigt Raum. Nur in der Unermesslichkeit kann sie atmen, sich entfalten, sich erfreuen. Begrenzt sie, und sie erstickt, verkümmert und geht ein. Genau das passiert den Menschen, die sich auf alle materiellen Details des täglichen Lebens konzentrieren, ohne sich auch nur eine Minute zu gönnen, um in die Unermesslichkeit einzutauchen und die Fülle zu finden.

Natürlich, in manchen Fällen ist eine Begrenzung notwendig. Die Geburt eines Kindes zum Beispiel ist nichts anderes als eine Begrenzung, aber sie ist nötig, um die Manifestation zu ermöglichen. Das Wesen, das sich in der Materie inkarniert, muss sich Grenzen auferlegen. Doch im Augenblick des Todes wird es in die Unermesslichkeit zurückkehren. Das Leben besteht aus diesen beiden Prozessen: Begrenzung und Ausdehnung. Um glücklich zu sein, müsst ihr das in eurem Leben anwenden können. Ihr taucht in euer Innerstes ein, um euch mit dem All, der Universalseele, zu verbinden… anschließend kommt ihr wieder zurück und erlegt euch Grenzen auf, um zu arbeiten. Aber bleibt nicht zu lange in der Begrenzung, sonst werdet ihr euch langweilen und leiden. Denkt daran, euch bald wieder auf den Weg der Unermesslichkeit zu begeben.*

* Vergleiche Band 319 »Die Seele, Instrument des Geistes«.

Das Einzige, was ein Meister seinen Schülern
unbedingt geben und vermitteln will, ist das Licht
der Einweihungswissenschaft. Denn er weiß, dass
sie allen Schwierigkeiten die Stirn bieten können,
wenn sie dieses Licht besitzen; sie benötigen dann
nicht einmal mehr seine Gegenwart. Um den Menschen zu helfen, muss man ihnen ein spirituelles
Element geben, das sich ihnen einprägt. Viele
Menschen wissen das gar nicht. Wenn sie etwas
Gutes tun wollen, geben sie etwas Materielles,
anstatt daran zu denken, ein unvergängliches, spirituelles Element zu geben. Man weiß noch nicht,
was wirklich wesentlich ist und schenkt Geld,
Nahrungsmittel oder Medikamente. Ich behaupte
nicht, dass dies unnütz sei. Aber wer das Wesentliche geben will, muss lernen, Licht zu geben.*

* Vergleiche Band 207 »Was ist ein geistiger Meister«, Kap. 7
  »Erwartet von einem Meister nur das Licht«.

Das Verlangen, zu dominieren und Macht zu besitzen, ist bei den Menschen so stark, dass jetzt sogar die am materialistischsten eingestellten Wissenschaftler damit beginnen, den Bereich der Einweihungswissenschaft zu erforschen, wie Telepathie, Hellsichtigkeit, Hellhörigkeit, Radiästhesie, Psychometrie... Und das nennen sie dann »Parapsychologie«. Von dem Moment an, wo ihnen dies Macht über andere verleiht, akzeptieren sie sogar all jene Theorien, die ihnen bis dahin unsinnig vorkamen. Sie nehmen all die Erkenntnisse der Einweihungswissenschaft an, die ihren Zwecken dienen; und was ihnen keine Macht verleiht, wird von ihnen verworfen. Aber die Wahrheiten der Einweihungslehre als Mittel dazu zu benutzen, andere besser beherrschen zu können, zeugt von größter Unmoral, und wer dies tut, wird vom Himmel bestraft. Der Mensch darf dieses geistige Wissen nur dazu verwenden, anderen zu helfen und sie zu stärken, um Licht und Frieden in der Welt zu verbreiten. Dann ist er oben als ein Weißmagier eingeschrieben, und die Segnungen des Himmels beginnen auf ihn herabzuströmen.*

* Vergleiche Band 216 »Geheimnisse aus dem Buch der Natur«, Kap. 12 »Lesen und Schreiben«.

Wie häufig hört man die Leute sagen: »Ach, wie müde bin ich!« Und dennoch wissen nur wenige, was Müdigkeit wirklich ist. Müdigkeit ist etwas, was sich an euch festklammert, was an euch hängt, wie manche aufdringlichen Frauen, die euch nachlaufen, euch nicht mehr loslassen wollen und dauernd verlangen, dass man sie liebt und bei ihnen bleibt. Weil man die Müdigkeit akzeptiert und sich mit ihr befasst, bestärkt man sie, und sie kommt zurück, sie ist immer da.

Also, versucht eine andere Geisteshaltung einzunehmen, und ihr werdet sehen, was passiert. Nehmen wir einmal an, dass ihr jeden Morgen beim Erwachen denkt: »Ach, wie müde bin ich, ich habe keine Lust, zum Sonnenaufgang zu gehen…«, und ihr schlaft wieder ein. Eines Tages schließlich sagt ihr: »Es stimmt, ich habe keine Lust aufzustehen, aber ich will, dass sich das ändert, ich stehe trotzdem auf!« Also steht ihr auf, wascht euch das Gesicht, geht hinaus an die frische und reine Luft, und plötzlich fühlt ihr, dass die Müdigkeit verschwunden ist. Damit die Müdigkeit verschwindet, muss man eine Bewegung, eine Geste machen. Wenn ihr nichts dagegen tut, wird euch die Müdigkeit nie verlassen.*

* Vergleiche Band 31 »Leben und Arbeit in einer Einweihungsschule«, Kap. 3 »Der wahre Sinn des Wortes Arbeit«.

Solange ihr nicht ein wahrhaft geistiges Ideal habt, werden die Kräfte und Energien in euch weder mobilisiert noch ausgerichtet, und euer ganzes Leben verläuft in Unordnung. Schaut euch das Leben der meisten Menschen an. Was für eine Unordnung, welch ein Chaos herrscht dort! Wenn einige ein Ideal haben, dann handelt es sich in den meisten Fällen um das Ideal, wie sie sich bereichern, berühmt werden oder andere beherrschen können. In den Augen des Himmels aber ist das kein Ideal. Natürlich, diese Menschen führen ein sehr viel interessanteres und originelleres Leben als jene, die sich mit bescheidenen Ambitionen begnügen. Man kann ganze Romane schreiben und Filme über ihr Leben drehen. Ja, was für aufregende Abenteuer! Wie sie einen Rivalen (oder eine Rivalin) betrogen oder ausgeschaltet haben, wie sie einen Konkurrenten ruinierten... Ja, aber früher oder später wird der Himmel sie dafür bestrafen, ihre Gaben zur Befriedigung all ihrer niederen Neigungen benutzt zu haben, anstatt sie der Verwirklichung eines göttlichen Ideals zu weihen.*

* Vergleiche Band 307 »Das hohe Ideal«.

Ihr beklagt euch manchmal: »Seit zwanzig Jahren gehe ich zum Sonnenaufgang und spüre keine Ergebnisse, die göttlichen Samen wachsen nicht in mir.« Aber zwanzig Jahre, das ist doch nicht viel! Manche in euch verborgenen Samen brauchen Jahrhunderte, vielleicht sogar Jahrtausende, um aufzugehen.

In der Astrologie haben manche Planeten wie Merkur, Venus und Mond eine kurze Umlaufzeit, und ihr Einfluss dauert daher weniger lang an, ist oberflächlicher. Andere Planeten dagegen wie Jupiter, Saturn, Uranus und Pluto haben eine längere Umlaufzeit, weshalb ihr Einfluss deutlicher, tiefgreifender ist. Ihr könnt also manche Dinge schnell erreichen. In wenigen Jahren kann man einen Beruf erlernen, ein Haus, eine Frau und Kinder haben. Aber zu lernen, vernünftig und geduldig zu werden, Meister seiner selbst oder freigiebig zu sein, dauert sehr lange, weil die »Umlaufbahnen« dieser Eigenschaften sehr weit und lang sind. Deshalb müsst ihr fortfahren, euch lange mit den Strahlen der spirituellen Sonne zu erwärmen, dann wird eines Tages alles wachsen. Zweifelt niemals an der Wirksamkeit der Sonne für euer geistiges Leben!*

* Vergleiche Band 201 »Auf dem Weg zur Sonnenkultur«.

Man hört immer wieder, die Kirche und der Klerus hätten die Moral erfunden, um das leichtgläubige und unwissende Volk beherrschen und ausbeuten zu können. Sicherlich hat der Klerus die Religion in zahlreichen Fällen in den Dienst verdammungswürdiger Interessen und Leidenschaften gestellt. Aber die wahre Religion, die wahre Moral basiert nicht auf dem Profit von einigen wenigen, sondern auf einem Wissen, dem Wissen von Ursache und Wirkung. Jeder Gedanke, jedes Gefühl, jede Handlung hat für den Menschen positive oder negative Auswirkungen. Der Fehler des Klerus lag darin, dass sie die Regeln, die sie aufstellten, nicht zu erklären versuchten. Man sagte den Menschen: »Tut dies… tut jenes…«, wie man zu Kindern spricht, von denen man verlangt zu gehorchen, ohne auch nur eine Erklärung zu geben. Und deshalb wurden sie, wie die Kinder, bei der ersten sich bietenden Gelegenheit ungehorsam. Für ihre richtige Entwicklung hätten sie jedoch erkennen müssen, dass die wahre Religion, genau wie die wahre Moral, auf der Kenntnis der großen kosmischen Gesetze beruht.*

* Vergleiche Band 228 »Einblick in die unsichtbare Welt«, Kap. 10 »Das spirituelle Auge«.

Gewöhnt euch an, mit Liebe zu den Blumen, Vögeln, Bäumen, Tieren und Menschen zu sprechen, denn dies ist eine göttliche Gewohnheit. Wer Worte auszusprechen weiß, die erwärmen, beleben, inspirieren und das heilige Feuer entzünden, der besitzt in seinem Mund einen Zauberstab.

Seid immer sehr achtsam mit euren Gedanken und Worten, denn in der Natur wartet immer eines der vier Elemente Erde, Wasser, Luft oder Feuer auf den Augenblick, an dem es alles, was ihr denkt oder ausdrückt, in Materie kleiden kann. Die Realisierung dessen ereignet sich oft weit entfernt von der Person, die den Samen dazu geliefert hat, aber sie findet unweigerlich statt. So wie der Wind die Samenkörner fortträgt, um sie weit entfernt auszusäen, genauso fliegen auch eure Gedanken und Worte fort, um irgendwo im All gute oder schlechte Ergebnisse hervorzubringen.*

* Vergleiche Band 227 »Goldene Regeln für den Alltag«, Kap. 48 »Das magische Wort«.

Es gibt mehrere Wege, um die geistige Welt zu ergründen. Die Meditation ist, zusammen mit dem Gebet, einer der zugänglichsten. Meditieren setzt aber eine gewisse Vorbereitung voraus. Wer meditieren will, ohne eine innere Disziplin zu besitzen, d. h. ohne die Beherrschung seiner Gedanken, seiner Gefühle und seiner Wünsche, beginnt in den niederen Regionen der Astral-Ebene* herumzuirren, wo er im Vorbeigehen alle möglichen dunklen Schichten aufwühlt, die von Wesen bevölkert sind, die oft den Menschen feindlich gesinnt sind. So wird er Opfer bizarrer Trugbilder, die keinerlei Zusammenhang mit dem Thema seiner Meditation haben. Bevor man meditiert, muss man also damit beginnen, in seiner Psyche Ordnung zu schaffen, sonst kann selbst eine so nützliche und heilbringende Übung wie die Meditation gefährlich werden.**

* Siehe Anmerkung und Abbildung im Anhang auf Seite 392-393.

** Vergleiche Band 302 »Die Meditation«.

Körperlich gesehen kann der Mensch nur Mann oder Frau sein, und normalerweise ist es unmöglich, sich in diesem Punkt zu irren. Psychisch aber ist dies vielschichtiger. Psychisch gesehen besitzt jeder Mensch beide Prinzipien, das männliche und das weibliche Prinzip. Man kann deshalb den Mann nicht mit dem männlichen Prinzip und die Frau nicht mit dem weiblichen Prinzip gleichsetzen. Im chinesischen Symbol von Yin und Yang z. B. enthält das Yin (schwarz, weiblich) einen weißen und das Yang (weiß, männlich) einen schwarzen Punkt. Dies drückt aus, dass das Männliche immer einen weiblichen Teil in sich trägt und umgekehrt.

Lebendige Männer und Frauen sind keine abstrakten Prinzipien, sondern Kombinationen aus ungleichen Teilen des Männlichen und des Weiblichen, und außerdem kommt es vor, dass sie von einer Inkarnation zur nächsten ihr körperliches Geschlecht ändern. Denn von der kosmischen Intelligenz wurde festgelegt, dass der Mensch für seine Entwicklung und Vervollkommnung beide Zustände, beide Bedingungen kennenlernen und so die Fülle aller Eigenschaften des einen wie auch des anderen Prinzips erwerben muss.*

* Vergleiche Band 237 »Das kosmische Gleichgewicht – Die Zahl «, Kap. 15 »Die Vereinigung des Ichs mit dem physischen Körper«.

Selbst wenn ihr euch dessen nicht bewusst seid, so übt doch alles, was euch umgibt, einen Einfluss auf euch aus. Dabei ist es jedoch gerade wichtig, sich dieser Einflüsse bewusst zu werden, um an sich selbst eine positive Arbeit zu leisten. Sobald ihr fühlt, dass ein Geschöpf, ein Gegenstand oder ein Naturphänomen euch günstig beeinflusst, bemüht euch, eure inneren Pforten bewusst zu öffnen, damit diese Einflüsse tief in euch eindringen können. Wenn ihr euch nicht öffnet, werden selbst die besten Dinge wirkungslos bleiben und euch innerlich nicht berühren.

Geht zu einer Quelle oder einem sprudelnden Brunnen, und stellt euch vor, dass diese Quelle in euch entspringt und sprudelt… Geht zur Sonne, kontempliert sie, öffnet euch ihr, damit sie in euch die spirituelle Sonne, ihre Wärme und ihr Licht erwecke… Geht zu den Blumen, um sie nach dem Geheimnis ihrer Farben und Düfte zu fragen und hört ihnen zu, um von ihnen zu lernen, wie auch ihr aus eurem Herzen und eurer Seele die wohlriechendsten Quintessenzen gewinnen könnt.*

* Vergleiche Band 227 »Goldene Regeln für den Alltag«, Kap. 104 »Öffnet euch den günstigen Einflüssen«.

Wenn eine Gesellschaft ihre wirtschaftlichen Interessen in den Vordergrund stellt und zunächst sogar Erfolg damit hat, so wird doch immer irgendwann der Augenblick kommen, an dem sie Schwierigkeiten begegnet, die sie aus mangelnder Einsicht nicht vorausgesehen hat. Ein Beispiel: Für ein Land, das Waffen herstellt, ist natürlich nichts gewinnbringender, als diese zu exportieren. Und so passiert es immer wieder, dass die mörderischsten Kriegsausrüstungen an Völker verkauft werden, die durch ihre andauernden Konflikte den Frieden und die Sicherheit des gesamten Planeten in Gefahr bringen können. Manche dieser Völker haben gerade erst Lesen und Schreiben gelernt. Aber das macht nichts, man liefert ihnen die perfektesten Waffen und schickt ihnen auch noch Experten, die ihnen erklären, wie man sie bedient. Auf der einen Seite verdient man damit viel Geld, das ist richtig. Auf der anderen Seite aber wird man für diese Gewinne teuer bezahlen. Wie viele Ausgaben und Schwierigkeiten erwarten einen hinterher, um all diese Konflikte zu beenden, die an allen Ecken und Enden der Welt auflodern! Am Schluss steht man vor unlösbaren Problemen, weil man nicht nachgedacht und vorausgeschaut hat; man hatte nur den unmittelbaren Vorteil bedacht!*

---

* Vergleiche Band 208 »Das Egregore der Taube – Innerer Friede und Weltfrieden«, Kap. 7 »Eine neue Auffassung von der Wirtschaft«.

Die Schöpfung ist das Werk der Zahl 2. Was ist aber nun die 2? Es ist die 1, polarisiert in positiv und negativ, männlich und weiblich, aktiv und passiv. Sobald eine Manifestation erfolgt, kommt es zur Teilung, zur Trennung. Um sich zu manifestieren und erkannt werden zu können, muss die 1 sich teilen. Die Einheit ist das Privileg Gottes, Sein ureigenster Bereich. Um zu erschaffen, musste Gott, die 1, zur 2 werden, denn in der 1 kann es keine Schöpfung geben, weil kein Austausch möglich ist. Gott hat sich also außerhalb Seiner Selbst projiziert und sich dabei polarisiert. So wurde das Universum aus dem Vorhandensein dieser beiden Pole geboren. Der positive Pol übt eine Anziehungskraft auf den negativen Pol aus und umgekehrt. Dieser gegenseitige Mechanismus von Aktion und Reaktion setzt die Bewegung des Lebens in Gang und hält sie aufrecht. Der Stillstand dieser Bewegung würde Stagnation und Tod nach sich ziehen, die Rückkehr zum Zustand der ursprünglichen Undifferenziertheit. Die ersten Zeilen der Genesis enthüllen, dass die Schöpfung durch eine Abfolge von Teilungen oder Trennungen erfolgte. Am ersten Tag der Schöpfung schied Gott das Licht von der Finsternis, am zweiten Tag die Wasser oben von den Wassern unten, und am dritten Tag trennte Er die Wasser von der festen Erde. Die 1 ist also eine in sich eingeschlossene Wesenheit. Um aus sich herauszugehen, muss diese Wesenheit zur 2 werden.*

---

* Vergleiche Band 237 »Das kosmische Gleichgewicht – Die Zahl 2«, Kap. 1 »Die kosmische Waage – Die Zahl 2«.

Man muss nach den Gesetzen der Weisheit und mit den Methoden der Liebe arbeiten. Liebe und Weisheit können mit den Zeigern einer Uhr verglichen werden: Die Weisheit stellt den kleinen Zeiger dar, der die Stunden anzeigt, die Liebe den großen Minutenzeiger. Die Weisheit zeigt uns das hohe Ideal, das zu verwirklichende Programm an, und dieses Programm besitzt Gültigkeit für die Ewigkeit. Um es aber zu verwirklichen, muss man sich die Methoden der Liebe aneignen, d. h. jede Minute mit Freude, Begeisterung leben und immer seinen Schwung bewahren. So könnt ihr das Programm der Ewigkeit und das des Tages miteinander in Übereinstimmung bringen. Die Weisheit zeigt, in welche Richtung man gehen soll, und die Liebe, das Herz, hält die Bewegung in Gang.*

* Vergleiche Band 244 »Dem Licht entgegen«, Kap. 3 »Programm für den Tag und Programm für die Ewigkeit«.

Von einem Kind, das immer artig und gehorsam ist, denken die Erwachsenen zumeist: »Ach, was für ein liebes und herziges Kind!« Natürlich ist es viel einfacher, mit einem Kind zu tun zu haben, das ruhig bleibt, wenn man ihm befiehlt, ruhig zu sein und das nichts sagt, wenn man ihm befiehlt zu schweigen. Aber was wird später aus diesem ach so lieben, folgsamen Kind? Wahrscheinlich nichts Besonderes, es wird unbedeutend bleiben. Ein willensstarkes, undiszipliniertes Kind dagegen ruft in seinem Umfeld oft Ärger hervor, und sowohl Eltern als auch Nachbarn und Erzieher hören nicht auf, sich zu beklagen: »Oh, jetzt geht es wirklich zu weit; seht, was für Dummheiten es wieder gemacht hat!« Ja, aber dieses Kind, das alle strapaziert und stört, hat viel mehr Möglichkeiten, im Leben etwas zu werden. Momentan sagt man noch, dass es übertreibt, aber wenn es einmal gelernt hat, seine Energien richtig einzusetzen, wird es sich durch seinen Charakter und seine Begabungen von den anderen abheben. Die Eltern und Erzieher, deren Aufgabe es ist, über seine Entfaltung zu wachen, müssen ihm dabei helfen.*

* Vergleiche Band 237 »Das kosmische Gleichgewicht – Die Zahl «, Kap. 2 »Das Pendeln der Waage«.

Nur die Reinheit ermöglicht die Entwicklung der Intuition. Aus diesem Grund legen wir in unserer Lehre so viel Wert auf die Reinheit, darauf, ein reines Leben zu führen, sich von reinen Nahrungsmitteln und Getränken zu ernähren, reine Luft zu atmen, reine Gedanken und Gefühle zu hegen.

Das ganze Schicksal des Menschen hängt von der Klarheit seines »inneren Auges« ab, und diese Klarheit wird von seiner Lebensweise bestimmt. Sobald er einen Fehler begeht oder die göttlichen Gesetze übertritt, verdunkelt sich seine geistige Schau. Er wird nicht mehr gewarnt und geleitet und verstrickt sich so in unauflösliche Komplikationen. Versucht also, euch endlich der Beziehung bewusst zu werden, die zwischen eurer tagtäglichen Lebensweise und der Klarheit eures Sehens besteht. Wer sich entscheidet, ein aufrechtes, ehrliches, edles Leben zu führen, wird reiner; seine subtilen Organe beginnen zu arbeiten, und auf diese Weise findet er, gut geführt und geleitet, die Quellen, Wiesen, Seen, Weiden und Berge seiner wahren Heimat wieder.*

---

* Vergleiche Band 7 »Die Reinheit, Grundlage geistiger Kraft – Die Mysterien von Jesod«, Kap. 1 »Selig, die reinen Herzens sind...«.

Die Natur ist lebendig und intelligent. Ja, intelligent! Intelligenz ist nicht ausschließlich ein Merkmal des Menschen. Natürlich fällt es manchen schwer, dies anzunehmen, aber sie müssen wissen: In dem Maße, wie wir unsere Meinung über die Natur ändern, verändern wir auch unser Schicksal. Die Natur ist der Körper Gottes. Wenn wir denken, sie sei tot und dumm, vermindern wir das Leben in uns; und wenn wir denken, dass sie lebendig und intelligent ist, dass Steine, Pflanzen, Tiere und auch die Sterne lebendig und intelligent sind, so lassen wir damit das Leben auch in uns selbst herein. Und weil die Natur lebendig und intelligent ist, müssen wir ihr gegenüber äußerst aufmerksam und respektvoll sein und uns ihr mit einem Gefühl der Heiligkeit nähern.*

* Vergleiche Band 32 »Die Früchte des Lebensbaums – Die kabbalistische Überlieferung«, Kap. 22 »Die Naturgeister«.

Welches ist der jeweilige Platz des Männlichen
und des Weiblichen? Eines Tages müssen die
Männer und Frauen dieses Problem endlich lösen,
das sie immer wieder gegeneinander aufbringt.
Jahrhunderte, ja sogar Jahrtausende lang hat der
Mann seine Herrschaft der Frau aufgebürdet, und
jetzt sieht man allmählich die Umkehrung der
Situation. Die Frau wird mutiger, sie nimmt es
nicht mehr hin, dem Manne untertan zu sein, sie
will dieselben Rechte haben wie er und ist sogar
bereit, seine Rolle zu spielen, seinen Platz einzunehmen. Das ist normal, es handelt sich um das
Gesetz der Kompensation, des Ausgleichs. Der
Mann ist zu weit gegangen. Anstatt ein Vorbild an
Ehrenhaftigkeit, Güte und Gerechtigkeit zu sein,
um die Achtung und Bewunderung der Frau zu
bewahren, hat er seine Autorität und seine körperliche Überlegenheit missbraucht, hat sich selbst
alle Rechte und der Frau nur Pflichten zugestan-
den. Wie konnte er da hoffen, dass diese Situation
ewig dauern würde?

In Wirklichkeit hat die Frau natürlicherweise
das Bedürfnis, den Mann zu bewundern, seine
Autorität und Kraft anzuerkennen. Doch wenn er
sich bloßstellt, wie kann sie ihm dann eine solche
Überlegenheit zugestehen?*

---

* Vergleiche Band 237 »Das kosmische Gleichgewicht – Die
Zahl «, Kap. 4 »Der jeweilige Platz des Männlichen und des
Weiblichen«.

Am Anfang hat Gott das Urfeuer, das männliche Prinzip, das Licht gezeugt und ins All projiziert. Das Licht ist die Materie der Schöpfung, und deshalb steht in der Genesis, dass Gott es zuallererst, direkt am ersten Tag, erschaffen hat. Einige Theologen und Philosophen behaupten, Gott hätte die Welt aus dem Nichts erschaffen. Ja, aus nichts außerhalb von Ihm; und das ist für uns, die wir etwas nur mit Materialien und Werkzeugen erbauen können, die außerhalb von uns sind, nur schwer zu verstehen. In Wirklichkeit kann man nicht etwas aus dem Nichts erschaffen. Diese Idee einer Schöpfung aus dem Nichts bedeutet einfach, dass Gott die Substanz des Universums aus sich selbst entnommen hat. Das Universum ist nichts anderes, als diese von Ihm stammende und als Licht nach außen projizierte Substanz, die aber immer noch Er selbst ist.*

---

* Vergleiche Band 234 »Die Wahrheit, Frucht der Weisheit und der Liebe«, Kap. 12.

Die meisten Menschen geben gerne zu, dass sie in den praktischen, intellektuellen oder künstlerischen Bereichen des Lebens dazulernen müssen, aber sie lehnen die Vorstellung ab, dass sie für ihr inneres Leben noch etwas zu lernen hätten. Diese Haltung birgt manche Risiken für sie. Wer nichts von den Erfahrungen und der Lehre der spirituellen Meister wissen will, durchschneidet die Verbindung zwischen sich und den lebendigen Büchern, die ihm Wesentliches beibringen könnten. Dann dürfen sie sich auch nicht wundern, wenn sie sich in Sackgassen befinden, und das Schicksal sie ein bisschen schüttelt.

Es ist sehr wichtig, einen Meister zu haben oder mit den lichtvollen Geistern der unsichtbaren Welt in Verbindung zu stehen. Indem man sich mit diesen Wesen verbindet, die viel mehr Erfahrungen gesammelt und viele Probleme gelöst haben, ziehen wir ihr Wissen an, aus dem wir je nach Bedarf schöpfen können. Wir leben und handeln, und etwas anderes kommt zu unseren eigenen Erfahrungen hinzu, etwas Höheres und Reicheres, als wir es sind, und das hilft uns.*

* Vergleiche Band 15 »Liebe und Sexualität«, Kap. 6.

Aufgrund eurer egoistischen, boshaften und rachsüchtigen Gedanken und Gefühle sind eure Astral- und Mentalkörper* so dicht geworden, dass ihr nicht mehr in der Lage seid, mit allem, was in der spirituellen Welt existiert und lebt, zu kommunizieren. Ihr wollt meditieren, aber weil es euch nicht gelingt, euch von euren prosaischen Beschäftigungen, euren Sorgen, eurem Groll, euren Aufregungen und schweren Erinnerungen zu befreien, könnt ihr euch nicht erheben. Ihr könnt dann lange mit geschlossenen Augen dasitzen und auf die Regung warten, die eurer Seele den Sprung ins Licht ermöglichen würde, aber nichts passiert. Unter diesen Voraussetzungen ist es fast nutzlos, meditieren zu wollen, denn ihr werdet nichts erreichen. Eure inneren Apparate sind verschmutzt, sie funktionieren nicht. Und das wird so lange weitergehen, bis ihr verstanden habt, dass das Wichtigste in eurem Leben die innere Arbeit des Loslassens ist. Natürlich ist das schwierig, aber ihr erreicht nichts, solange ihr nicht wenigstens damit begonnen habt.**

* Siehe Anmerkung und Abbildung im Anhang auf Seite 392-393.

** Vergleiche Band 235 »Im Geist und in der Wahrheit – Wie finde ich zu Gott«, Kap. 7.

Moral und Religion predigen, uns selbst zu vergessen und nur an die Anderen zu denken. Das ist großartig, aber ist es wirklich realisierbar? Fragt doch einmal die Sonne: »Oh Sonne, die du alle Geschöpfe erhellst, wärmst und belebst, denkst du wirklich nur die ganze Zeit an sie?« Und sie wird euch antworten: »Überhaupt nicht! Ich denke nur an mich! Wenn ich meine Segnungen an alle Geschöpfe verteile, so tue ich das nur für mich, weil mir das gefällt. Und deshalb frage ich mich auch nicht andauernd, ob sie all das, was ich ihnen gebe, auch verdienen. Das ist mir egal, ich lasse sie in Ruhe und Freiheit, aber ich erleuchte und erwärme sie weiterhin, weil es mir selbst Freude macht.« Ihr seht also, selbst die Sonne ist mit dem Gedanken einverstanden, dass das Bedürfnis, sich um sich selbst zu kümmern, niemals aufhört. Nur nimmt es, je nach dem Entwicklungsgrad der Geschöpfe, unterschiedliche Formen an. Ja, man muss sich um andere kümmern, aber zu seiner eigenen Freude, für seine eigene Entwicklung. Denn man kann nicht sich selbst vergessen oder allem entsagen, das ist unmöglich. Sondern man muss auf eine neue Art und Weise an sich selbst denken, bis dieser Gedanke eine so uneigennützige und so freigiebige Form annimmt, wie bei der Sonne.*

---

* Vergleiche Band 31 »Leben und Arbeit in einer Einweihungsschule«, Kap. 8.

Die Menschen werden instinktiv dazu getrieben, auf der sozialen Leiter aufwärts zu steigen, wofür sie aber bestimmte Prüfungen und Wettbewerbe mitmachen müssen. Sie wünschen aufzusteigen, weil sie genau wissen, dass sie dann besser bezahlt werden, obwohl sie weniger arbeiten. Vor allem bieten sich ihnen mehr Möglichkeiten, zu handeln, alles zu organisieren und Situationen zu beherrschen.* Aber warum bedenken sie nicht, dass es im spirituellen Bereich genauso ist? Die Eingeweihten und wahren Schüler wissen, dass es im spirituellen Bereich andere Gremien, andere Beobachter gibt, die sie prüfen, einstufen und ihnen Zeugnisse erteilen. Also, anstatt mit den Menschen in Wettstreit um einen Posten als Beamter, Minister oder Präsident zu treten, konzentrieren sie ihre Anstrengungen auf den inneren, spirituellen, göttlichen Bereich. Je mehr sie sich dem Gipfel der Vollkommenheit nähern, desto höher stuft der Himmel sie ein, und desto mehr Macht verleiht er ihnen. Eines Tages sind sie sogar in der Lage, den Naturkräften zu befehlen.

* Vergleiche Band 25 »Der Wassermann und das Goldene Zeitalter«, Kap. 4.

Wie viele tägliche Handlungen gibt es, deren symbolischen Sinn man nicht kennt! Habt ihr einmal darüber nachgedacht, was Nähen oder Sticken bedeuten? Wenn es gelingt, die Bedeutung von Stoff, Nadel, Faden und der Figuren der Muster zu interpretieren, dann versteht man, dass das Sticken die Geschichte des gesamten Lebens erzählt.

Der Stoff stellt das weibliche Prinzip, die Materie dar, auf die die Nadel einwirkt. Die Nadel wiederum ist der Wille, das männliche Prinzip, das den Faden, das heißt den Gedanken führt. Indem sie an dem Stoff arbeitet, erschafft die Nadel, in die kostbare oder gewöhnliche, farbenprächtige oder glanzlose, starke oder zerreißbare Fäden eingefädelt sind, entweder wunderbare oder ganz gewöhnliche Figuren.

Der Stoff kann auch den physischen Körper darstellen. Vom Willen geführt, arbeiten und sticken die Gedanken, und eines Tages erscheinen an euch selbst die Bilder. Es sind die Formen eures Körpers, die Linien eures Gesichts und der Ausdruck eurer Augen. Sie erzählen eure Lebensgeschichte.

Wer versteht, was Nähen und Sticken bedeutet, wird ein Eingeweihter, das heißt ein wahrer Künstler. Denn nur ein Eingeweihter kennt die Arbeit, die jeder an sich selbst tun muss, an diesem Rohstoff seines Wesens, um ihm die harmonischste und strahlendste Form zu verleihen.*

* Vergleiche Band 243 »Das Lächeln des Weisen«, Kap. 14.

Viele Krankheiten sind nichts anderes als eine Anhäufung von fremden Elementen, von denen sich der Organismus nicht befreien konnte. Um zu gesunden, muss man sie entfernen. Die Reinigung ist also eine der wirksamsten Methoden, um gesund zu bleiben. Noch besser als die Reinigung ist es aber, wachsam zu sein und die Elemente auszuwählen, die man aufnimmt. Und deshalb ist es so wichtig zu wissen, wie man morgens die Partikel aufnehmen kann, die die Sonne uns bringt, weil es die einzigen Elemente sind, die keinerlei Schlacken, keine Unreinheiten in uns hinterlassen. Alles, was wir essen, trinken und einatmen, hinterlässt immer irgendwelche Schlacken. Das soll uns natürlich nicht daran hindern, weiterhin zu essen, zu trinken und zu atmen, aber wir sollten lernen, uns gleichzeitig auch von diesem höheren Element, dem Sonnenlicht, zu ernähren.*

* Vergleiche Band 30 »Leben und Arbeit in einer Einweihungsschule«, Kap. 7.

Wenn man das Bild der Sonne als Symbol vertieft, wird man erkennen, dass sie für uns die beste Darstellung Gottes ist. Und natürlich ist eine große innerliche Arbeit mit diesem Bild der Sonne vonnöten. Ihr könnt die Sonne jahrelang betrachten und euch dazu alles Mögliche vorstellen, so bleibt sie euch doch fremd, solange ihr nicht fühlt, dass sie in euch vibriert, strahlt und pulsiert. Sie wird kein Wort an euch richten, und es wird euch nichts nützen, zum Sonnenaufgang zu gehen. Ihr werdet ein wenig erwärmt oder belebt, ihr nehmt vielleicht einige Kalorien und Vitamine auf, aber das Wesentliche entdeckt ihr nicht. Das Wesentliche ist nämlich, jene innere Sonne zu finden, die das Zeichen dafür ist, dass die Gottheit in euch wohnt. Dann braucht ihr keine Bücher, Bilder, Tempel, Statuen oder Kreuze und nicht einmal mehr Sonne und Sterne. Aus euch selbst, aus eurer inneren Sonne, könnt ihr alles schöpfen, was ihr braucht.*

---

* Vergleiche Band 235 »Im Geist und in der Wahrheit – Wie finde ich zu Gott«, Kap. 15.

Der Geist steigt zur Materie hinab, und die Materie steigt zum Geiste auf. Und deshalb muss der Mensch, der aufgrund seiner Bindungen, die ihn an die körperliche Ebene fesseln, die Materie darstellt, zum Geist, zu seinem Geist, zu Gott hinstreben. Der Fluss, der vom Gipfel des Berges herabfließt, darf sich in kleinere Flüsse aufteilen, um die Gebiete zu bewässern, durch die er fließt. Auch die Sonne hat das Recht, ihre Strahlen überall im Weltall zu verbreiten, um das Leben im ganzen Sonnensystem zu nähren. Wir aber, die wir an der Peripherie stehen, dürfen uns nicht zerstreuen, sondern müssen im Gegenteil mit unserem ganzen Wesen zum Zentrum, zum Gipfel streben, um von ihm Leben und Kraft zu erhalten. Vielleicht werden wir eines Tages auch das Recht haben, uns wie die Sonne zu verteilen, aber erst dann, wenn es gelungen ist, uns mit dem Zentrum zu identifizieren, wenn wir so stark, strahlend und lebendig wie die Sonne geworden sind. Ja, dann können wir, wie die Sonne, unsere Liebe und unser Licht auf alle Geschöpfe projizieren.*

* Vergleiche Band 17 »Erkenne Dich selbst – Jnani-Yoga«, Kap. 3.

Es geht nicht darum, dieser oder jener Religion anzugehören, diesen oder jenen Glaubensritus zu befolgen. Ein Ritus ist nur eine Form, und eine Form ist nur so weit brauchbar, wie man sie beleben, mit einem Inhalt füllen kann.

Die Kommunion mit Hostie und Wein zum Beispiel nützt nichts, wenn man nicht gelernt hat, mit dem Schöpfer auf eine umfassendere, tiefere Art und Weise verbunden zu sein, zum Beispiel in den einfachsten Handlungen des täglichen Lebens: beim Essen, Trinken, Gehen, Atmen, Schauen, Hören, Schlafen, Lieben, Arbeiten. Aber ja, während wir atmen, während wir schlafen, wenn wir die Natur, die Berge, das Meer, die Sonne und die Sterne betrachten, können wir wunderbare Bewusstseinszustände erleben, die wie eine Kommunion sind. Das ist die einzig wahre Kommunion, die der Kommunion der Christen einen Sinn gibt.*

* Vergleiche Band 204 »Yoga der Ernährung«, Kap. 8.

Vergesst niemals, dass die gedankliche Arbeit die wichtigste Arbeit für eure Zukunft ist. Dank dieser Arbeit könnt ihr euch jeden Tag mehr und mehr dem von euch angestrebten Ideal nähern. Mit euren Gebeten und Meditationen fügt ihr dem Bauwerk jeden Tag etwas hinzu, jeden Tag einen Ziegel- oder Betonstein, ein bisschen Zement, ein Brett oder einen Nagel. Was für eine Freude zu fühlen, dass man handelt, dass man vorwärtskommt! Es ist auch noch nicht einmal sicher, dass ihr euch genauso glücklich fühlt an dem Tag, an dem euer Gebäude fertiggestellt ist; ja, ihr werdet ein wenig enttäuscht sein, schon damit fertig zu sein. Der Mensch findet sein Glück nicht so sehr darin, dass die Dinge sich verwirklichen, sondern viel eher in der Arbeit, in der Aktivität, in der Hoffnung, in dem Gedanken, dass es immer noch mehr zu entdecken und zu realisieren gibt.*

* Vergleiche Band 12 »Die Gesetze der kosmischen Moral«, Kap. 11.

Ihr müsst lernen, in eurem Innern die »Stimme der Stille« zu hören, wie sie von den Weisen des Orients genannt wird. Die Stille, die wahrhaftige Stille, hat eine Stimme, denn Stille bedeutet nicht gleich Leere oder Tod, sondern ist im Gegenteil Ausdruck der Fülle und des wahren Lebens. Die Stimme der Stille ist die Stimme Gottes. Man kann diese Stimme nur dann in sich selbst hören, wenn es gelingt, alle inneren Unruhen, alle Revolten, Ängste und Begehren zu besänftigen. Denn erst dann ermöglicht man der höheren Natur, und nur ihr, sich auszudrücken.*

* Vergleiche Band 229 »Der Weg der Stille«, Kap. 12.

In einer Schule hörten die kleinen Fische ihrem Lehrer zu, wie er ihnen die Tücken des Lebens schilderte, und natürlich besonders die Gefahren, die von einem Angelhaken ausgehen. Alle Schüler schrieben eifrig mit und zeichneten Angelhaken, um sie wiederzuerkennen. Aber ganz hinten gab es einen kleinen Fisch, der den Unterricht langweilig fand, er verließ das Klassenzimmer und schwamm spazieren. Nach einiger Zeit sah er einen Wurm, der sich im Wasser heftig bewegte, und weil er langsam Hunger bekam, stürzte er sich auf den Wurm, um ihn zu verschlingen. Da fühlte er, wie sich etwas gewaltsam in seinen Schlund bohrte. Er kämpfte so wild, dass er sich befreien konnte, aber in welchem Zustand! Er kam ganz beschämt in die Schule zurück, schwamm zum Lehrer und sagte: »Jetzt verstehe ich, dass du das Leben besser kennst als ich; du wolltest mich vor einigen seiner Gefahren warnen, ich aber wollte nicht auf dich hören. Und so habe ich mich von einem Angelhaken aufspießen lassen.«

Ja, das ist eigentlich eine Geschichte für Kinder, aber wie viele Erwachsene sind auch nicht verständiger als dieser kleine Fisch! Sie wollen ein freies Leben führen und glauben, auf die Lektionen der Weisen verzichten zu können. Mit so einer Geisteshaltung laufen auch sie Gefahr, von Haken aufgespießt zu werden, aber werden sie auch das Glück haben, sich wie dieser kleine Fisch befreien zu können?*

* Vergleiche Band 4 »Das Senfkorn – Symbole im Neuen Testament«, Kap. 6.

Samstag

Die Überlegenheit der geistigen Welt über die physische besteht darin, dass sie vor äußeren Attacken geschützt ist, weil nichts in ihr materiell ist. Niemand kann euren Gedanken, euren Gefühlen oder eurem Glauben etwas anhaben. Selbst wenn man euch eurer Bücher oder eurer Labors beraubt oder euch in ein Gefängnis wirft, kann euch das nicht daran hindern, euch reich und frei zu fühlen, weiterhin nachzudenken und in euren inneren Laboratorien mit euren Experimenten fortzufahren. Deshalb ist es so wichtig zu lernen, eure innere Welt zu stärken und zu bereichern; dies ist die einzige Methode, um etwas zu besitzen, das euch wirklich gehört.*

* Vergleiche Band 227 »Goldene Regeln für den Alltag«, Kap. 10.

Die Menschen entwickeln sich deshalb nicht weiter, weil sie nicht oft genug bestimmte Wahrheiten aufgreifen, an die sie sich eigentlich zehn-, zwanzig- oder dreißigmal am Tag erinnern sollten. Ja, wenn ihr euch zu Handlungen hinreißen lasst, die nicht so besonders gerecht oder edel sind, und es anschließend bereut, dann müsst ihr euch eingestehen, dass ihr die Wahrheiten und Gesetze vergessen habt, mit deren Hilfe ihr eure Schwächen besiegt hättet. Man muss den Nutzen der Wiederholungen sehen.* Übrigens gibt es so viele Dinge, die zu wiederholen ihr ganz normal findet! Tagtäglich nehmt ihr es hin, mehrmals zu essen und zu trinken, zu schlafen, zu atmen… oder Dummheiten zu machen, immer dieselben! Wenn euch aber jemand immer wieder Wahrheiten sagt, die euch retten könnten, dann ertragt ihr das nicht. Glaubt ihr, das sei intelligent?

---

* Vergleiche Band 30 »Leben und Arbeit in einer Einweihungsschule«, Kap. 8.

Montag

Alle, die familiäre, soziale, berufliche oder politische Verantwortung tragen, müssen sich bemühen, innerlich jenen erhöhten Standpunkt zu finden, von dem aus sie alle Aspekte der Probleme, die sie zu lösen haben, in den Griff bekommen können. Nur so können sie für alle gerechte Entscheidungen treffen. Ihr werdet sagen: »Es ist aber nicht sicher, dass diese gerechten Entscheidungen auch angenommen werden. Die meisten Menschen tun nichts anderes, als ihre egoistischen Interessen zu verteidigen, und es ist nicht einfach, sie dazu zu bringen, auch die Interessen anderer zu berücksichtigen.« Das stimmt, aber selbst wenn einige eurer guten Analysen oder eurer richtigen Schlussfolgerungen nicht akzeptiert werden, so ist das kein Grund, eure Anstrengungen aufzugeben. Wenn ihr euch erst einmal bis zu dieser höheren Sichtweise hochgearbeitet habt, gibt es noch andere Gelegenheiten im Leben, wo diese Einstellung von Erfolg gekrönt wird. Keine der Anstrengungen, die man macht, um auf dem Wege der Klarheit und der Uneigennützigkeit voranzukommen, ist jemals verloren. Und selbst wenn die anderen euch als Träumer, Utopisten, Verrückte oder sogar als übergeschnappt bezeichnen – ihr seht, es mangelt nicht an Worten – dürft ihr den Mut nicht verlieren, denn ihr nähert euch der Wahrheit.*

* Vergleiche Band 235 »Im Geist und in der Wahrheit – Wie finde ich zu Gott«, Kap. 6.

Die Eingeweihten weisen die materielle Welt nicht zurück. Sie erfreuen sich an allem, sie bewundern alles und benutzen alles; aber sie lassen sich nicht täuschen, sie verwechseln nicht das Ziel und die Mittel. Sie wissen, dass das Wesentliche im Menschen selbst liegt und dass die äußere Welt der inneren Welt zu dienen hat.* Denn das Licht befindet sich in uns, die Wahrheit, der Frieden und das Reich Gottes sind in uns, und genau dort müssen wir sie suchen. Alle Dinge, die sich außerhalb von uns befinden, sind wie die Schale der Realität, der Schatten der Realität. Unter bestimmten Bedingungen können sie nützlich und wirkungsvoll sein, aber sie sind nicht absolut reell, sie können zerfallen und verschwinden, es sind Bilder. Und wer sich an sie klammert, findet nicht den Geist, sondern die Materie; er findet nicht die Wahrheit, sondern die Illusion.

In welchem Bereich auch immer, bemüht euch, nicht bei der Form stehenzubleiben, denn sonst werden eure spirituellen Bedürfnisse niemals befriedigt, und ihr seid unglücklich. Wenn ihr euch dagegen angewöhnt, die unendlich vielen Beziehungen zu sehen, die zwischen jeder Form und der göttlichen Welt bestehen, dann werdet ihr sehr weit kommen. Ihr müsst lernen, in diesem Buch zu lesen, das da vor euch liegt.

* Vergleiche Band 224 »Die Kraft der Gedanken«, Kap. 9.

Mittwoch

Alle Menschen wurden in den Werkstätten des Herrn nach denselben Plänen, aus denselben Elementen erschaffen und haben also die gleiche Struktur, sie werden von der gleichen Kraft angetrieben. Beim Abstieg in die Materie haben sie aber verschiedene Wege eingeschlagen und verschiedene Erfahrungen gemacht, die in ihnen unterschiedliche, ja manchmal auch gegensätzliche Meinungen, Tendenzen und Vorlieben hervorgerufen haben. Und weil jeder davon überzeugt ist, dass seine besondere Wahrheit die einzige Wahrheit darstellt, ist keine Verständigung zwischen ihnen möglich. Man sieht deshalb Missverständnisse und Streitigkeiten in allen Bereichen.

Um von Neuem zu einer Übereinstimmung zu gelangen, um dieselben Werte verstehen und schätzen zu können, müssen die Menschen jenen inneren, nach oben führenden Weg einschlagen, der sie zum Gipfel, zu den lichtvollen Regionen des Geistes führt. Ja, hätten sie sich den Standpunkt des Gipfels zu eigen gemacht, anstatt da unten endlos zu diskutieren, wären alle politischen, ökonomischen, sozialen und religiösen Probleme in 24 Stunden gelöst! Denn das muss man sich gut merken: Um Probleme wirklich zu lösen, darf man nicht dort stehenbleiben, wo sie angesiedelt sind, sondern muss eine innere Arbeit tun, die es einem ermöglicht, sie von weiter oben zu betrachten.*

* Vergleiche Band 235 »Im Geist und in der Wahrheit – Wie finde ich zu Gott«, Kap. 4.

Seid euch bewusst, dass ihr immer Menschen begegnen werdet, die euch kritisieren oder euch in eurem Elan bremsen wollen, denn sie machen sich nicht klar, was ihr in eurem Herzen und eurer Seele habt. Anstatt aber entmutigt zu sein, eure Arbeit aufzugeben oder euch sogar rächen zu wollen, müsst ihr eure Anstrengungen verdoppeln. Denkt daran, dass ihr voller Möglichkeiten steckt, dass der Himmel allerhand Fähigkeiten und Energien in euch gelegt hat. Es liegt also an euch, durchzuhalten und eure Aufgabe fortzuführen. Warum eure Entwicklung, eure innere Bereicherung dem Urteil und der Böswilligkeit einiger weniger opfern? Wer sind sie, dass ihr bereit seid, ihnen klein beizugeben? Arbeitet weiter, und eines Tages werden sie anerkennen müssen, dass sie sich in euch getäuscht haben.*

* Vergleiche Band 233 »Eine Zukunft für die Jugend«, Kap. 15.

Die Menschen meinen, sie wären bereits geistig ausgerichtet, wenn sie etwas besitzen, was einem Heiligen gehört hat. Dem ist ganz und gar nicht so! Man kann vorgeben, ein spiritueller Mensch zu sein und sich verhalten wie der größte Materialist. Ob man Materialist oder Spiritualist ist, hängt vom Bewusstseinsstand ab. Man ist weder Spiritualist, weil man sich für die unsichtbare Welt interessiert, noch Materialist, weil man sich für die Materie interessiert. Die Art und Weise, wie man sich für den Geist oder die Materie interessiert, macht einen zum Spiritualisten oder zum Materialisten. Die Religion, so wie sie von einigen Menschen praktiziert wird, ist in Wirklichkeit nichts als Materialismus. Anstatt die Materialisten zu kritisieren, sollten viele lieber bei sich schauen und sich fragen, ob nicht auch sie Materialisten sind, denn sie halten sich ausschließlich bei der Form auf und verlieren den Inhalt und den Sinn. Wollt ihr ein wahrer Spiritualist sein? Dann geht in Richtung des Geistes, der belebt, und der Wahrheit, die befreit.*

* Vergleiche Band 235 »Im Geist und in der Wahrheit – Wie finde ich zu Gott«, Kap. 12.

Die beste Methode, durch die Prüfungen des Lebens zu kommen, ist, sich in den Dienst des Herrn zu stellen und für das Kommen Seines Reiches zu arbeiten. Uneigennützig für das Wohl der Menschheit zu arbeiten bedeutet, an der Fülle der Großen Universellen Weißen Bruderschaft, die oben ist, teilzuhaben. Dann beginnen alle Brüder und Schwestern aus der göttlichen Welt, euch einen Teil eurer Last abzunehmen; sie helfen euch, eure Leiden zu ertragen. Ja, aber ihr müsst begreifen, dass sich dieses Phänomen im Bewusstsein abspielt. Nicht auf der physischen, materiellen Ebene wird euch geholfen, sondern im psychischen und spirituellen Bereich. Also, arbeitet für das Reich Gottes. Wenn ihr nur für euch arbeitet, müsst ihr euer Schicksal ertragen.*

* Vergleiche Band 234 »Die Wahrheit, Frucht der Weisheit und der Liebe«, Kap. 18.

Sonntag

Am 22. September findet die Herbst-Tagundnachtgleiche statt, die unter dem Zeichen des Erzengels Michael steht. Die Sonne tritt in das Zeichen der Waage und eröffnet so einen neuen Zeitabschnitt. Die Früchte fallen von den Bäumen und entledigen sich ihrer Hüllen, sodass die Samen aussortiert werden können, um gegessen oder aufgehoben zu werden. Später werden diese dann gepflanzt, und der Zyklus beginnt von Neuem. Aber dieser Vorgang des Aussonderns und des Aussortierens, der in der Natur vor sich geht, betrifft nicht nur die Vegetation, sondern auch den Menschen und sein Schicksal. So wie sich die Frucht vom Baum trennt und der Same von der Frucht, trennt sich eines Tages auch die Seele vom Körper. Der Körper ist die Hülle der Seele, und die Seele ist das Samenkorn, das oben, im Himmel, gesät worden ist. An dem Tag, an dem die Frucht des Menschen reif ist, soll er nicht wieder zur Erde zurückfallen wie der Samen einer Pflanze, sondern sich zum Himmel erheben.*

* Vergleiche Band 32 »Die Früchte des Lebensbaums«, Kap. 17.

23. September
Montag

Der Einweihungsweg ist sehr lang und sehr schwierig. Lasst euch nicht ködern: Wer behauptet, man könne in drei Monaten oder einem Jahr hellsichtig, Magier oder Eingeweihter werden, täuscht sich und andere. Kaum haben sie ein paar spirituelle Praktiken kennengelernt, halten sich viele schon für Meister, fähig, andere zu belehren. Oh nein, das ist unmöglich. Um andere auf dem spirituellen Weg führen zu können, muss man sehr lange lernen und sich üben, sonst steuert man sich selbst und die anderen auf große Katastrophen zu. Natürlich kann man, egal welches Niveau man erreicht hat, das lehren, was man schon weiß. Man darf aber niemals etwas lehren, was man nicht weiß, und was man selbst noch nicht verwirklichen kann. Denn wenn ein Blinder andere Blinde führen will, zieht er sie mit sich in den Abgrund. Das hat man schon oft beobachtet.*

* Vergleiche Band 231 »Saaten des Glücks«, Kap. 2.

Wenn ein Eingeweihter morgens seine Tür öffnet, begrüßt er die ganze Natur, die Bäume, die Sonne... Er begrüßt den Tag und die ganze Schöpfung. Indem er seine Hand zum Gruße hebt, verbindet er sich mit der Quelle des Lebens. Und die Natur antwortet ihm. Er grüßt die Engel der vier Elemente: den Engel des Erde, des Wassers, der Luft und des Feuers und auch die Gnome, die Undinen, die Sylphen und Salamander. Dann sieht man singen und tanzen; sie freuen sich. Auch die Bäume, die Steine, den Wind spricht er an: »Seid gegrüßt! Seid gegrüßt! Gute Tag!«

Versucht ihr es auch, so fühlt ihr innerlich, wie etwas ins Gleichgewicht kommt, sich harmonisiert und viel Unklarheit und Unverständnis von euch weicht, ganz einfach weil ihr beschlossen habt, die lebendige Natur mit ihren Bewohnern zu begrüßen.*

* Vergleiche Band 13 »Die Neue Erde«, Kap. 8.

Ein Meister ist ein Wesen, das es erreicht hat, seine Gedanken, seine Gefühle und seine Taten zu beherrschen. Vielleicht wendet ihr jetzt ein, dass das nichts Besonderes sei. In Wirklichkeit bedeutet das alles! Seine Gedanken, Gefühle und Taten zu beherrschen, setzt Disziplin und besondere Methoden voraus, die auf einem tiefen Wissen beruhen. Dieses Wissen beinhaltet die Struktur des Menschen, die Kräfte, die in ihm zirkulieren, und die Entsprechungen, die zwischen seinem ganzen Wesen (das heißt seinem physischen und seinen subtilen Körpern) und den verschiedenen Bereichen der sichtbaren und unsichtbaren Welt bestehen. Meister seiner selbst zu sein, setzt auch voraus, dass man die Wesenheiten der unsichtbaren Welt und die Struktur des gesamten Universums kennt. Ein Meister ist ein Wesen, das die wesentlichen Probleme des Lebens gelöst hat. Er ist frei, besitzt einen starken Willen und ist darüber hinaus von Liebe, Güte, Sanftheit und Licht erfüllt.*

* Vergleiche Band 1 »Das geistige Erwachen«, Kap. 7.

Donnerstag

Wir glauben, die Natur zu kennen, aber in Wahrheit kennen wir sie nicht. Was wir da um uns herum sehen, die Wälder, Berge, Flüsse und Meere, ist nur die äußere Umhüllung; das ist Materie, verschiedene Schichten von Materie… Kleider, wenn ihr wollt. Man muss sich also darin üben, darüber hinauszugehen, um den Ätherkörper* der Natur zu sehen mit seinen Schwingungen, seinen Ausstrahlungen. In Wirklichkeit ist aber selbst dieser Ätherkörper nur ein Kleid, und auch darüber muss man noch hinausgehen.

Nur der kann die Wahrheit finden, dem es gelingt, alle Umhüllungen der Natur zu entfernen. Und das lehrte man die Schüler in der antiken Einweihung als den Schleier der Isis lüften.** Die Göttin Isis ist in der ägyptischen Religion die Gattin des Gottes Osiris. In dieser großen weiblichen Gestalt sahen die Eingeweihten ein Symbol der ursprünglichen Natur, aus der alle Wesen und alle Elemente der Schöpfung hervorgegangen sind. Diese Ur-Natur, die für gewöhnliche Menschen unergründbar ist, haben die Eingeweihten zu ihrem Hauptstudienobjekt gemacht; sie wollen sie erkennen und bemühen sich deshalb, die Erscheinungsformen, die sie erzeugt und durch die sie sich manifestiert, zu verstehen.

* Siehe Abbildung und Anmerkung im Anhang auf Seite 392-393.

** Vergleiche Band 235 »Im Geist und in der Wahrheit – Wie finde ich zu Gott«, Kap. 7.

Man kann sagen, dass es drei Kategorien von Menschen gibt und dass jede dieser drei Kategorien von einem Gesetz beherrscht wird.

Dem Gesetz der Notwendigkeit sind die primitiven Menschen unterworfen, die seit Inkarnationen nur die Befriedigung ihrer niedrigsten Bedürfnisse suchen. Sie sind so weit in die Materie verstrickt, dass sie keinerlei Bewegungsfreiheit mehr haben. Für sie gibt es nur einen sehr schweren Weg, den sie gezwungenermaßen beschreiten.

Das Gesetz des freien Willens lenkt die weiter entwickelten Menschen, die in ihren früheren Leben auf eine Art und Weise gedacht und gehandelt haben, dass ihnen jetzt erlaubt ist, ihre Richtung zu wählen. Natürlich ist ihre Freiheit begrenzt, aber sie haben immer die Möglichkeit, zumindest zwischen zwei Richtungen zu wählen. Zu dieser Kategorie gehören die Schüler aller spirituellen Lehren, und all jene, die voranzukommen versuchen.

Unter das Gesetz der göttlichen Vorsehung fallen die großen Meister und die großen Eingeweihten. In ihren Augen ist das Leben weit und großartig, und sie sind wahrhaft frei, da sie in sich selbst das Licht besitzen.*

---

* Vergleiche Band 234 »Die Wahrheit, Frucht der Weisheit und der Liebe«, Kap. 18.

Die vier Elemente Erde, Wasser, Luft und Feuer werden von Engeln regiert, und diese Engel sind Diener Gottes. Deshalb können wir Gott bitten, uns diese Engel zu senden, damit sie uns bei unserer spirituellen Arbeit helfen. Hier nun das Gebet:

»Oh Herr, allmächtiger Gott, Schöpfer des Himmels und der Erde, Herr des Universums, sende mir die vier Engel, Deine Diener. Den Engel der Erde, auf dass er alle Schlacken meines physischen Körpers aufnimmt, damit dieser Deine Herrlichkeit ausdrücken kann, und Dein Wille sich durch ihn verwirklicht. Den Engel des Wassers, damit er mein Herz von allen Unreinheiten rein-wäscht, und die selbstlose Liebe dort einzieht. Den Engel der Luft, damit er meinen Verstand reinigt und Weisheit und Licht dort Einzug halten. Und sende mir schließlich den Engel des Feuers, um meine Seele und meinen Geist zu heiligen, damit sie Wohnstätten Deiner Wahrheit werden und ich für Dein Reich und Deine Gerechtigkeit arbeiten kann. Amen, Amen, Amen, so sei es!«*

* Vergleiche Band 32 »Die Früchte des Lebensbaums«, Kap. 7.

Der Erzengel Michael spielt die Hauptrolle bei der Reinigung der Erde. Im Laufe der Jahrhunderte hat eine Vielzahl böser Wesen zerstörerische Kräfte in das Universum ergossen. Diese Kräfte haben sich angehäuft und ein Monster gebildet, das man Drachen oder Schlange nennt. Kühne und von Selbstlosigkeit erfüllte Wesen haben nicht aufgehört, diesen Drachen ohne Rücksicht zu bekämpfen, aber bis jetzt konnte ihn niemand besiegen. Nur der Erzengel Michael kann dieses Egregore bezwingen; mit Hilfe seiner Armee wird er das verwirklichen, was seit Jahrhunderten die Menge vom Schöpfer erbittet. Sein Eingreifen ist in der Apokalypse und den heiligen Büchern vorausgesagt worden. Und deshalb müssen wir uns mit dem Erzengel Michael verbinden, seinen Schutz erbitten und die Fähigkeit, mit ihm zusammenzuarbeiten, um seinen Sieg zu verstärken. Die Kinder Gottes, die zur Zahl derer gehören, die am Kampfe des Erzengels Michael teilnehmen werden: dem Genius der Sonne, der leuchtenden Kraft Gottes, empfangen den Kuss des Feuerengels, und dieser Kuss wird sie nicht verbrennen, sondern erleuchten.*

* Vergleiche Band 32 »Die Früchte des Lebensbaums«, Kap. 17.

Das Wichtigste, was wir für unsere Lebensführung wissen müssen, ist, dass alles eins ist. Natürlich ist die Philosophie der Dualität scheinbar Wirklichkeit, weil die Welt andauernd das trostlose Schauspiel von Kämpfen, Konflikten, Streitereien und Antagonismen aller Art bietet. Die Menschen stellen sich gegeneinander, aber in Wirklichkeit sind sie eins. Wenn sie sich trennen, bedeutet das sowohl für die einen als auch für die anderen den Tod. Das haben sie nicht bedacht. Also, obwohl es so scheint, als ob sie getrennt seien, weil sie sich bekämpfen, sind sie verbunden, die Einheit nährt sie. Am kosmischen Baum der Einheit gibt es viele Äste, Blätter und Früchte, die häufig aneinanderstoßen, aber sie können nichts an der Tatsache ändern, dass sie denselben Stamm und dieselben Wurzeln haben und dass davon ihr Überleben abhängt.*

---

* Vergleiche Band 235 »Im Geist und in der Wahrheit – Wie finde ich zu Gott«, Kap. 5, Teil 2.

Es kann vorkommen, dass ihr euch plötzlich von Licht durchflutet fühlt. Mit einem Schlag wird euer Bewusstsein sehr hoch auf die Ebene des Überbewusstseins projiziert, und ihr seid überwältigt von der Weite, der Schönheit. Leider hält das nicht an. Das Alltagsleben mit den immer gleichen Sorgen und Schwächen fängt wieder an. Ihr fühlt euch im Dunkeln, abgeschnitten vom Göttlichen, von eurem Höheren Selbst, wie ein Fragment vom Ganzen getrennt. Dann fühlt ihr wieder von Neuem ein Aufleuchten, ein Licht, und wieder hält es nicht an. Aber lasst euch nicht entmutigen! Nach all den Höhen und Tiefen* wird euch endlich eines Tages das Licht nicht mehr verlassen, ihr werdet ans andere Ufer kommen und seid endgültig gerettet.

* Vergleiche Band 238 »Der Glaube versetzt Berge«, Kap. 6 und Kap. 10.

Mittwoch

Die Erwachsenen haben noch nicht verstanden, wie sie sich den Kindern gegenüber benehmen sollten, im Besonderen sind sie nicht bewusst genug in der Art und Weise, wie sie mit ihnen sprechen. Wie viele Eltern und Erzieher hören nicht damit auf, die Kinder als Unfähige, Faulpelze, Idioten zu behandeln, und die Kinder werden mit der Zeit wirklich dumm und unfähig, weil sie hypnotisiert und beeinflusst werden.

Man muss wissen, dass das Wort wirkungsvoll und mächtig ist und dass das, was die Erwachsenen sagen, einen schlechten Einfluss auf die Kinder haben kann, sie blockieren und ängstigen kann. Muss man ihnen wirklich mit dem Wolf, der Polizei, dem Teufel und allem Möglichen drohen, damit sie gehorsam und brav sein werden? Später sind diese Kinder gefährdet, sich immer in Gefahr und verfolgt zu fühlen, und sie werden neurotisch. Es gibt Vieles, was die Erwachsenen in ihrem Verhalten den Kindern gegenüber korrigieren müssen, ansonsten ist das, was sie Erziehung nennen, in Wirklichkeit Zerstörung.*

---

* Vergleiche Band 27 »Die Pädagogik in der Einweihungslehre - Teil 1«, Kap. 2.

Die Prinzipien, die das Universum beherrschen, sind vergleichbar mit den Zahlen 0 bis 9, aus denen sich alle Zahlenkombinationen bilden lassen. Die Prinzipien* sind, wie die ersten zehn Zahlen, ein für alle Mal gegeben; aber niemand ist in der Lage, die vielfältigen Kombinationen vorauszusehen, die sie hervorbringen können. Sie sind nämlich unendlich. Das ist es, was wir lernen müssen: die neuen Kombinationen, die neuen Formen, die im Laufe von Jahrhunderten durch die ewig gültigen Prinzipien hervorgebracht wurden. Die Bewegung ist in allen Bereichen das Gesetz des Lebens. Es ist auch ein großer Irrtum vonseiten der Religion, die Formen verewigen zu wollen. Allein die Prinzipien sind ewig, die Formen müssen sich ändern.

---

* Vergleiche Band 235 »Im Geist und in der Wahrheit - Wie finde ich zu Gott?«, Kap. 11.

Die Menschen sind deshalb ständig unzufrieden und enttäuscht, weil sie zu viel Vertrauen in materielle Anschaffungen setzen, die sie glücklich machen sollen: ein neues Haus, ein neues Auto, eine besser bezahlte Stellung, ein Minister- oder Präsidentenposten. Die ersten Tage sind sie natürlich glücklich. Wer wäre das nicht? Aber nach einer gewissen Zeit müssen sie feststellen, dass sie sich nicht mehr so sehr freuen, sie brauchen noch mehr. Nun ja, Autos, Häuser, Geld regnet es nicht so oft, und so fühlen sie sich immer unzufrieden. Bis sie eines Tages verstehen, dass sich die wahre Freude*, das wahre Glück nicht in materiellen Gütern finden lässt, sondern in den Besitztümern der Seele und des Geistes. Natürlich sind diese Besitztümer anderer Natur. Ihr geht zum Beispiel spazieren und erfreut euch an der Schönheit der Natur, der Sonne, der Sterne, der Berge... Ihr besitzt sie nicht wirklich, aber sie regen Empfindungen und Gedanken in euch an und erwecken Gefühle. Die einzig wirklichen Besitztümer, die euch unaufhörlich beglücken, das sind die Erlebnisse, die sich in euch, in eurem Herzen und in eurer Seele abspielen.

* Vergleiche Band 242 »Unerschöpfliche Quellen der Freude«, Kap. 9, 13 und 17.

An manchen Tagen ist eure Stimme warm, tragend, ausdrucksvoll, belebend, und an anderen Tagen ist sie flach, ausdruckslos, rau oder krächzend. Die Klangfarbe eurer Stimme ist für solche Veränderungen empfänglich, weil sie von eurem Zustand abhängt. Deswegen müsst ihr immer harmonische Bewusstseinszustände in euch wachrufen, damit sie auf eure Stimmbänder wirken. Je höher die Bewusstseinsregionen sind, die ihr erreicht, desto klarere, reinere, lebendigere und kräftigere Töne kommen aus euch und wirken wohltuend auf alle Geschöpfe. Wenn ihr es versteht, eure Stimme* in den Dienst der Lichtkräfte zu stellen, tragt ihr dazu bei, die Dunkelheit aufzulösen, die auf der Welt lastet. Die Kinder Gottes müssen diese großen Gesetze kennen, um Gutes tun zu können.

---

* Vergleiche Band 223 »Geistiges und künstlerisches Schaffen«, Kap. 5.

Feuer und Wasser* sind der Ausdruck der beiden Prinzipien Männlich und Weiblich, die im Universum zusammenarbeiten. Wenn ein Mann und eine Frau sich begegnen, ahmen sie die Begegnung des Feuers und des Wassers nach. Wenn sie nicht wissen, wie sie dabei vorgehen sollen, verdampft das Wasser, die Frau, und das Feuer, der Mann, wird erlöschen, denn Feuer und Wasser können sich zerstören. Man hat daraus geschlossen, dass sie Feinde sind. Dem Anschein nach ist es wahr, Männer und Frauen hören nicht auf, gegeneinander zu kämpfen. Wenn sie sich dennoch suchen, so gibt es einen Grund, und diesen muss man finden. Der Grund ist, dass sie die Vertreter zweier großer kosmischer Prinzipien sind, die zusammen das Leben erschaffen.

Aber um wirklich Leben hervorzubringen, anstatt sich zu zerstören, dürfen Wasser und Feuer nicht direkt in Kontakt kommen. Das Wasser muss in ein Gefäß geschüttet und über das Feuer gestellt werden. Das Feuer wird das Wasser erhitzen, und so wird eine große Menge Energie freigesetzt, dank derer die beiden die ganze Welt in Bewegung bringen.

* Vergleiche Band 232 »Feuer und Wasser - Wunderkräfte der Schöpfung«.

Wenn man den Satz aus der Schöpfungsge-schichte: »Und Gott sprach: Es werde Licht!« vergleicht mit dem ersten Satz des Johannes-Evangeliums: »Am Anfang war das Wort, und das Wort war mit Gott, und das Wort war Gott«, um darüber zu meditieren, entdeckt man, dass das Licht die Substanz ist, die das göttliche Wort – den Erstgeborenen Gottes – erscheinen ließ, damit es zur Materie für die Schöpfung wurde. Ihr werdet sagen, wenn man Steine, Pflanzen, Tiere und sogar Menschen anschaut, sieht man nicht, dass sie aus Licht gemacht sind. Ja, weil dieses Licht in ihnen sich so sehr verdichtet hat, dass es undurchsichtig geworden ist. Man betrachtet in der Regel Materie und Licht als Gegensätze, weil man nicht weiß, dass das, was man Materie nennt, in Wirklichkeit kondensiertes Licht ist.*

* Vergleiche Band 204 »Yoga der Ernährung«, Kap. 3 und Kap. 5.

In der Kabbala* heißt es, dass die Schlange bis zu bestimmten Sephiroth aufsteigt, aber niemals die höchste Region erreichen kann, die von den drei Sephiroth Kether, Chokmah und Binah** gebildet wird. Und da wir nach dem Bild des Universums geschaffen sind, gibt es auch in uns selbst eine Region, wo das Böse keine günstigen Existenzbedingungen mehr findet. In den feinstofflichen Regionen unseres Wesens und des Universums herrscht ein solches Licht, eine solche Schwingungsintensität, dass alles aufgelöst wird, was nicht in Harmonie mit dieser Reinheit, mit diesem Licht ist. Das Böse hat keine Daseinsberechtigung in den feinstofflichen Regionen, es wird zurückgestoßen. Es kann nur in den niederen Regionen existieren, wo es sich umtreibt, Verwüstungen anrichtet und die Leute unglücklich macht, weil in diesen niederen Schichten der Materie alle Bedingungen dafür gegeben sind. Deshalb seid ihr, entsprechend der Region, in der ihr euch befindet, für das Böse erreichbar oder nicht. Das wird uns in der Einweihungslehre gelehrt.

* Vergleiche Band 236 »Weisheit aus der Kabbala - Der lebendige Strom zwischen Gott und Mensch«.

** Siehe Abbildung und Anmerkung im Anhang auf Seite 392-393.

Jeder Mensch wird von unsichtbaren Wesen begleitet.* Wenn diese Wesen wohlmeinend sind, bereiten sie ihm den Weg überall dahin, wo er sich hinbegeben soll. Wenn sie aber bösartig sind, leisten sie Widerstand in allem, was er an Nützlichem und Konstruktivem unternehmen will und drängen ihn in Sackgassen hinein. Wenn ein König irgendwohin will, gehen ihm Diener voraus, die sein Kommen vorbereiten. Wenn er ankommt, ist alles vorbereitet, weil er der König ist. Wer kümmert sich dagegen um die Ankunft eines Bettlers?

Das Gleiche gilt für das innere Leben. Wer König oder Prinz ist, findet zwangsläufig die Straße vor sich frei, und viele Menschen, die ihn empfangen. Während ein Bettler, d. h. ein Wesen, das innerlich arm an Tugenden ist, nirgendwo gut empfangen wird. Das Geheimnis des wahren Lebens ist, nach nichts anderem zu streben, als König über sich selbst zu sein, ein König, der seine Gedanken, seine Gefühle und seine Handlungen beherrscht. Wer wirklich Herr seines Reiches ist, dem gehen immer Wesen voraus, die die besten Bedingungen für ihn vorbereiten.

* Vergleiche Band 201 » Auf dem Weg zur Sonnenkultur«, in den Kap. 2, 6, 8 und 9.

Das Licht* kann nicht in den Kopf von jemandem eindringen, der die Vorhänge schließt. Wenn ihr die Vorhänge geschlossen lasst, kann das Licht nicht herein. Es ist stark genug, um Welten zu bewegen, das ist wahr. Aber einen Vorhang öffnen, um zu euch hereinzukommen, das kann es nicht, das müsst ihr tun. Sobald die Vorhänge offen sind, dringt das Licht plötzlich in euer Zimmer, d. h. in euren Kopf, in euren Verstand. Wenn dann alles in euch erleuchtet ist und ihr erkennt, dass ein lichtvoller Gedanke die Gegenstände und Geschöpfe heiligen kann, solltet ihr diese Arbeit tun und von morgens bis abends endlich in der außergewöhnlichen Freude leben, alles zu heiligen, was ihr betrachtet und berührt.

* Vergleiche Band 212 »Das Licht, lebendiger Geist«.

Wenn ihr diese Welt verlasst, wird jeder von euch in den Regionen leben, in die er sein ganzes Leben lang seine Wünsche gelenkt hat. Wenn eure Wünsche sehr hoch waren, werdet ihr in die Regionen des Lichts* gehen. Wenn sie aber gemein, niedrig waren, werdet ihr in die Dunkelheit gehen. Euer Schicksal hängt vom rechten Verständnis dieses Gesetzes ab. Wenn einige unter euch nur nach Intelligenz oder Liebe oder Schönheit verlangen, so dürfen sie absolut sicher sein, dass keine Kraft in der Lage sein wird, sie daran zu hindern, diese Region, nach der ihr Herz sich sehnt, zu erreichen. Indem die Menschen glauben, dass es kein anderes Leben als das irdische gibt, erlauben sie sich alle möglichen unehrlichen und kriminellen Handlungen, um ihr Begehren zu befriedigen, und sie denken, dass sie mit ihren Tricks und Berechnungen gut zurechtkommen. Die Realität ist, dass sie sich sehr täuschen, und aufgrund ihrer Unkenntnis bereiten sie sich oft schreckliche Leiden für die andere Welt vor.

* Vergleiche Band 244 »Dem Licht entgegen«, Kap. 7, 14 und 15.

Jesus sagte: »Das Reich Gottes ist nah.«* Viele werden einwenden, dass 2000 Jahre vergangen sind, seit er diese Worte gesprochen hat, und das Reich Gottes noch sehr fern ist. Man sieht auf Erden so viel Unglück, Elend, Hungersnöte, Kriege! Man muss die Worte Jesu richtig interpretieren und begreifen, was er darunter verstand, wenn er sagte, dass es nahe ist. Für einige ist das Reich Gottes schon gekommen. Ja, in der Seele und im Herzen derjenigen, die bereit genug waren, dass es sich in ihnen niederlassen konnte, und für jene, die fähig waren, seine Lehre der Liebe zu akzeptieren und anzuwenden, ist es schon gekommen. Für andere ist es nahe, ist es gerade dabei zu kommen. Und für eine dritte Kategorie wird es kommen… man weiß nicht wann! Also, es ist schon gekommen, es kommt und es wird kommen… alle drei Behauptungen sind wahr.

* Vergleiche Band 215 »Die wahre Lehre Christi« und Band 228 »Einblick in die unsichtbare Welt«.

Viele Christen bilden sich ein, dass der Glaube* sie retten wird. Nein, das wäre zu einfach: Jeder kann glauben und dennoch als Übeltäter weiterleben. Viele Kriminelle sagen, dass sie an Gott glauben. Aber es ist nicht ihr Glaube, der sie retten wird. Ein Glaube, der sich nicht in einer entsprechenden Haltung und in entsprechenden Gesten ausdrückt oder zumindest in dem Bemühen darum, ist fast nutzlos. Der Glaube ist tatsächlich nur wirksam, wenn er von Handlungen begleitet wird, die mit dem konform sind, was der Mensch glaubt.

Nehmen wir ein ganz einfaches Beispiel: Ihr glaubt an die Wirksamkeit eines Medikaments, aber ihr nehmt es nicht. Also habt ihr natürlich auch kein Ergebnis. Wenn ihr es aber einnehmt, kann es dank eures Glaubens doppelt, dreifach, zehnfach stärker wirken, als wenn ihr es einnehmt, ohne daran zu glauben. Der Glaube macht nicht alles, der Glaube öffnet nur die Türen und die Fenster, er macht die Bahn frei, damit ihr weitergehen könnt. Wenn ihr euch aber nicht bemüht zu gehen, bleibt ihr reglos vor offener Türe stehen.

* Vergleiche Band 238 »Der Glaube versetzt Berge« und Band 239 »Die Liebe ist größer als der Glaube«.

Jeder hat ein Ziel im Leben. Und das Ziel eines spirituellen Meisters ist es nicht, die ganze Welt anzuziehen, sondern Arbeiter auszubilden, die für die Ankunft des Reiches Gottes arbeiten. Wenn er folglich spürt, dass es ihm mit seiner Lehre nicht gelingt, wirkliche Arbeiter und Diener Gottes auszubilden, wird er den Eindruck gewinnen, dass er seine Zeit verloren hat und umsonst gearbeitet hat. Könnt ihr das verstehen? Versucht, hin und wieder daran zu denken: »Unser Meister* ist da, um uns zu helfen, um uns aufzuklären, um uns zu unterrichten, um uns mit dem Himmel zu verbinden, aber wir, müssen nicht auch wir für ihn etwas tun? Hat er nicht auch einen Wunsch, ein Verlangen?« Ihr werdet herausfinden, dass auch er sich etwas wünscht. Was er sich wünscht, wünscht er sich aber nicht für sich. Darin liegt der Unterschied: Er wünscht sich Arbeiter, die das Licht verbreiten, Diener Gottes, die für das Gute in der ganzen Welt arbeiten.

* Vergleiche Band 200 »Hommage an Peter Deunov« und Band 207 »Was ist ein geistiger Meister?«.

»Als der Ewige einen Kreis auf der Oberfläche des Abgrunds zog, war ich da«, sagt die Weisheit im Buch der Sprüche. Und was ist dieser Kreis?* Das sind die Grenzen, die Gott selbst gezogen hat, um die Welt zu erschaffen. In diesem Sinne kann man sagen, dass sich Gott begrenzt hat, um die Schöpfung hervorzubringen. Sich begrenzen bedeutet, sich in einem Universum einzuschließen, das nach seinen eigenen Gesetzen funktioniert und sich weiter entwickelt. Man weiß nicht, was über dieses Universum hinaus existiert. Die Gesetze des Lebens, die die Wissenschaft untersucht, sind nichts anderes als die Grenzen, die sich Gott in Seiner Schöpfung auferlegt hat. Das sind die Grenzen, die der Materie Struktur, Form, Kontur und Zusammenhalt geben. Eine Welt, die nicht durch Grenzen abgesteckt ist, wäre instabil und könnte nicht weiterbestehen, denn innerhalb dieser Grenzen ist die ganze Materie in Bewegung und will ständig entweichen.

Gott hat einen Kreis gezogen, um Seine eigene Substanz festzuhalten. Der Kreis ist ein magischer Lageplan. Gott hat den Kern Seiner Schöpfung ins Zentrum gestellt, und Seine Arbeit hat begonnen.

* Vergleiche Band 220 » Der Tierkreis, Schlüssel zu Mensch und Kosmos«.

Mittwoch

Die Formen haben immer die Tendenz zu erstarren.* Und wenn die Menschen nicht wachsam sind, hat der Geist, der diese Formen bewohnt, nicht mehr die Möglichkeit, sich zu manifestieren und muss sich auf die Suche nach neuen Formen machen, die geeigneter sind für das, was er ausdrücken will.

Dieses Gesetz gilt in allen Bereichen, sogar im Bereich der Religion. Die christliche Kirche zum Beispiel, die seit Jahrhunderten hartnäckig auf den gleichen Formen besteht, ist im Irrtum. Sie hat nicht verstanden, dass man die Formen stetig verfeinern und wechseln muss, damit sie immer mehr und immer besser die immerzu neuen Strömungen des Geistes ausdrücken können. Nur die Menschen klammern sich an die Formen, die kosmische Intelligenz dagegen hat nichts endgültig festgelegt. Wenn die Menschen sich weigern, die Formen weiterzuentwickeln, gibt es darum immer Ereignisse, die all diese Riten, diese Doktrinen zerstören und zerschlagen, die man glaubte, für die Ewigkeit einzurichten. Was die Menschen denken, ist nicht das, was die kosmische Intelligenz denkt. Sie hat andere Pläne. Deshalb werden jetzt Umwälzungen geschehen, durch die der Geist ihnen zeigen wird, dass sie ihn nicht begrenzen sollten.

* Vergleiche Band 235 »Im Geist und in der Wahrheit - Wie finde ich zu Gott?«, Kap. 11 und 12. Und Band 244 »Dem Licht entgegen«, Kap. 8.

Seit Jahrtausenden haben die Eingeweihten den Prozess der Atmung* studiert und haben seine Bedeutung verstanden, nicht nur für die Vitalität, sondern auch für das Funktionieren des Denkens. Da sie in ihren Untersuchungen sehr weit gegangen sind, haben sie entdeckt, dass alle Rhythmen unseres Organismus in Verbindung mit den kosmischen Rhythmen sind. Um mit einer bestimmten Wesenheit oder Region der spirituellen Welt zu kommunizieren, muss man einen bestimmten Rhythmus finden und sich dieses Rhythmus wie eines Schlüssels bedienen, so wie man es macht, wenn man eine Radiosendung sucht. Man muss eine bestimmte Wellenlänge finden. Die Wellenlänge ist ein sehr wichtiger Faktor, damit man die verschiedenen Sender empfangen kann. Genauso ist es mit der Atmung. Man muss wissen, in welchem Rhythmus man atmen muss, um in Kontakt mit den verschiedenen Regionen des Universums zu kommen.

* Vergleiche Band 225 »Harmonie und Gesundheit«, in den Kap. 4 bis 7 (besonders Kap. 5 und 6).

Wenn ihr jemanden liebt, beeilt euch nicht, es ihm zu verstehen zu geben. Es ist besser, wenn er es nicht weiß. Es ist eure Liebe, die euch glücklich macht, die euch einen Impuls, den Sinn des Lebens gibt.* Und da das Wesen, das ihr liebt, kein perfektes Geschöpf ist, läuft es Gefahr, alles zu zerstören, ohne es zu wollen, wenn es euer Gefühl kennt. Es wird sich sagen: »Sieh da, eine offene Tür! Nichts wie los! Das muss man ausnutzen.« Ja, ja, das ist so. Wenn ihr dann merkt, dass ihr nicht verstanden wurdet, leidet ihr, ihr seid enttäuscht und es ist zu Ende mit eurer Liebe. Das ist schade, denn die Liebe gibt euch Flügel. Man muss sie nicht für jemanden opfern, der sie zu zerstören droht. Deshalb liebt, verbergt jedoch eure Liebe gut. Ihr könnt darüber sprechen, wenn ihr und auch die andere Person sehr vorbereitet, sehr stark ist. Aber bis dahin sagt nichts. Das Wichtige ist, weiter zu lieben. Vergesst niemals, dass es eure Liebe ist, die zählt, sie zählt mehr als die Person, die ihr liebt. Denn es ist eure Liebe, die euch nährt, die euch Elan gibt, den Geschmack am Leben, den Wunsch, alle Hindernisse zu überwinden. Verliert sie also nicht!

* Vergleiche Band 205 »Die Sexualkraft oder der geflügelte Drache«, in den Kap. 2, 4 und 6.

Was ihr auf der physischen Ebene leistet, ist sichtbar und greifbar für alle. Was ihr dagegen auf der spirituellen Ebene verwirklicht, sieht niemand, nicht einmal ihr selbst. Wenn ihr nun keine Beweise eurer Arbeit seht, kann es vorkommen, dass ihr plötzlich von Zweifeln überfallen werdet und Lust habt, die spirituellen Praktiken aufzugeben, um euch ausschließlich einer Beschäftigung zu widmen, deren Resultat für alle sichtbar ist. Macht was ihr wollt, aber eines Tages werdet ihr selbst beim größten Erfolg innerlich spüren, dass euch etwas fehlt. Und das ist normal, weil ihr nicht das Wesentliche berührt habt, ihr habt noch nichts im Bereich des Lichts, der Weisheit, der Liebe, der Ewigkeit gepflanzt. Allein das, was ihr innerlich verwirklicht habt, kann euch erfüllen, denn das hat seine Wurzeln in euch. Und wenn ihr die Erde verlasst, habt ihr in eurer Seele, in eurem Geist Edelsteine mitzunehmen: Die Qualitäten und Eigenschaften, an deren Entwicklung ihr gearbeitet habt. Und euer Name wird in das Buch des ewigen Lebens eingetragen.*

* Vergleiche Band 224 »Die Kraft der Gedanken«, Kap. 1.

Man kann sehr gut erklären, warum die Menschen eine bestimmte Meinung oder ein bestimmtes Verhalten haben. Man kann sogar verstehen, dass sie alle möglichen Fehler oder Dummheiten machen. Aber anzunehmen, dass sie der Wahrheit entsprechend denken oder handeln, ist eine andere Sache. Jeder äußert sich nach seinen Möglichkeiten, seinen Fähigkeiten, seinem Temperament, seinen Bedürfnissen, das ist alles. Und wenn sie sagen: »Dies glaube ich… jenes glaube ich nicht…« mit der Überzeugung, eine ewige Wahrheit auszudrücken, welch eine Anmaßung! Als ob es genügen würde, dass sie glauben oder nicht glauben, damit es die Wahrheit sei. Die Frage ist nicht, zu glauben oder nicht zu glauben! Die Frage ist zu studieren, zu überprüfen. Auf diese Weise nähert man sich der Wahrheit. Derjenige, der sagt: »Ich glaube«, weiß er, warum er glaubt? Wer hat ihm diesen Glauben eingegeben? Wie viele Dinge glauben die Menschen, weil es ihnen entgegenkommt, weil sie ein Interesse daran haben, weil es ihren Bedürfnissen, ihrem Empfinden, ihren Interessen entspricht! Nun gut, sie sollen glauben, was sie wollen, sie haben das Recht dazu. Aber sie sollen sich nicht einbilden, dass das, was sie glauben, die Wahrheit ist. Und mögen sie vor allem aufhören, sie den anderen aufzwingen zu wollen!*

* Vergleiche Band 239 »Die Liebe ist größer als der Glaube«, Kap. 9.

Das Licht ist die vollkommenste aller Schöpfungen Gottes, da nichts seiner Geschwindigkeit gleichkommt. Ja, die Geschwindigkeit ist ein Merkmal der Vollkommenheit. Wenn euer Denken sich verlangsamt, könnt ihr nicht mit ihm rechnen, es ist unfähig, euch schnell eine genaue Vision einer Situation und eine Lösung zu geben, um sich ihr zu stellen. Dann habt ihr einen Unfall oder ihr seid in einer Falle. Genauso ist es, wenn das Innenleben, das seelische Leben, verlangsamt ist, alles wird viel schwieriger. Ihr fühlt euch unwohl, ihr verliert den Geschmack an den Dingen.

Das Licht ist ein Maß, ein Kriterium.* Da es rein, uneigennützig, losgelöst von jeder Last ist, kommt es überall als Erstes an und schlüpft überall durch. Wenn ihr das Herz der Menschen, das Universum, alle Reichtümer der Universalseele erforschen wollt, so sucht innerlich die Geschwindigkeit und Intensität des Lichts zu erreichen.

* Vergleiche Band 212 »Das Licht, lebendiger Geist«, Kap. 8.

Haltet bei jedem Ereignis, in jeder Situation einen Moment inne, um dabei wenigstens zwei Aspekte zu berücksichtigen, begrenzt euch nicht nur auf die negative Seite.* Ich sage natürlich nicht, dass man sich etwas vormachen und immer alles gutheißen soll, aber man darf sich auch nicht immer nur mit dem Schlechten beschäftigen. Ihr denkt, dass ich nichts Außergewöhnliches sage, dass ihr schon alles wisst. Nun, tut es, wenn ihr es wisst! Beobachtet euch, und ihr werdet entdecken, wie oft ihr diese Regel vergesst, um euch der Unzufriedenheit und dem Pessimismus zu überlassen. Und dann denkt ihr nicht nur verkehrt, sondern hindert eure Seele, weit zu werden und sich zu erheben. Auf diese Weise zerstört man sich spirituell und sogar physisch. Ja, warum sagt man in der Umgangssprache von jemandem, der immer unruhig und unzufrieden ist, dass er sich aufzehrt, sich aufreibt?

* Vergleiche Band 242 »Unerschöpfliche Quellen der Freude«, Kap. 5.

Die Christen rezitieren: »Im Namen des Vaters, des Sohnes und des Heiligen Geistes*«, ohne sich darüber zu wundern, dass in dieser Dreifaltigkeit kein weibliches Prinzip erwähnt wird. Diese Frage muss man sich dennoch stellen. Wenn man hört, wie aufgezählt wird: Vater, Sohn... Begriffe, die auf die Familie hinweisen, da muss man sich doch wundern, dass das dritte Mitglied dieser Familie der Heilige Geist sein soll. Und was ist eine Familie, in der die Mutter fehlt? Die Kabbalisten liegen richtig, wenn sie lehren, dass Gott eine Ehefrau hat, Schekinah genannt. Die Christen müssen die Existenz dieses kosmischen Prinzips, das der weibliche Teil der Schöpfung ist, akzeptieren. Das Wesen, das man Gott nennt und welches das Christentum als eine männliche Kraft darstellt, ist in Wirklichkeit männlich und weiblich. Damit es Schöpfung, Manifestation gibt, ist eine Polarisation nötig, das heißt, das Vorhandensein eines männlichen und eines weiblichen Prinzips. Das hat man auch in den Einweihungen des Orpheus gelehrt: Gott ist das Männliche und das Weibliche.

* Vergleiche Band 201 » Auf dem Weg zur Sonnenkultur«, Kap. 9.

Wenn ihr morgens aus dem Hause geht, denkt daran, alle Geschöpfe der sichtbaren und der unsichtbaren Welt zu grüßen. Ihr schafft so eine Verbindung zu ihnen, und dank dieser einfachen Geste des Grüßens* fühlt ihr euch den ganzen Tag lang voller Poesie, voller Licht. Ihr sendet eure Liebe aus, und von allen Seiten des Alls kommt die Liebe zu euch zurück.

Man kann so viel tun, um das Leben schön und poetisch zu gestalten! Man soll sich nicht von Sorgen und den materiellen Dingen in Beschlag nehmen lassen und ein wenig Zeit und Energie behalten, um sie all den Aktivitäten zu widmen, die eurer Existenz mehr Sinn geben. Die Menschen haben noch nichts begriffen. Sie sprechen von Liebe, sie wollen geliebt werden, aber sie bleiben verschlossen, düster, prosaisch. Sie sollen von nun an lernen, ein poetisches Leben zu führen, dann wird man sie lieben.

---

* Vergleiche Band 226 »Das Buch der göttlichen Magie«, Kap. 12.

Die Materie bleibt leblos und unförmig, solange der Geist nicht in sie einkehrt, um sie zu beleben. Der Geist, der herabkommt, ist durch einen Punkt symbolisiert und die Materie durch den Kreis um ihn herum. Diese Figur des Kreises mit dem Punkt in der Mitte* hat die kosmische Intelligenz überall hineingelegt: in die Früchte, wo das Fruchtfleisch den Stein oder die Kerne umgibt, in die Augen, in einige Körperteile des Mannes und der Frau. Sie entspricht sogar der Struktur der Zelle, des Atoms und des Sonnensystems… Überall seht ihr nur dieses Symbol. Das ganze Leben, die ganze Schöpfung ist in diesem Symbol enthalten: Der Punkt im Zentrum des Kreises, der kosmische Geist, der das Universum belebt.

Die Eingeweihten, die die Kraft dieses Symbols verstanden haben, wollen nichts anderes, als diesen Punkt in sich selbst besitzen: den Geist. Und auch wir sind alle Kreise und müssen nach dem zentralen Punkt verlangen, dem Heiligen Geist. Solange wir ein Kreis ohne Punkt bleiben, sind wir im Zustand des Mangels, in der Unzufriedenheit. Aber sobald dieser Punkt, der Geist, sich in uns niederlässt, um uns zu beleben, zu erleuchten, sind wir in der Fülle!

---

* Vergleiche Band 218 »Die geometrischen Figuren und ihre Sprache«, Kap. 2.

Echte Empfindsamkeit bedeutet, vollkommen geöffnet zu sein für die göttliche Welt, d. h. für die Schönheit, die Liebe, die Wahrheit und sich gegenüber allem zu verschließen, was negativ und dunkel ist. Die Sensibilität gegenüber Beleidigungen und Angriffen ist in Wirklichkeit nur Empfindlichkeit. Und was bleibt all diesen armen Unglücklichen, für die weder der Himmel noch die Engel, noch Freunde, noch Schönheit existieren, sondern nur böse und ungerechte Leute, über die sie sich Tag und Nacht beklagen?

Man darf Empfindsamkeit* nicht mit Empfindlichkeit verwechseln. Empfindlichkeit ist eine krankhafte Äußerung der Empfindsamkeit. Echte Empfindsamkeit dagegen ist eine höhere Stufe der Entwicklung, die den Menschen mit den himmlischen Regionen in Verbindung bringt und ihm ermöglicht, in Einklang mit ihnen zu schwingen.

* Vergleiche Band 231 »Saaten des Glücks«, Kap. 10.

Die Wahrheit ist immer sehr einfach. Für die Eingeweihten ist alles einfach, denn sie haben gelernt, die unendliche Vielfalt der Tatsachen und Situationen der physischen und auch der psychischen Ebene auf wenige Grundprinzipien zu reduzieren. Und wie sehen diese Prinzipien aus? Es sind geometrische Figuren, ja, das erstaunt euch? Nun, warum glaubt ihr, haben manche philosophischen Traditionen Gott als einen Geometer dargestellt? Selbst Platon sagt, dass Gott Geometrie macht. Am Anfang dieser Traditionen standen große Geister, die verstanden hatten, dass die Vielfalt der Wesen und der Dinge sowie die Beziehungen, die sie miteinander unterhalten, zurückgeführt werden können auf diese sehr einfachen Prinzipien, wie es die geometrischen Figuren* sind, der Kreis, das Dreieck, das Rechteck, die Pyramide, das Kreuz...

---

* Vergleiche Band 218 »Die geometrischen Figuren und ihre Sprache«.

Ein Atemzug genügt, um die Flamme einer Kerze zu löschen. Wenn ihr aber dieser Flamme Nahrung gebt, wird der gleiche Hauch, der sie zu löschen drohte, sie so weit stärken, dass ihr nichts mehr widerstehen kann. Die Flamme ist ein Symbol des Geistes.* Wenn ihr eurem Geist keine Nahrung gebt, wenn ihr ihn vernachlässigt, weil ihr angeblich Besseres zu tun habt, wird seine Flamme so schwach, dass jede beliebige kleine Schwierigkeit sie löschen wird. Es gibt viele Leute, deren Geist schon erloschen ist. Sie schleppen sich dahin, essen, trinken, basteln, aber ihr Geist ist erloschen. Andere dagegen nähren die Flamme ihres Geistes durch Gebet, Meditation, Kontemplation, auf dass sie so stark wird, dass die Stürme des Lebens sie nur noch mehr stärken. Ja, die gleichen Schwierigkeiten, die gleichen Hindernisse, die die Schwachen niederstrecken, stärken die Geschöpfe des Geistes nur noch mehr. Man darf nicht auf den Geist zählen, indem man sagt: »Oh, der Geist, er ist stark, er ist mächtig, er wird mir in allen Schwierigkeiten helfen.« Nein, er ist nicht stark, er ist nicht mächtig, aber er wird sehr stark sein, wenn ihr ihn ernährt.

* Vergleiche Band 232 »Feuer und Wasser - Wunderkräfte der Schöpfung«, Kap. 9, 13, 14 und 17.

Was macht ihr, wenn es regnet oder hagelt, wenn Wind und Sturm toben? Ihr denkt nicht daran hinauszugehen, um gegen diese Naturkräfte zu kämpfen, ihr kümmert euch um euer Haus, ihr verstopft die Ritzen, ersetzt die zerbrochenen Ziegel, macht eine gute Isolierung. Wenn das Haus einmal ausgebessert ist, seid ihr beruhigt. Ihr wisst sehr gut, was zu tun ist, wenn es sich um Naturkräfte handelt. Warum wisst ihr es nicht mehr, wenn es sich um die Kräfte des Bösen handelt? Ihr glaubt, gegen das Böse kämpfen und es besiegen zu können, aber ihr werdet selbst besiegt. Anstatt gegen das Böse zu kämpfen, muss man sich stärken, um besser standzuhalten, besser zu verstehen und besser zu handeln.

Selbst Erzengel Michael hat das Böse nicht vernichtet,* so steht es in der Apokalypse. Er hat den Drachen nicht getötet, er hat ihn nur in Ketten gelegt, gezähmt. Und wir, die wir so viel weniger stark sind als der Erzengel Michael, wie können wir glauben, dass wir das Böse vernichten könnten, wenn wir gegen es kämpfen?

---

* Vergleiche Band 210 »Die Antwort auf das Böse«, Kap. 3, und Band 234 »Die Wahrheit, Frucht der Weisheit und der Liebe«, Kap. 17.

Es steht geschrieben, dass Gott zuerst Grenzen zog, bevor er die Welt erschuf. Alles in der Natur bestätigt dies, angefangen bei der Zelle mit ihrer Zellwand. Und wo wäre unser Gehirn, wenn die Gehirnschale nicht wäre? Das ist auch die Funktion der Haut: Sie dient als Begrenzung. Beobachtet die Dinge um euch herum und ihr findet überall die Widerspiegelung dieses Kreises, den Gott als Grenze seiner Schöpfung gezogen hat. Wenn man ein Parfum nicht in der Flasche einschließt, verfliegt es. Und selbst um ein Haus zu bauen, muss man erst einmal seine Grenzen ziehen. Wo wäre das Haus ohne Mauern?

Auch im spirituellen Bereich muss man verstehen, was Grenzen bedeuten. Der Weißmagier umgibt sich mit einem Kreis, bevor er die Geister des Lichts anruft. Auch der Schüler muss wissen, dass er jeden Tag wenigstens in Gedanken einen Lichtkreis* um sich ziehen muss, um seine spirituellen Energien zu bewahren.

* Vergleiche Band 226 »Das Buch der göttlichen Magie«, Kap. 2.

Ihr seht die Leute auf den Straßen einer Stadt kommen und gehen. Sie gehen nebeneinander her, aber jeder geht seinen eigenen Weg nur mit seinen eigenen Angelegenheiten beschäftigt. Auf diese Weise voneinander getrennt, haben sie keinerlei Kraft. Aber da taucht aus dieser ungleichen Menge ein Mann auf, der das Wort ergreift. Seine Entschlossenheit und seine Keckheit lassen alle Passanten anhalten, dann nähern sie sich ihm, hören ihm zu und manchmal sind sie auch bereit, ihm zu folgen, um eine Idee zu verwirklichen, angespornt durch seine Überzeugungskraft. Sobald ein sogenannter »Kopf« erscheint, versammeln sich alle um ihn. Und was für eine Kraft, was für eine Macht hat dann diese Menge!

Da habt ihr ein Bild von dem, was in euch geschieht. All eure Organe und die Zellen eurer Organe äußern sich auf ungeordnete, unzusammenhängende Weise. Deswegen gelingt es euch nicht, den Sinn eures Lebens zu finden. Alles ist zu zerstreut, zusammenhanglos. Entschließt euch, euch an dieses Volk zu wenden, das in euch wohnt und zu ihm zu sprechen, um es in eine göttliche Richtung mitzuziehen. »Einigkeit macht stark« darf nicht nur die Devise einer Gesellschaft, eines Landes sein, sondern auch die des Menschen selbst. Alle Kräfte, die in seinem Bewusstsein, seinem Unterbewusstsein, in all seinen Zellen gegenwärtig sind, muss der Mensch wachrufen und um eine zentrale Idee versammeln, um das in ihm verborgene Bild Gottes hervorzubringen.*

* Vergleiche Band 238 »Der Glaube versetzt Berge«, Kap. 8.

Es ist gut, sich anzugewöhnen, sein Leben regelmäßig zu überprüfen. Weshalb? Weil das Leben, das man führt, nur zu häufig mit der Zeit schwerfällig wird und sich verdunkelt, aufgrund von allerlei Beschäftigungen und Aktivitäten, die uns vom spirituellen Standpunkt her gesehen nichts bringen. Von der Umgebung und ihrer Stimmung beeinflusst, vergisst man, dass man nur für sehr kurze Zeit auf der Erde weilt und dass man all seine materiellen Errungenschaften, seine Titel und seine Stellung in der Gesellschaft hier lassen muss. Ihr erwidert, das wüssten alle. Ja, jeder weiß es, aber jeder vergisst es, und sogar der Schüler einer Einweihungslehre lässt sich vom Beispiel anderer mitreißen. Deshalb ist es unerlässlich, dass er von Zeit zu Zeit innehält und zurückblickt, um die Richtung, die er einschlagen möchte und die Aktivitäten, die er beginnen möchte, zu erforschen und überall eine Auswahl zu treffen, um nur das Wesentliche zu behalten.*

---

* Vergleiche Band 225 »Harmonie und Gesundheit«, Kap. 1.

Es gibt Leute, die uns unsympathisch sind, das ist normal. Ein Mensch kann nicht den universellen Bewusstseinszustand haben, der ihn befähigt, sich mit allem und jedem in Einklang zu bringen. Er hat stets gewisse Abneigungen, sei es gegenüber Nahrungsmitteln, Gegenständen, Gesichtern oder Verhaltensweisen. Wenn man auf die Erde kommt, nimmt man einen Körper in irgendeiner Familie an, und dieser Körper steht nicht in vollkommener Harmonie mit dem Universum und all seinen Geschöpfen.

Aber muss man so weit gehen, aus diesem Umstand eine Verhaltensregel zu machen? Nein. Natürlich ist es einfacher, sich nur dem zuzuwenden, was angenehm ist. Aber wenn ihr auf die Vernunft hört, welche die Dinge anders sieht, wird sie es nicht gutheißen, wenn ihr nur danach handelt, was euch angenehm oder unangenehm ist. Weshalb sollte man nicht versuchen, eine umfassendere Sicht zu entwickeln, indem man danach sucht, was für einen selbst, aber auch für die anderen am besten ist? Man muss sich endlich dieser launischen Natur in uns entgegenstellen, die das eine liebt und das andere verabscheut, anstatt Tag und Nacht ihr Diener zu sein. Wie viele Leute haben sich den Kopf eingerannt, weil sie nur nach ihren Vorlieben und Sympathien gehandelt haben!*

* Vergleiche Band 28 »Die Pädagogik in der Einweihungslehre - Teil 2 und 3«, Kap. 10.

Die erste Aufgabe eines Erziehers besteht darin, bei den Kindern ein Gespür zu wecken für die göttliche Welt mit der ganzen Hierarchie der göttlichen Wesen, die sich bis zum Throne Gottes erstreckt. Ja, das Wichtigste ist, in der Seele und im Geist der jungen Generation den Glauben zu hinterlassen, dass es eine höhere Welt gibt, an die man sich wenden sollte, um Kraft, Mut und Inspiration zu erhalten, und das nicht nur bei Schwierigkeiten und Prüfungen, sondern in jeder Situation des täglichen Lebens. Aber natürlich darf man nicht glauben, dass diese Jugendlichen, die man in den Wahrheiten der Einweihungswissenschaft unterrichtet hat, fähig sind, die göttliche Welt sofort zu erfassen und zu erreichen. Nein, aber dadurch, dass sie gelernt haben, eine Verbindung mit dem Himmel herzustellen, finden sie immer wieder geistige Reserven. Sie werden in sich eine so reiche und mächtige Welt tragen, dass sie immerzu Kräfte aus ihr schöpfen können. Und in schwierigen Lebenslagen, in denen andere den Mut verlieren, aufgeben, zu Opfern oder Übeltätern werden, machen sie Fortschritte und werden zu einem Vorbild.*

* Vergleiche Band 203 »Die Erziehung beginnt vor der Geburt«, Kap. 11.

Jede Aktivität verursacht eine Verbrennung. Ob es sich um eine körperliche, emotionale oder intellektuelle Tätigkeit handelt, sie führt zur Bildung von Schlacken, die ausgeschieden werden müssen, denn ihre Anhäufung ruft schädliche Verstopfungen hervor, die der Funktionstüchtigkeit des Organismus schaden. Wenn man zum Beispiel in einem Ofen Feuer machen will und nicht zuerst die Asche vom Vorabend entfernt, wird das Feuer nicht richtig brennen, und der Ofen heizt nicht. Genauso spielt es sich in eurem physischen Organismus ab, aber auch in eurem psychischen Organismus im Bereich der Gedanken und der Gefühle. Deshalb solltet ihr eure Lebensweise verbessern, das heißt die Art, wie ihr euch ernährt, wie ihr denkt, fühlt und liebt, weil ihr dann die verbrauchten Elemente durch andere ersetzt, die viel feiner, leichter und ätherischer sind. So nährt ihr euer inneres Feuer und könnt somit euren Verpflichtungen nachgehen.*

* Vergleiche Band 1 »Das geistige Erwachen«, Kap. 1.

Die Wissenschaft sollte ihren Forschungen eine andere Ausrichtung geben, anstatt der Menschheit Bequemlichkeit und Waffen zur Verfügung zu stellen und so ihren Hang zur Trägheit und ihre Aggressivität zu bestärken. Können die Wissenschaftler glücklich und stolz darauf sein, dass sie den Menschen so viele Möglichkeiten gegeben haben, damit sie sich besser zerstören können? Und bevor die Menschen sich völlig zerstören, verlieren sie nach und nach ihre körperliche Widerstandskraft und ihre psychischen Fähigkeiten aufgrund der vielen Apparate, die sie davon befreien, sich selbst anzustrengen.

Dem Anschein nach gibt es einen Fortschritt, aber in Wirklichkeit stellt man eine Schwächung des Willens und der geistigen Fähigkeiten fest. Deshalb fangen immer mehr Denker und selbst Wissenschaftler an, daran zu zweifeln, ob dieser technische Fortschritt zum Wohl der Menschheit beiträgt. Das heißt nicht, dass man den Fortschritt aufhalten sollte, nein, die Natur selbst treibt den Menschen zum Forschen an. Aber diese Forschungen müssen anders ausgerichtet werden. Man sollte nie aufhören zu forschen und sich in die Geheimnisse der Natur zu vertiefen, aber man sollte einen anderen Weg einschlagen, den Weg nach oben, das heißt: zum Geist.*

* Vergleiche Band 204 »Yoga der Ernährung«, Kap. 4.

Lasst auch nur eine einzige anarchistische Auffassung in eurem Kopf Einlass finden, und sie wird das Durcheinander nach und nach bis in eure Füße verbreiten. So wird man schließlich zu einem leibhaftigen Schlachtfeld. Die größte Sorge eines Eingeweihten ist, er könnte die vom Schöpfer errichtete kosmische Ordnung stören, denn er weiß, dass er selbst eines Tages zum Opfer des Durcheinanders wird, das er ausgelöst hat. Das Ungewöhnliche daran ist aber, dass dort, wo die Eingeweihten zittern, die gewöhnlichen Leute ruhig, sich ihrer selbst sicher und sogar wagemutig sind. Gewiss, wenn man die Gefahr nicht kennt, in die man läuft, kann man schon wagemutig sein. Viele benehmen sich wie Anarchisten unter dem Vorwand, sie demonstrierten ihre Unabhängigkeit! Sie wissen nicht, dass wahre Stärke darin besteht, sich den göttlichen Gesetzen zu beugen. Unser ganzes Glück und alle unsere zukünftigen Erfolge beruhen auf der Achtung vor dieser höheren Ordnung, die von Gott eingerichtet wurde und von allen Engeln, Erzengeln und himmlischen Wesen respektiert wird… außer von den Menschen! Die Achtung vor der göttlichen Hierarchie ist der Grundpfeiler einer Einweihungslehre.*

* Vergleiche Band 27 »Die Pädagogik in der Einweihungslehre - Teil 1«, Kap. 9.

Donnerstag

So wie alle Menschen hat auch ein Eingeweihter das Bedürfnis, sich zu ernähren. Aber das, was
der Eingeweihte sucht, ist das göttliche Leben.
Und wenn er Früchte und Blumen findet, das
heißt Menschen, die dieses Leben in sich tragen,
bleibt er bei ihnen stehen und sagt sich: »Hier
sehe ich einen Aspekt des himmlischen Vaters, der
Göttlichen Mutter... Danke Herr, danke Göttliche
Mutter. Durch diese Blumen und Früchte hindurch
habe ich heute die Möglichkeit, mich Euch zu
nähern und Euch zu kontemplieren. Durch diese
Herrlichkeit kann ich Euren Duft atmen und Eure
Würze kosten.« Und er geht beglückt weiter, weil
diese Früchte und Blumen es ihm ermöglicht
haben, dem Himmel näher zu kommen.*

* Vergleiche Band 204 »Yoga der Ernährung«, Kap. 11.

Man sieht die Menschen von allen möglichen Vorhaben stark in Anspruch genommen. Doch von welchen Vorhaben? Äußerst selten davon, Diener Gottes und Überbringer des Lichtes zu werden. Es wäre zwar einfach, ihnen die Mittel dafür zu geben, aber es ist schwierig, sie für ein solches Ideal zu begeistern. Sogar der Herr ist nicht fähig, in ihnen diesen Wunsch zu erwecken. Sich nach etwas zu sehnen, hängt nur vom Menschen selbst ab, niemand kann es an seiner Stelle tun, so wie auch niemand für ihn Hunger haben und essen kann.

Ein Meister setzt euch symbolisch gesprochen alle Nahrung vor, aber essen müsst ihr, der Meister kann es nicht für euch tun. Wenn er an eurer Stelle isst, nimmt er »zu«, und ihr nehmt »ab«! Ein Meister gibt euch das Wissen, aber der Wille, es anzunehmen und anzuwenden, muss von eurer Seite kommen. Und beide vereint, das Wissen eures Meisters und euer guter Wille, bringen außerordentliche Ergebnisse hervor.*

* Vergleiche Band 207 »Was ist ein geistiger Meister?«, Kap. 2.

Samstag

Die Menschen richten es immer so ein, dass alles, was ihrem Heil oder dem anderer dienen könnte, letztendlich nur ihrem Ruin dient. Wie kommt das? Aus einem Mangel an Licht, aus Besitzgier und Herrschsucht. Seht, wie viele Forscher es bereut haben, ihre Entdeckungen bekannt gegeben zu haben, denn sie fielen unmittelbar denjenigen in die Hände, die sich ihrer bedienten, um ihren Mitmenschen auf die eine oder andere Art zu schaden, sie sich dienstbar zu machen, sie auszulöschen oder auszunehmen. Sogar die Eingeweihten und die geistigen Meister mussten sich schon mit dieser Frage auseinandersetzen, denn sie hatten festgestellt, wie die Wahrheiten, die sie den Menschen enthüllten, um ihnen zu helfen, diese im Gegenteil in ihr Verderben führen konnten. Deshalb prägten sie diese Regel: »Wissen, Wollen, Wagen und Schweigen.*« Wenn sie in ihrer Entwicklung weiter sind, wird man den Menschen manche Enthüllungen machen können, aber bis dahin ist es oft besser zu schweigen und dem Rat Jesu zu folgen, »keine Perlen vor die Säue zu werfen«.

---

* Vergleiche Band 207 »Was ist ein geistiger Meister?«, Kap. 3.

Wenn Gott in der Heiligen Schrift als der Allerhöchste bezeichnet wird, dann darum, weil Macht untrennbar ist von der Idee der Höhe des Gipfels. Sogar in einem Kampf ist es einfacher, seinen Gegner zu besiegen, wenn man über ihm ist. Wenn man unten bleibt, tiefer steht, ist man immer verletzlicher und in jedem Fall schwächer. Es ist wichtig, dieses Gesetz – auch was das geistige Leben betrifft – zu kennen, sonst kann man jahrelang vor sich hinarbeiten, ohne zu einem Ergebnis zu kommen. Um meditieren zu können, gilt es als Erstes, seinen Astral- und seinen Mentalkörper* zu beruhigen. In dem Maße, wie ihr euch freimacht von Nebel, Lärm und Staub, das heißt von Leidenschaften und wirren Gedanken, wird euer Denken kraftvoller. Und wenn ihr fühlt, dass dieses hoch oben in den ätherischen Regionen seine Kreise zieht, dann müsst ihr wissen, dass die wahre Arbeit, die Ergebnisse bringt, dort beginnt.**

* Siehe Abbildung und Anmerkung im Anhang auf Seite 392-393.

** Vergleiche Band 222 »Die Psyche des Menschen«, Kap. 10.

Jede Form, jede physische Manifestation hat ihren Ursprung in der unsichtbaren Welt.* Ein Gedanke, ein Gefühl oder eine Gemütsbewegung, die in uns entstehen, kleiden sich nach und nach in eine vorherbestimmte Form, die ihrer Natur entspricht und hinterlassen alle auf unserem Gesicht und unserem Körper sichtbare Spuren. Unsere Gedanken und Gefühle wirken sich zunächst auf die verborgensten Schwingungen unseres Wesens, auf unsere Ausstrahlungen, aus und dann auf die Farbe unserer Haut, auf unseren Duft und schließlich auf die Gestalt unseres Körpers. So sind unser gegenwärtiges Gesicht und unser gegenwärtiger Körper von den inneren Zuständen geformt und bestimmt worden, die wir in unseren vorangegangenen Leben erfahren haben. Ein Schüler, der weiß, dass er der Bildhauer seines eigenen Körpers ist, arbeitet mit Hilfe seiner Gedanken und Gefühle, um aus ihm einen Tempel mit harmonischen Formen und Proportionen zu machen.

* Vergleiche Band 17 »Erkenne dich selbst - Jnani-Yoga«, Kap. 9.

Jemand beklagt sich bei mir, dass er sehr unglücklich ist. Ich frage ihn: »Haben Sie heute schon gedankt?« – »Gedankt? Wem? Und wofür?« – »Können Sie sich fortbewegen, atmen?« – »Ja« »Haben Sie gefrühstückt?« – »Ja« – »Und können Sie Ihren Mund aufmachen zum Sprechen?« – »Ja« – »Nun, dann danken Sie dem Herrn. Es gibt Leute, die weder gehen, essen, noch den Mund öffnen können. Sie sind unglücklich, weil Sie niemals daran gedacht haben zu danken. Um Ihre Verfassung zu ändern, müssen Sie zuallererst erkennen, dass es nichts Herrlicheres gibt, als die Tatsache, lebendig zu sein, gehen, schauen und sprechen zu können.« Aber die Menschen vergessen das alles, deshalb schickt sie der Himmel durch schwierige Prüfungen, damit sie lernen, endlich dankbar zu sein.*

* Vergleiche Band 243 »Das Lächeln des Weisen«, Kap. 12.

Am Ursprung, am Anfang aller Dinge war das Licht. Und das Licht ist Christus, der Sonnengeist. Denn der Christusgeist offenbart sich zuerst in der Sephira Chokmah*, der ersten Herrlichkeit, dem Wort, von dem es im Evangelium des heiligen Johannes heißt, dass nichts ohne es entstanden ist. Dann manifestiert er sich unter einem anderen Aspekt in Tiphereth*, der Sonne. Denkt deshalb daran, wenn ihr am Morgen dem Sonnenaufgang beiwohnt, dass ihr, wenn ihr euch mit der Sonne verbindet, mit ihrem Geist verbunden seid. Ja, mit dem Sonnengeist, welcher der Christusgeist ist, eine Ausstrahlung Gottes selbst. Euch der Sonne auszusetzen und sie zu betrachten genügt nicht. Um wirklich mit der Quintessenz ihres Lichtes in Berührung zu kommen, muss sich euer Geist mit ihr verbinden und in sie eindringen können. In dem Augenblick, wo ihr in die Welt des Lichtes eintaucht, werdet ihr von einigen dieser Lichtteilchen durchdrungen, und ihr erfahrt die Offenbarung der göttlichen Herrlichkeit.*

* Vergleiche Band 10 »Sonnen-Yoga - Surya-Yoga - Die Herrlichkeit von Tiphereth«, Kap. 10.

Wir brauchen eine Methode, die uns bei unserer spirituellen Arbeit leitet und uns den Weg weist, den wir einschlagen sollen. Für mich ist die beste Methode das Studium des Lebensbaumes.* Deshalb bestehe ich darauf, dass ihr lernt, alle seine Aspekte zu vertiefen. Mit Malkuth konkretisiert ihr die Dinge, mit Jesod reinigt ihr sie, mit Hod versteht ihr sie und bringt sie zum Ausdruck, mit Netzach macht ihr sie anmutig, mit Tiphereth erleuchtet ihr sie, mit Geburah kämpft ihr, um sie zu verteidigen, mit Chesed unterstellt ihr sie der göttlichen Ordnung. Mit Binah gebt ihr ihnen Beständigkeit, mit Chokmah lasst ihr sie in die universelle Harmonie eingehen, und mit Kether schließlich prägt ihr ihnen das Siegel der Ewigkeit auf.**

* Siehe Abbildung und Anmerkung im Anhang auf Seite 394-396.

** Vergleiche Band 236 Weisheit aus der Kabbala - Der lebendige Strom zwischen Gott und Mensch«, Kap. 2.

Schwierigkeiten und Prüfungen sind nötig, um weiterzukommen, zu wachsen und stärker zu werden. Wer sich aus Angst vor Leid ein müheloses Dasein aussucht, wird durch andere Leiden hindurchgehen müssen, denn er ist dabei, sein eigenes Leben zu vergeuden.

Ein Weizenkorn, das sich im Kornspeicher versteckt und sich dabei in Sicherheit glaubt, wird von den Mäusen gefressen oder fängt zu schimmeln an. Das Weizenkorn aber, das denkt: »Ich will nicht hier bleiben und nichts tun, ich möchte ausgesät werden, um zu einer Ähre heranzuwachsen«, wird in die Erde gesteckt. In Dunkelheit und Kälte fängt es natürlich an zu jammern: »Darum habe ich nicht gebetet!«, aber es fängt an zu keimen. Später, wenn die Erntezeit kommt, wird es geschnitten, und es jammert wieder. Und wenn man es dreschen wird, um das Korn vom Stroh zu trennen, wird es sich bitterlich über die Grausamkeit seines Schicksals beklagen. Das ist aber nicht alles. Eines Tages wird es zur Mühle gebracht und dort vermahlen, dann wird es mit Wasser geknetet und schließlich schiebt man es in den Ofen. Welch ein Leben! Wenn es dann aber gut gebacken und goldbraun auf den Tisch gestellt wird und schöne und gütige Wesen sich an ihm laben, wird das Weizenkorn schließlich verstehen, weshalb es alle diese Prüfungen auf sich nehmen musste und wird glücklich sein. Bleibt also ruhig in eurem Speicher, wenn ihr wollt, aber euer Leben wird nutzlos sein.

Dank einer empfangenden Haltung kann der Mensch zu einem Boten der unsichtbaren Welt werden. Aber wenn man zu aufnehmend wird, ist man wie ein Schwamm, man absorbiert alles, Gutes wie Schlechtes, und darum muss man wachsam sein. Wenn sie an die unsichtbare Welt denken, haben viele die Tendenz, sie sich nur von lichtvollen und wohltätigen Geistern bewohnt vorzustellen. Nein, genauso wie die Erde von Guten und von Bösen bevölkert wird, wird die unsichtbare Welt auch von bösartigen Wesen bewohnt, die den Menschen oft sehr feindselig gesinnt sind und sich einen Spaß daraus machen, sie in die Irre zu führen oder sie zu verfolgen. Seid deshalb vorsichtig, nehmt gegenüber der unsichtbaren Welt nicht eine Haltung völliger Offenheit ein; bewahrt eure Wachsamkeit und Aktivität, solange ihr nicht vorher eine Arbeit der Reinigung und der inneren Erhebung unternommen habt, die es euch ermöglicht, den Angriffen der dunklen Kräfte zu widerstehen.*

* Vergleiche Band 228 »Einblick in die unsichtbare Welt«.

Ihr stoßt auf Schwierigkeiten, die Menschen sind oft böse und undankbar, einverstanden, aber ist das ein Grund, ständig aufgebracht, empört und verbittert zu sein? Mit dieser Einstellung schadet ihr schließlich euch selbst. Manche werden erwidern: »Es steht mir frei, mir selber zu schaden, denn dies betrifft nur mich und niemand anderen.« Nun, das beweist, dass sie nicht viel verstanden haben. Alle Menschen sind miteinander verbunden, und wenn ihr traurig, deprimiert und finster seid, spiegelt sich das in den Menschen wider, mit denen ihr Umgang pflegt. Ihr möchtet niemandem etwas Böses tun? Dem Anschein nach habt ihr Recht, ihr tut ihnen nichts, aber trotzdem fügt ihr ihnen ein Leid zu, denn ihr verbreitet negative Wellen und Teilchen. Ihr glaubt, dass ihr von den anderen getrennt seid, doch ihr täuscht euch. Eure Gedanken und Gefühle beeinflussen eure Eltern, eure Freunde und sogar Tiere, Pflanzen und Gegenstände um euch herum. Wenn man sich selbst Leid zufügt, dann fügt man der ganzen Welt Leid zu.*

* Vergleiche Band 206 »Eine universelle Philosophie«, Kap. 6.

Wenn Kummer und Sorgen euch bedrücken, so betrachtet des Nachts den Sternenhimmel und sinnt darüber nach, wie klein und unbedeutend die Erde ist, die sich im unendlichen Raum verliert. Bedenkt, dass derjenige, der so viele Welten erschaffen hat, sie sicher mit Geschöpfen, die weiser, schöner und mächtiger sind als wir, bevölkert hat. Denn wenn man diese kleinen Leute, Menschen genannt, sieht, die diskutieren, sich zanken und sich gegenseitig umbringen, wie soll man dann daran glauben, dass der Schöpfer ausgerechnet auf der Erde – einem Staubkorn in der Unendlichkeit – Seine vollkommensten Geschöpfe angesiedelt hat?

Unter den Sternen könnt ihr fühlen, wie alle Probleme, die in euren Köpfen gigantische Ausmaße angenommen haben, beinahe nichtig sind. Indem ihr daran denkt, dass die Sterne, die ihr kontempliert, schon seit Milliarden von Jahren existieren, dass die Intelligenz, die diese Welt geschaffen hat, ewig ist und dass ihr nach ihrem Bild geschaffen seid, fühlt ihr, dass auch euer Geist ewig ist und nichts euch wirklich beunruhigen kann.*

* Vergleiche Band 17 »Erkenne dich selbst - Jnani-Yoga«, Kap. 6.

Wenn man von der Aufmerksamkeit spricht, so muss man wissen, dass sie mehrere Aspekte hat. Der bekannteste Aspekt ist natürlich der nie erlahmende Eifer, den jeder braucht, um seine Arbeit korrekt auszuführen, um zu verstehen, was einem gesagt wird oder ein Buch zu lesen und so weiter. Aber es gibt auch noch eine andere Form der Aufmerksamkeit, nämlich die Selbstbeobachtung oder Innenschau. Sie besteht darin, sich jeden Moment des Tages bewusst zu machen, was sich in einem abspielt, die Strömungen, Wünsche und Gedanken, die uns durch den Kopf gehen und die Einflüsse und Unruhen, die wir fühlen, zu unterscheiden. Genau diese Art Aufmerksamkeit ist nicht genügend entwickelt.

Es heißt in den Evangelien: »Seid wachsam, denn der Teufel ist wie ein brüllender Löwe bereit, euch zu zerfleischen.« Seid unbesorgt, ihr werdet auf der physischen Ebene weder einen Löwen noch den Teufel sehen, aber es handelt sich um den inneren Bereich, in dem man bedroht ist. Dort sind Wünsche, Absichten, Leidenschaften und Begierden, die euch verschlingen wollen, und wenn ihr nicht aufmerksam seid, werdet ihr gefressen.*

* Vergleiche Band 227 »Goldene Regeln für den Alltag«, Kap. 18.

Um Zugang zu manchen Orten zu haben, braucht ihr einen Passierschein, und sobald ihr ihn habt, öffnen sich euch die Türen. Genauso spielt es sich in der unsichtbaren Welt ab. Um in bestimmte Bereiche eintreten zu können, braucht man einen Passierschein, und dieser Schein ist die Aura, das heißt die Farben, die sie enthält. Um in einer ganz bestimmten Region aufgenommen zu werden, benötigt man in seiner Aura die Farbe, die dieser Region entspricht. Wenn ihr zum Beispiel die Farbe Gelb habt, so werdet ihr in den Bibliotheken der Natur empfangen, wo euch alle Geheimnisse aufgedeckt werden. Das Blau bringt euch in den Bereich der Musik, das Rot in die Region, aus der ihr die Essenz der Vitalität schöpfen könnt... Die Aura ist also ausschlaggebend dafür, ob man in der unsichtbaren Welt empfangen wird, und die darin eingeprägten Farben sind in gleicher Weise ein Passierschein für die Bereiche, denen sie entsprechen.*

* Vergleiche Band 219 »Geheimnis Mensch - Seine feinstofflichen Körper und Zentren - Aura, Solarplexus, Harazentrum, Chakras«, Kap. 2.

Ein Meister wird eines Tages von einem jungen Mann besucht, der sein Schüler werden will. Der Unterricht beginnt also, und in der ersten Lektion lernt er Folgendes. Der Meister sagt seinem Schüler: »Geh im Friedhof umher und beschimpfe die Toten. Hör gut zu, was sie dir entgegnen und berichte mir davon.« Der junge Mann geht zum Friedhof und beginnt um die Gräber herumzustreifen, indem er abscheuliche Beleidigungen ausspricht… noch nie zuvor hatten die Toten auf einem Friedhof Ähnliches gehört! Bald darauf hält er inne, weil ihm die Ideen ausgehen und horcht auf die Antwort – nichts. So muss er, zurück bei seinem Meister, gestehen, dass die Toten nicht reagiert haben. »Ah!«, sagt der Meister, »dann waren sie vielleicht beleidigt. Du gehst nochmals hin, aber diesmal sollst du sie loben, vielleicht entschließen sie sich dann, dir zu antworten.« Der junge Mann geht zum Friedhof zurück, ändert seinen Tonfall und hält den Toten die außerordentlichsten Lobesreden. – Nichts außer Stille. Wirklich sehr enttäuscht kehrt der junge Mann zu seinem Meister zurück und sagt: »Sie haben mir noch immer nicht geantwortet.« »Nun«, entgegnet der Meister, »genauso sollst auch du dich verhalten. Ob man dich beschimpft oder lobt, das darf dich nicht berühren. Gib keine Antwort.«*

* Vergleiche Band 1 »Das geistige Erwachen«, Kap. 6.

Ein Engel ist ein unsterbliches Geschöpf, das aus so reiner, feinstofflicher Materie besteht, dass ihm nichts etwas anhaben kann. Er lebt im Licht, in vollkommener Freude und kennt alles außer Leid. Denn Leid kann nur von Materie Besitz ergreifen, die nicht absolut rein ist. Ein Engel kann nicht leiden, weil er absolut rein ist. Auf der physischen Ebene gibt es keine Engel, sie sind erst ab den höheren Regionen der Astralebene anzutreffen.* An der Grenze zwischen der unteren und der oberen Astralebene befindet sich eine Zwischenzone, in der sich die Wesen befinden, die dabei sind, die Verbindung zu den dunklen Regionen zu trennen. Sie können noch von den schlechten Einflüssen der unteren Astralebene und der physischen Ebene gequält werden, aber in dem Moment, in dem sie diese Zone überschreiten, werden sie den Engeln ähnlich werden.**

* Siehe Abbildung und Anmerkung im Anhang auf Seite 392-393.

* Vergleiche Band 7 »Die Reinheit – Die Mysterien von Jesod«, Kap. 1.

Wie viele Künstler, Kunstmaler, Musiker, Dichter, Romanschriftsteller und Dramaturgen haben in einer Phase der Entmutigung manche ihrer Werke zerstört, obgleich diese von großem Wert waren! Das ist schade, denn sie haben sich selbst Leid zugefügt und der Menschheit ihre Meisterwerke vorenthalten. Die Ursache ihrer Tat liegt darin, dass sie zu sehr auf sich selbst, auf ihre Schwierigkeiten und Probleme konzentriert waren. Sie konnten sich nicht aus den Beschränkungen ihres »Ich« lösen, um sich mit all dem Schönen und Guten in der Natur und in den Menschen zu verbinden. Nur diese Haltung hätte sie geschützt und daran gehindert, ihre Unzufriedenheit gegen ihr Werk zu richten. Ein wahrer Spiritualist ist auch nicht mit sich selbst zufrieden, aber er ist zufrieden mit den Werken Gottes, er ist von den Dienern Gottes entzückt, und auf diese Weise tut er etwas gegen den Kummer über seine eigenen Unzulänglichkeiten.*

* Vergleiche Band 225 »Harmonie und Gesundheit«, Kap. 9.

Keine Erscheinung, kein Gedanke, kein Gefühl und keine Handlung kann nur für sich existieren, isoliert, ohne Verbindung zu einer anderen Erscheinung, einem anderen Gedanken, einem anderen Gefühl oder einer anderen Tätigkeit. Sie alle haben eine Ursache und rufen mehr oder weniger weitreichende Folgen hervor. Das könnt ihr jeden Tag in eurem Leben beobachten. Nehmen wir an, ihr habt einen guten Tag verbracht, doch im selben Augenblick, wo ihr euch schlafen legt, trifft ein Ereignis ein, das bei euch Traurigkeit und Entmutigung auslöst. Beim Erwachen am folgenden Tag könnt ihr dann sicher feststellen, dass alles Gute, das ihr am Vortag erlebt habt, ausgelöscht und verdrängt ist von dem, was ihr im Augenblick des Einschlafens erlebt habt. Dieser unangenehme Eindruck ist zurückgeblieben. Der letzte Augenblick war also wichtiger und bedeutungsvoller als der ganze Tag.*

* Vergleiche Band 228 »Einblick in die unsichtbare Welt«, Kap. 14.

Der Mensch wird von »Arbeitern« bewohnt. Und diese Arbeiter benutzen alles, was sich in ihm an der Grenze zwischen Wach- und Schlafzustand abspielt als Baumaterial, als aufbauende oder destruktive Kraft. Seid deshalb achtsam und geht nicht verstört oder entmutigt schlafen, denn diese Zustände sind Wesenheiten, die in euch weiterwirken. Und sie werden nicht nur alles zunichtemachen, was ihr euch während des Tages an Gutem angeeignet habt, sondern darüber hinaus auch schlechte Bedingungen für den folgenden Tag schaffen. Hegt also, bevor ihr einschlaft, mindestens einen lichtvollen Gedanken, ein Gefühl der Liebe oder eine inspirierende Vorstellung, dann werdet ihr am folgenden Morgen gereinigt und regeneriert erwachen.*

* Vergleiche Band 228 »Einblick in die unsichtbare Welt«, Kap. 14.

Der beste und edelste Beruf ist derjenige des Pädagogen. Gewiss entspricht das nicht der Meinung der Allgemeinheit. Jurist, Ingenieur oder Arzt zu sein, ja, das ist etwas wert, aber sich um Kinder zu kümmern, was ist das schon? Doch gerade das ist der wichtigste und bedeutungsvollste Beruf, dessen Auswirkungen auf die Zukunft am schwerwiegendsten sind. Ob man nun Lehrer an einer Grundschule oder an einer höheren Schule oder Elternteil ist, Kinder zu erziehen, was ist das für eine Verantwortung! Es ist eine göttliche Arbeit. Deshalb wird der Tag kommen, an dem Psychologie und Pädagogik, die heute gering geschätzt werden, an erster Stelle stehen. Dieser Tag naht. Überall geht es immer mehr um diese Themen, um den Menschen, sein psychisches Leben und seine Erziehung. Die Geschichte der Menschheit zeigt, dass kein Problem wirklich gelöst werden kann, solange man der Psychologie und der Pädagogik nicht den ersten Platz einräumt.*

* Vergleiche Band 27 »Die Pädagogik in der Einweihungslehre - Teil 1«, Kap. 3.

Im Sinne der Einweihungswissenschaft ist das Pferd ein Symbol unserer niederen Natur, unserer Personalität, die sich durch den physischen, astralen und mentalen Körper* ausdrückt. Die erste Aufgabe eines Schülers besteht also darin, Herr über sein Pferd zu werden oder genauer gesagt, über seine Pferde. Er muss wissen, wie er die Zügel in der Hand halten kann. Was symbolisieren die Zügel? Sie stehen für die fluiden Verbindungen, die der Reiter zwischen seinen drei Pferden und sich herstellt, um sie in die gewünschte Richtung lenken zu können. Aber damit die Pferde gehorchen und zu einem Gespann werden, das miteinander harmoniert, muss man ihnen die geeignete Nahrung verabreichen. Wenn ihr euer physisches Pferd zähmen wollt, euren Körper, so müsst ihr ihm gesunde und frische Nahrung zuführen und ihn mit Übungen trainieren, damit er widerstandsfähig wird. Was euer astrales Pferd betrifft, so kann es nur von der Reinheit, der Liebe und der Sanftheit gezähmt werden. Das mentale Pferd schließlich darf nur mit Intelligenz und mit Licht ernährt werden.**

* Siehe Abbildung und Anmerkung im Anhang auf Seite 392-393.

** Vergleiche Band 220 »Der Tierkreis, Schlüssel zu Mensch und Kosmos«, Kap. 10.

Im neuen Leben werden Ehrlichkeit, Güte, Großzügigkeit, Geduld, Frieden, Harmonie und Brüderlichkeit die meistgeschätzten Werte sein. Denjenigen, der diese Tugenden nicht zu offenbaren weiß, wird man als unnütz und sogar schädlich ansehen. Man wird demjenigen Diplome verleihen, der mit seinem Verhalten daran mitwirkt, Frieden und Harmonie zu verbreiten und nicht mehr jenem, den man abfragen kann wie eine Enzyklopädie. Denn um das Reich Gottes auf die Erde zu bringen, werden starke Charaktere benötigt und keine Auskunftsbüros. Übrigens werden die wirklichen Diplome von der Natur selbst, und nur von ihr, verliehen. Wenn es euch gelingt, einen verstörten, verängstigten Menschen nur dadurch zu beruhigen, dass ihr ihm die Hand auf die Schulter legt, so ist das der Beweis dafür, dass ihr ein Diplom habt, der Himmel hat es euch verliehen. Habt ihr eine Gabe, ein Talent, eine Tugend? – Das sind von Gott vergebene Diplome. Die wirklichen Diplome sind nicht aus Papier, sie sind in euer Gesicht, in euren Körper und in euer ganzes Wesen geschrieben. Wenn ihr kein lebendiges, aus starken und lichtvollen Ausstrahlungen bestehendes Diplom auf euch tragt, mögt ihr alle Diplome der Welt besitzen, aber in den Augen der Natur seid ihr nichts.*

* Vergleiche Band 24 »Die neue Religion - Eine universelle Sonnenreligion«, Kap. 18.

Welche Irrtümer ihr auch begangen haben mögt, nichts kann euch daran hindern, den Weg des Heils wiederzufinden, wenn ihr es wirklich wünscht. Sagt euch, dass der Himmel mehr Vertrauen in einen Menschen hat, der Fehler beging und bereute, als in einen, der noch nie Fehler machte. Und warum? Weil derjenige, der noch nie etwas Ungutes getan hat, ständig riskiert, Dummheiten zu machen: Er hat keine Erfahrung, ist also noch nicht gefestigt und könnte blindlings irgendwohin gehen und eines Tages zu Fall kommen. Wer aber in den Fängen des Teufels war, gelitten hat und sich entschlossen hat, von dort wegzukommen, um den Willen Gottes zu erfüllen, falls es ihm gelingt, den nimmt der Himmel in seine Dienste auf und sagt: »Endlich, auf den können wir zählen!« Natürlich heißt das nicht, dass ihr alle Verrücktheiten machen sollt, um euch nachher umso mehr bessern zu können, nein, denn es ist nicht vorauszusehen, wie viele Jahrhunderte es euch kosten wird. Auf jeden Fall habt ihr alle bis jetzt schon genug Irrtümer begangen, und es ist an der Zeit, vernünftiger zu werden und euch in den Dienst des Himmels zu stellen.*

* Vergleiche Band 14 »Liebe und Sexualität«, Kap. 11, Teil 1.

Erlebte Erfahrungen überzeugen immer mehr als Erklärungen. Ich komme im Winter in ein Haus. Dort ist alles verriegelt, und um Heizkosten zu sparen, wird niemals gelüftet. Weil sie in dieser Atmosphäre lebten, sind die Hausbewohner abgestumpft und können nicht mehr richtig denken und fühlen. Müsste ich ihnen erklären, dass ihre Lebensweise ungesund ist, gäbe es endlose Diskussionen, und ich würde meine Zeit verlieren. Also lade ich sie stattdessen ein, mit mir eine viertel oder halbe Stunde an der frischen Luft spazieren zu gehen. Dann kehren wir zurück. Sobald sie die Tür öffnen, sind sie es, die das Gesicht verziehen und sich fragen, wie sie es geschafft haben, in so einer Atmosphäre zu leben, das heißt – denn diese kleine Geschichte ist symbolisch – mit solchen Anschauungen, mit so einer Philosophie. Ohne dass ich etwas sage, haben sie selbst verstanden, denn es hat ein unbewusster Vergleich stattgefunden. Vielleicht haben sie in dem Moment, als sie den Fuß vor die Tür setzten, nicht so sehr bemerkt, wie herrlich es ist, reine Luft zu atmen, aber bei der Rückkehr, wenn sie fast ersticken, verstehen sie!*

* Vergleiche Band 211 »Die Freiheit, Sieg des Geistes«, Kap. 5.

Im Dialog mit dem Titel »Das Festmahl« erzählt Platon den Mythos von der ursprünglichen Androgynität. Vor langer, langer Zeit hätten auf der Erde menschliche Geschöpfe gelebt, die zugleich männlich und weiblich waren. Sie waren von kugeliger Form und hatten zwei Gesichter, vier Arme, vier Beine, zwei Genitalorgane usw. Diese Wesen besaßen eine außergewöhnliche Kraft, und im Bewusstsein ihrer Kraft begannen sie, sich mit den Göttern zu messen. Sehr beunruhigt suchten diese nach einem Mittel, sie zu schwächen, und Zeus fand die Lösung: Sie sollten zweigeteilt werden! So geschah es. Und darum irren seitdem diese beiden voneinander getrennten Hälften ständig durch die Welt, auf der Suche nach dem anderen, um sich zu vereinen und so ihre ursprüngliche Vollständigkeit wiederzufinden.

In diesem von Platon erzählten Mythos ist ein Detail besonders bedeutungsvoll: Um diese Geschöpfe, die die Macht der Götter bedrohten, zu schwächen, beschloss Zeus, sie in zwei zu teilen. Die Schlussfolgerung, die man aus diesem Geschehnis ziehen kann, ist klar: Die Macht des Menschen liegt im Besitz der beiden Prinzipien. Dieser Besitz der beiden Prinzipien, Männlich und Weiblich, macht ihn den Göttern gleich.*

* Vergleiche Band 230 »Die Himmlische Stadt - Kommentare zur Apokalypse«, Kap. 3.

Die meisten Menschen sind in ihrer Liebe
so begrenzt, dass in dem Moment, wo ein Mann
und eine Frau sich begegnen, sie alles um sich
herum vergessen, nichts anderes existiert mehr
für sie. Sie sind noch nicht daran gewöhnt, die
Liebe auf eine umfassendere Weise zu verstehen,
sie schwächen und verstümmeln sie. Das ist nicht
mehr die göttliche Liebe, die unaufhörlich sprudelt und alle Geschöpfe tränkt. Die wahre Liebe
umfasst alle Geschöpfe, ohne sich zu begrenzen,
ohne bei einem einzelnen Wurzeln zu schlagen.
Darum sollten in Zukunft Männer und Frauen
in einer umfassenderen Auffassung unterrichtet
werden, damit sie weniger zu Besitzdenken
und Eifersucht neigen. Der Ehemann sollte sich
freuen, seine Frau die ganze Welt lieben zu sehen,
und auch die Frau sollte glücklich sein, dass ihr
Mann ein so weites Herz hat. Wenn zwei wahrhaft
entwickelte Menschen heiraten, haben sie sich
bereits vorher gegenseitig diese Freiheit gelassen;
jeder erfreut sich daran, alle Geschöpfe in größter
Reinheit lieben zu können. Die Frau versteht ihren
Ehemann, und der Mann versteht seine Ehefrau,
und alle beide erheben sich, streben gemeinsam
dem Himmel entgegen, denn sie leben das wahre,
unbegrenzte Leben.*

* Vergleiche Band 24 »Die neue Religion - Eine universelle
  Sonnenreligion«, Kap. 14.

Die alten Religionen und Zivilisationen konnten der Zeit nicht standhalten und sind verschwunden. Das beweist, dass ihre Werte nicht ausreichten, um neues Leben hervorzubringen. Sie haben sich kristallisiert, versteinert, und der Geist hat diese alten, überholten Formen hinweggefegt. Befasst euch daher nicht mit dem, was in Trümmern liegt, begebt euch nicht auf die Suche nach Ruinen, um darauf eure Religion zu gründen. Viele Spiritualisten wollen zu den früheren Einweihungen zurückkehren. Das ist ein Fehler. Man darf die Mysterien der Vergangenheit nicht wiedererwecken, denn auch vom spirituellen Standpunkt aus gesehen ist es gefährlich, das, was bereits tot ist, wiedererwecken zu wollen. Anstatt euch mit der Vergangenheit zu befassen, wendet euch der Zukunft zu. Eure Zukunft liegt in der Gegenwart höherer Wesen, die euch überwachen. Indem ihr empfangt, was diese Wesen euch geben, beschleunigt ihr eure Entwicklung.*

* Vergleiche Band 31 »Leben und Arbeit in einer Einweihungsschule«, Kap. 5.

Haben die Spiritualisten Gewicht in der Gesellschaft? Nein. Und warum nicht? Weil sie nicht vereint sind. Sie ignorieren einander oder betrachten sich mit Feindseligkeit, sie denken nicht daran, dass sie etwas gemeinsam zu tun haben. Schaut euch dagegen die Materialisten an, was sie alles unternehmen und auf die Beine stellen! Und die Wissenschaftler... Es mag sein, dass sie vom initiatischen Blickpunkt aus im Irrtum sind, dass sie weder ein hohes Ideal haben, noch die rechte Sicht der Dinge, dass sie ihre Forschungen nicht in die beste Richtung lenken, aber sie arbeiten zusammen, sie unterstützen sich, helfen einander, teilen sich ihre Entdeckungen mit. Darum stellen sie eine großartige Macht dar in der Welt. Wann werden sich auch die Spiritualisten dafür entscheiden, sich zu vereinen, um für das Wohl der Menschheit zu arbeiten?*

* Vergleiche Band 31 »Leben und Arbeit in einer Einweihungsschule«, Kap. 2.

Eure Zukunft wird so beschaffen sein, wie ihr sie gerade in der Gegenwart erschafft. Was zählt, ist daher das »Jetzt«. Die Zukunft ist eine Verlängerung der Gegenwart, und die Gegenwart ist nichts anderes als die Folge, das Ergebnis der Vergangenheit. Alles hängt zusammen, Vergangenheit, Gegenwart und Zukunft sind nicht getrennt. Die Zukunft wird auf den Fundamenten, die ihr jetzt legt, erbaut. Wenn diese Fundamente nicht gut sind, wird man natürlich vergeblich auf eine außergewöhnliche Zukunft warten; aber wenn sie gut sind, braucht man sich auch keine Sorgen zu machen. Bestimmte Wurzeln bringen einen bestimmten Stamm, bestimmte Äste und Früchte hervor. Die Vergangenheit ist vorbei, aber sie hat die Gegenwart hervorgebracht, und die Gegenwart bildet die Wurzeln für die Zukunft. Gestaltet daher von jetzt an eure Zukunft, indem ihr danach strebt, die Gegenwart zu verbessern.*

---

* Vergleiche Band 211 »Die Freiheit, Sieg des Geistes«, Kap. 3.

Ein Mensch, der die Existenz von Wesen, die ihm überlegen sind, leugnet, begrenzt sich und wird schwächer, auch wenn er sich dessen nicht bewusst ist. Denn wie kann er sich einbilden, dass er Fortschritte macht und sich vervollkommnet, solange er leugnet oder sich weigert anzuerkennen, dass über ihm eine erhabene Hierarchie von Engeln und Erzengeln existiert... bis hinauf zu Gott. Da er sich von der aufsteigenden Kette der Wesen abtrennt, hat er nichts und niemanden, an den er sich klammern könnte, um Energien höherer Natur aufzunehmen und auf dem Weg der Evolution voranzuschreiten. Sicher, er kann leben, materiell zurechtkommen, aber vom spirituellen Standpunkt aus stagniert er, er stirbt ab. Wer sich hingegen der Existenz der spirituellen Hierarchien bewusst ist, sieht immer dieses Licht vor sich und bekommt den Schwung, um voranzuschreiten.*

* Vergleiche Band 27 »Die Pädagogik in der Einweihungslehre - Teil 1«, Kap. 2.

Samstag

Wie hat das männliche Prinzip, die 1, das weibliche Prinzip, die 0, die Materie geschaffen? Indem es sich gekrümmt und seine beiden Enden verbunden hat. Somit ist ein Kreis gebildet, der Kreis, der die Materie repräsentiert, das gesamte Universum. Die 1, das schöpferische Prinzip, ist daher das Erste in allen Dingen, und die 0, die Schöpfung oder das Geschöpf, muss folgen. Indem man die 1 vor die 0 setzt, verstärkt man ihre Kraft um das Zehnfache: Die 1 wird zur 10. Wenn man es aber umgekehrt macht, 01, vermindert man ihre Kraft, ihren Wert um das Zehnfache.

Übertragen wir dieses Phänomen jetzt auf das innere Leben: Wenn ihr als Geschöpf, als 0, euch jetzt an die erste Stelle setzt und die 1, das göttliche Prinzip, an die zweite Stelle hinter euch, so verringert ihr eure Qualitäten und eure Möglichkeiten für ein Vorankommen. Wenn ihr hingegen sagt: »Herr, nur Du bist wahrhaft groß, mächtig und weise; ich werde Dich vor mich hinstellen, immer an die erste Stelle und werde Dir folgen«, dann vermehrt ihr eure Fähigkeiten, ihr werdet zur 10. Das ist die Haltung des wahren Spiritualisten. Er gibt die erste Stelle dem Herrn, um gut beraten und geführt zu werden.*

* Vergleiche Band 237 »Das kosmische Gleichgewicht - Die Zahl 2«, Kap. 3.

Wenn ein Kind lesen lernt, beginnt es mit dem Kennenlernen der Buchstaben des Alphabets. Hat es sie einmal gut gelernt, wird es sie nach und nach in Worten wiedererkennen, bis es eines Tages ganze Sätze lesen kann. Ebenso durchläuft der Schüler im Laufe der Einweihung zahlreiche Phasen, im Verlaufe derer er sieht, wie sich nach und nach die Buchstaben des großen kosmischen Buches, die Elemente der Schöpfung, abzeichnen und zusammenfügen. Und wenn der heilige Johannes zu Beginn seines Evangeliums schreibt: »Am Anfang war das Wort, und das Wort war bei Gott, und das Wort war Gott.* Alles, was entstanden ist, ist durch dieses gemacht worden…«, dann bedeutet das, dass am Anfang alle Prinzipien des göttlichen Alphabets in Aktion getreten sind; von oben nach unten in der Schöpfung, bis in die physische Ebene hinein haben sie dieselben Strukturen reproduziert, die sie oben geschaffen hatten. Alles, was auf der physischen Ebene existiert, kann als Wort, Satz oder Gedicht betrachtet werden, gebildet aus den einzelnen Elementen des göttlichen Wortes.

* Vergleiche Band 236 Weisheit aus der Kabbala - Der lebendige Strom zwischen Gott und Mensch«, Kap. 7.

Wenn die Menschen »ich« sagen, glaubt ihr, dass sie dann wirklich wissen, von wem sie sprechen? Wenn sie sagen: »Ich bin… (krank oder gesund, glücklich oder unglücklich), ich will… (Geld, ein Auto, eine Frau), ich habe… (einen Wunsch, eine Vorliebe, eine Meinung)«, glauben sie, dass es sich wirklich um sie selbst handelt. Genau darin täuschen sie sich. Da sie sich noch niemals tiefgehend analysiert haben, um ihre wahre Natur kennen zu lernen, identifizieren sie sich beständig mit diesem »Ich«, dargestellt durch ihren physischen Körper, ihre Instinkte, ihre Wünsche, ihre Gefühle, ihre Gedanken. Wenn sie jetzt aber danach streben, sich durch Studium und Meditation selbst wiederzufinden, werden sie entdecken, dass jenseits aller Erscheinungen dieses Ich, das sie suchen, mit Gott verschmolzen ist. Denn in Wirklichkeit existiert keine Vielzahl von getrennten Wesen, sondern ein einziges Wesen, das durch alle Wesen hindurch wirkt, das sie belebt und sich in ihnen manifestiert, selbst ohne ihr Wissen. Wenn die Menschen diese Wirklichkeit zu spüren beginnen, werden sie sich der göttlichen Quelle nähern, in der sie alle ihren Ursprung haben.*

* Vergleiche Band 11 »Der Schlüssel zur Lösung der Lebensprobleme«, Kap. 2.

Wenn es den Menschen derart an Psychologie mangelt, wenn es ihnen nicht gelingt, die anderen zu verstehen, obwohl sie es sich wünschen, so kommt das daher, dass sie trotz allem zu sehr mit sich selbst beschäftigt bleiben. Sie sind wie geblendet durch den Schleier ihrer niederen, egoistischen, persönlichen Natur, die sie daran hindert, das, was in den Köpfen oder Herzen der anderen vor sich geht, zu erkennen. Selbst denjenigen, die lieben, gelingt es nicht, durch diesen Schleier hindurch zu sehen; auch sind sie manchmal über Verwandlungen erstaunt, die sie plötzlich und unerwartet bei ihrer Frau, ihrem Mann, ihren Kindern oder ihren Freunden feststellen, und deren Herannahen sie weder vorhergesehen noch gespürt haben. Nur wer Herrschaft über seine niedere Natur erlangt hat und fähig geworden ist, seine eigenen Interessen zu vergessen, kann ein guter Psychologe werden.*

* Vergleiche Band 23 »Die neue Religion - Eine universelle Sonnenreligion«, Kap. 4.

Wenn es an der Zeit ist zu beten, zu meditieren, seid ihr oft mit euren Gedanken woanders. Und wenn ihr euch um eure geschäftlichen Angelegenheiten kümmern solltet, sagt ihr euch: »Ach, ich müsste beten und meditieren«, und auch da seid ihr wieder zerstreut, abgelenkt und macht eure Arbeit schlecht. Beobachtet euch, dann werdet ihr sehen, wie oft euer Geisteszustand nicht mit dem, was ihr tut, in Einklang ist. Man darf sich nicht bei der Zubereitung einer Mahlzeit, beim Abwaschen oder beim Autofahren sagen: »Ach, ich sollte meditieren!« Bei allem, was man tut, muss man präsent sein, denn alles hat seine Zeit. Sonst hat man für nichts mehr Zeit, weil man den Kopf niemals da hat, wo er sein sollte, und man ist in Wahrheit immer nirgendwo.*

* Vergleiche Band 26 »Der Wassermann und das Goldene Zeitalter«, Kap. 5.

Die Frage der Freiheit ist in den Köpfen der Menschen noch längst nicht klar. Diejenigen, für die die Freiheit darin besteht, von nichts und niemandem abhängig zu sein, wissen nicht, welche Gefahren ihnen drohen. Da nichts ihren Kopf und ihre Seele ausfüllt, gibt es überall in ihnen leere Bereiche, wo alles Negative und Finstere bereitsteht, um sich hineinzudrängen. Sie wünschen sich, frei zu sein, gut, aber die Realität sieht so aus, dass sie letzten Endes von anderen Kräften, die sie nicht kennen, vollständig überwältigt werden. Wie oft hat man das schon feststellen können. Für alle, die keine göttliche Idee in ihrem Kopf haben, findet der Teufel Arbeit: Dummheiten, Verrücktheiten, gefährliche Abenteuer und deren Konsequenzen, die daraus erwachsen… Und das alles, weil sie angeblich »frei« waren!

Man muss engagiert sein, erfüllt, beschäftigt, eingenommen vom Himmel. Nur in dem Fall ist man in Sicherheit und wahrhaft frei. Leere gibt es nicht, darum sollte man alles tun, um nicht frei vom Himmel und vom Licht zu sein, man sollte sich den himmlischen Kräften zur Verfügung stellen, um beständig Segnungen zu empfangen. Allein in ihrem Engagement, in ihrer Hingabe an den Himmel, können die Menschen Freiheit finden.*

* Vergleiche Band 327 »Der Preis der Freiheit«, Kap. 1.

Die Nahrung besteht aus Teilchen und Energien, die nicht nur von der Erde kommen, sondern aus dem ganzen Kosmos. Ja, Elemente aus dem Kosmos haben sich in Form von Blumen, Gemüse und Früchten materialisiert. In Wirklichkeit materialisiert sich die Nahrung auf der Erde, genau wie sich die Kinder im Schoß der Mutter entwickeln. Ursprünglich waren Pflanzen und Früchte Geister im Raum, aber weil man auf der physischen Ebene nicht ohne einen physischen Körper arbeiten kann, um wirkungsvoll hier auf der Erde arbeiten zu können und das Leben zu erhalten, war es notwendig, dass sich diese Geister den Gesetzen der Materie angepasst haben. Sie haben sich also inkarniert, und wenn wir essen, treten wir mit lebendigen Wesenheiten in Verbindung.*

* Vergleiche Band 16 »Alchimie und Magie der Ernährung - Hrani-Yoga«, Kap. 11, Teil 2.

Viele Leute können nicht glauben, dass es ehrliche, aufrichtige und gute Menschen gibt, weil sie selbst unehrlich, hinterlistig und boshaft sind. Nun ja, sie beurteilen die anderen nach sich selbst, und darum sind sie immer argwöhnisch. Hingegen diejenigen, die edel und selbstlos sind, haben Mühe, die Bosheit, den Verrat und die Untreue zu sehen, denn auch sie sehen die anderen durch ihre eigenen Qualitäten hindurch. Der Mensch kann nur durch seine eigenen Augen sehen, und er selbst formt seine Augen durch seine Gedanken, seine Gefühle, seine Wünsche, seine Neigungen. Wenn ihr Menschen begegnet, die nur von den Fehlern anderer sprechen, solltet ihr wissen, dass sie selbst diese Fehler besitzen; denn wenn sie Edelmut, Güte, Ehrenhaftigkeit und besonders Liebe besäßen, würden sie all diese guten Qualitäten auch bei den anderen finden.**

* Vergleiche Band 243 »Das Lächeln des Weisen«, Kap. 8.

Sonntag

Sobald man sich mit den esoterischen Wissenschaften befasst, entdeckt man die Existenz der Magie und insbesondere der schwarzen Magie. Aber das ist ein Bereich, den man besser beiseitelassen sollte, und ganz besonders sollte man sich nicht von der Furcht vereinnahmen lassen, ein Opfer der schwarzen Magie zu sein. Wer zu denken beginnt, man könne ihm schwarze Magie antun, zieht bereits negative Strömungen zu sich heran. Ja, in dem Moment, wo er schwach und verwundbar ist, zieht er bereits schlechte Strömungen und alle finstern Dinge an, die in der Atmosphäre herumtreiben. Das ist genauso wie bei Epidemien. Wenn ihr schwach und empfänglich seid, fangt ihr alle Mikroben von Leuten auf, denen ihr begegnet; seid ihr aber robust, widerstandsfähig und ausstrahlend, geht ihr unbeschadet hindurch.

Lasst euch daher nicht von der schwarzen Magie beunruhigen. Stärkt euch, denkt an das Licht, arbeitet mit dem Licht, und das Licht in euch wird alles Negative abstoßen. Ein sehr schnell drehendes Rad wirft allen Schmutz ab, sobald es sich aber zu langsam dreht, klebt aller Schmutz an ihm fest. Eine stark sprudelnde Quelle schwemmt Blätter und Zweige, die sie verstopfen könnten, einfach fort. Werdet daher wie eine Quelle,* anstatt euch psychischer Trägheit zu überlassen.

---

* Vergleiche Band 226 »Das Buch der göttlichen Magie«, Kap. 16.

Man darf niemals vergessen, dass der Mensch
an den Grenzen der höheren und der niederen
Welten steht. Die christliche Religion hat diese
Vorstellung durch das Bild des Schutzengels zu
seiner Rechten und des Dämons zu seiner Linken
ausgedrückt. Der Engel berät den Menschen und
klärt ihn auf, der Dämon hingegen will ihn seinerseits in die Irre führen, um ihn zu seinem Opfer
zu machen. Das ist vielleicht eine etwas einfache
Art, die Dinge darzustellen, aber sie entspricht
einer Wirklichkeit. Diese Wirklichkeit besteht
darin, dass der Mensch zwei Naturen besitzt, eine
niedere und eine höhere Natur. Je nach dem Grad
seiner Evolution gibt er der einen oder der anderen
den Vorrang, und auf diese Weise tritt er in Kontakt mit den Geistern der Finsternis oder mit den
Geistern des Lichts. Manche sagen, dass sie nicht
an Wesenheiten einer unsichtbaren Welt glauben.
Nun, ob sie daran glauben oder nicht, das ändert
nichts: Ihre niedere und ihre höhere Natur existieren, und es ist unmöglich, ihre Ausdrucksformen
zu übersehen. Jeder muss allerdings selbst wissen,
welchem Einfluss er sich aussetzen will.*

* Vergleiche Band 326 »Die ganze Schöpfung wohnt in uns«,
  Kap. 3.

Gebt gut acht auf das, was ihr sagt, macht keine großen Worte, verpflichtet euch nicht leichtfertig, denn ihr provoziert damit die unsichtbare Welt und könnt danach nur unter größten Schwierigkeiten eure Verpflichtungen einhalten oder es gelingt euch überhaupt nicht.

Ein Mann schwört, dass er niemals heiraten wird; und siehe da, kurze Zeit darauf begegnet er einer Frau, die nun gerade am wenigsten fähig sein wird, ihn glücklich zu machen, doch sie verdreht ihm den Kopf, und er heiratet sie. Warum? Weil es in der unsichtbaren Welt Wesenheiten gibt, die diesen seiner selbst so sicheren Mann sehen und Lust haben, ihn ein wenig zu prüfen. Sie versuchen ihn, um zu sehen, wozu er fähig ist, und kurz darauf erliegt er der Versuchung. Auf diese Weise macht man oft genau das Gegenteil von dem, was man feierlich versichert oder versprochen hat. Es gibt Länder, in denen man gewöhnlich auf Holz klopft, nachdem man bestimmte Worte ausgesprochen hat. Dieser Brauch mag als Aberglaube erscheinen, aber er ist sehr bezeichnend. Er offenbart, dass die Leute sich beim Sprechen im Klaren darüber sind, dass sie unsichtbare Wesenheiten provozieren, und sie machen diese Geste, um das schlechte Schicksal abzuwenden.*

* Vergleiche Band 227 »Goldene Regeln für den Alltag«, Kap. 46.

Alle menschlichen Wesen sind mit den Wesen, die über uns sind, verbunden, den Engeln, den Erzengeln, mit Gott selbst, aber auch mit denen, die unterhalb von uns sind, den Tieren, den Pflanzen und den Steinen.

Nehmen wir als Beispiel die beiden Strömungen, die im Stamm eines Baumes kreisen: Der aufsteigende Strom transportiert den rohen Saft bis in die Blätter, wo er sich in verarbeiteten Saft umwandelt, und der absteigende Strom transportiert den verarbeiteten Saft, der den Baum ernährt. Im kosmischen Baum befindet sich der Mensch am Durchgang dieser beiden Strömungen, die ihn durchqueren, und er muss lernen, bewusst mit ihnen zu arbeiten. Sobald es ihm gelungen ist, die Weisheit, das Licht und die Liebe des Himmels anzuziehen, übermittelt er sie den Wesen, die sich unter ihm befinden und die mit ihm verbunden sind, bis hin zu den Mineralien; dank eines anderen Stromes des Kreislaufs steigen diese Kräfte dann wieder auf, von den Mineralien bis hin zu den höheren Reichen der Schöpfung. Wer sich bewusst mit dieser lebendigen Kette von Wesen verbindet, wird von Freude, Licht und Frieden durchdrungen.*

* Vergleiche Band 206 »Eine universelle Philosophie«, Kap. 6.

Wenn man den Wunsch hat, einen Partner zu finden, um eine Familie zu gründen, ist man gezwungen, Anstrengungen zu machen, um aus sich herauszugehen, aufmerksamer, verständnisvoller, großzügiger zu werden. Nur haben die Menschen leider noch nicht verstanden, dass sie den Kreis ihrer Familie noch erweitern, ihre Liebe auf andere Geschöpfe, auf das ganze Universum ausdehnen müssten. Und darum sind sie noch nicht glücklich, selbst mit ihrer Frau, ihren Kindern, ihrem Beruf und dem Land, dem sie angehören. Denn es ist ihnen noch nicht gelungen, den Kreis ihrer Liebe auszudehnen. Das Glück besteht darin, grenzenlos zu lieben, nicht bei einem oder zwei oder zehn oder hundert Menschen innezuhalten… Liebt weiterhin diejenigen, die ihr schon liebt, aber liebt auch die Engel, die Erzengel, alle Himmelshierarchien, den Herrn… Eure Familie, eure Freunde werden sich bereichert, gestärkt und gereinigt fühlen, aufgrund all der erhabenen Zustände, die ihr in eurem Herzen und in eurer Seele nährt. Erweitert den Kreis eurer Liebe, um mit all den höheren Wesenheiten Austausch zu haben, und ihr werdet Inspiration, Unterstützung und Schutz erhalten.*

* Vergleiche Band 15 »Liebe und Sexualität«, Kap. 23.

Der Weg der Sublimierung der Sexualkraft geht symbolisch gesehen von Jesod nach Kether durch Tiphereth hindurch.* Am oberen Ende des Mittelpfeilers hat die Heiligkeit von Kether, dem gekrönten Haupt, ihren Ursprung in der Reinheit von Jesod, den Sexualorganen. Die Heiligkeit von Kether ist die Sexualenergie, um deren Sublimierung sich der Schüler mit Hilfe der Kräfte von Tiphereth bemüht, bis sie oben über seinem Kopf als goldenes Licht in Erscheinung tritt. Ja, das Ziel der Einweihung besteht darin, fähig zu sein, eine rohe Kraft, die uns nach unten zieht, zu beherrschen, ihre Richtung zu ändern und diese Quintessenz zu bearbeiten, um sie in eine Licht-Aura umzuwandeln.**

* Siehe Abbildung und Anmerkung im Anhang auf Seite 394-396.

** Vergleiche Band 236 Weisheit aus der Kabbala - Der lebendige Strom zwischen Gott und Mensch«, Kap. 17.

Das Zepter und die Kugel sind die Insignien der Königswürde und auf eine allgemeinere Art der Macht. Jedes Mal, wenn eine Person mit einem Zepter in der rechten und einer Kugel in der linken Hand dargestellt ist, weiß man, dass es sich um eine königliche Persönlichkeit handelt. Was aber weiß man von der tieferen Bedeutung dieser beiden Gegenstände? Und kennen die Monarchen sie wirklich?

Das Zepter betrachtet man im Allgemeinen als Symbol von Autorität und die Kugel als Bereich, über den sich diese Autorität erstreckt. In Wirklichkeit reicht dies noch weiter. Das Zepter und die Kugel stellen die beiden Prinzipien Männlich und Weiblich dar. Das männliche Prinzip wird immer durch eine gerade Linie dargestellt, ein Zepter, einen Stab, eine Lanze, ein Schwert, eine Säule, einen Baum und durch die rechte Hand. Das weibliche Prinzip wird durch eine gekrümmte Linie dargestellt, durch alle hohlen oder gerundeten Gegenstände, eine Kugel, eine Vase, eine Schale oder auch einen Abgrund, eine Grotte und durch die linke Hand. Zepter und Kugel zu halten, bedeutet, dass man die beiden Prinzipien versteht und mit ihnen zu arbeiten weiß.*

* Vergleiche Band 237 »Das kosmische Gleichgewicht - Die Zahl 2«, Kap. 11.

Wie viele von euch sind beseelt von einem Ideal der Gerechtigkeit, der Ehrenhaftigkeit, der Güte. Aber sie wissen nicht, wie sie sich verhalten sollen, stoßen sich fortwährend an den anderen oder verlieren schließlich den Mut. Was ist da zu tun? Man muss die Methode ändern. Wie edel euer Ideal auch sei, kümmert euch nicht um die anderen, arbeitet einzig daran, euch zu vervollkommnen. Auf diese Weise werdet ihr sie nach und nach durch euer Licht beeindrucken, wenn ihr ihnen begegnet; indem sie euch sehen, werden sie begreifen, dass sie im Schlamm waten. Wenn ihr hingegen im Sinn habt, sie im Schlamm aufzusuchen, werdet ihr in diesem Schlamm versinken und euch selbst schmutzig machen! Arbeitet einzig daran, lichtvoll zu werden, und wenn ihr vor den anderen erscheint, werden sie, ohne dass ihr überhaupt irgendetwas sagt, von selbst begreifen, dass sie sich verirrt haben.*

* Vergleiche Band 18 »Erkenne dich selbst - Jnani-Yoga«, Kap. 8.

Ein Edelstein, wie klein er auch sein mag, ist ein Materieteilchen und fähig, eine kosmische Kraft festzuhalten. Aber ihr dürft nicht darauf zählen, dass er euch schützt, heilt und Kräfte vermittelt; wenn ihr keine spirituelle Arbeit ausführt, ist er euch zu nichts nütze. Der Stein ist wie eine Antenne, und wie bei einer Antenne muss man auch ihm eine Funktion geben, Botschaften, die er ausstrahlen soll. Hinter diesem Stein stehen Kräfte, die kreisen, die schwingen, aber ihr müsst sie ausrichten. Jeder Edelstein ist bereits von der Natur vorbereitet, um bestimmte kosmische Energien aufzufangen und sie zu verbreiten, zu verteilen. Aber es genügt nicht, einen Edelstein zu besitzen. Um von seinen Kräften zu profitieren, muss man lernen, sich seiner zu bedienen, um selber eine bestimmte innere Arbeit auszuführen.*

* Vergleiche Band 216 »Geheimnisse aus dem Buch der Natur«, Kap. 11.

Das Leben wird durch die Pendelbewegung zwischen gegensätzlichen Kräften oder Situationen erzeugt. Das ist ein Gesetz, das man in allen Bereichen nachprüfen kann. Der Überfluss und die Vielfalt all der Schätze, die sich auf der Oberfläche unseres Planeten zeigen, stammen zum Beispiel daher, dass diese Oberfläche nicht eben ist, sondern es Höhenunterschiede gibt; von den höchsten Gipfeln bis zu den tiefsten Tiefen der Erde und Meere. Die Verschiedenartigkeit von Klima, Flora und Fauna usw., von der zum Teil die Verschiedenartigkeit der Zivilisationen herrührt, kommt dadurch zustande, dass die Oberfläche der Erde nicht eben ist, und das ist großartig!

Und die Menschen sollten ebenfalls nicht gleich sein. Warum? Damit es zwischen ihnen einen fruchtbaren Austausch geben kann, einen Kreislauf. Der einzige Punkt, den sie gemeinsam haben müssen, ist ein hohes Ideal* und der Wunsch, immer in der Liebe und im Licht voranzuschreiten. Alles Übrige betreffend sollen sie verschieden sein! Es ist dieser Unterschied, der ihr Leben reich und schön macht.

---

* Vergleiche Band 207 »Was ist ein geistiger Meister?«, Kap. 9.

Die Astrologie berücksichtigt im Allgemeinen nur das Horoskop der physischen Geburt. Aber das genügt nicht, denn man kann nicht allein aufgrund dieser Hinweise das Schicksal eines Menschen erkennen. Man muss auch das Horoskop der Empfängnis betrachten und das der zweiten Geburt, die dem Augenblick der Erleuchtung entspricht, wo der erneuerte Mensch Zugang zur göttlichen Welt erhält, wo sein Bewusstsein zum Überbewusstsein, zum Christusbewusstsein wird. Wenn es auch sinnvoll ist, für die Empfängnis eines Kindes auf der Erde einen Zeitpunkt zu bestimmen, an dem die Sterne günstig stehen, so ist es nicht notwendig, die Astrologie für den Zeitpunkt der zweiten Geburt* zurate zu ziehen. Wenn ein Mensch nach den Gesetzen der Liebe, der Weisheit und der Reinheit lebt, so genügt dies, damit er ein zweites Mal geboren wird und in das neue Leben, das Reich Gottes, eintritt.

---

* Vergleiche Band 28 »Die Pädagogik in der Einweihungslehre - Teil 2 und 3«, Kap. 9.

Der Gedanke des Schöpferischen ist die Quintessenz unserer Lehre. Ja, schöpferisch sein, aber um was zu erschaffen? Bilder und Statuen? Leinwand, Holz oder Marmor zu bearbeiten? Nein, es geht darum, an sich selbst zu arbeiten. Denn das ist der wahre Rohstoff: bei sich selbst, bei der eigenen Materie. Ein Bildhauer hat einige Statuen geschaffen, ausgezeichnet, aber wenn ihr ihn betrachtet, werdet ihr erkennen, dass er niemals versucht hat, sich selbst zu bearbeiten: Er ist unbearbeiteter Rohstoff. Wie viele Leute zeigen euch ihre kleinen Bildchen, ihre Lieder und Gedichte, die nur ihre innere Unordnung spiegeln. Man hat genug davon, von all diesen Künstlern! Wo sind die wahren Künstler, die bereit sind, mit der wahren Arbeit zu beginnen, sich innerlich selbst zu formen? Das ist eine unbekannte, noch neue Arbeit, aber es ist die Arbeit der Zukunft.*

* Vergleiche Band 233 »Eine Zukunft für die Jugend«, Kap. 17.

Weil Jesus im Garten von Gethsemane zu seinen Schülern gesagt hat: »Wachet und betet«, haben viele Christen im Laufe der Geschichte daraus eine Vorschrift für das tägliche Leben gemacht. Da haben sich diese Armen dann mitten in der Nacht geweckt, um Gebete zu rezitieren, sie haben sich aufgerieben in ihrem Kampf gegen den Schlaf und haben schließlich sogar die natürlichen Rhythmen ihres Körpers durcheinandergebracht. Man muss schlafen, damit sich der Körper erholen kann und nicht so sehr auf der körperlichen Ebene wachen. »Wachet« ist eine Regel, die vor allem die geistige Ebene betrifft. Wach sein bedeutet, sich in Gedanken mit demjenigen in uns zu verbinden, der niemals schläft. Ihn müssen wir aufsuchen. Dieser ewige Wächter befindet sich zwischen den Augenbrauen, dort ist sein Wohnsitz. Er sieht alles, er zeichnet alles auf, er versteht alles. Nur wenn es uns gelingt, uns mit ihm zu vereinen, beachten wir Jesu Gebot: »Wachet«, auf die rechte Weise.*

* Vergleiche Band 215 »Die wahre Lehre Christi«, Kap. 9.

Der Hermesstab ist eine Darstellung der Struktur des Menschen: Die beiden Schlangen, die sich um den Stab in der Mitte winden und sich kreuzen, stellen die positiven und negativen Ströme dar, die sich überkreuzend an der Wirbelsäule entlang bewegen. Die Hindus nennen sie Ida und Pingala, und den inneren Kanal im Zentrum der Wirbelsäule nennen sie Sushumna. Ein Eingeweihter ist derjenige, der mit diesen beiden Strömen zu arbeiten weiß. Im Laufe dieser Arbeit erwirbt er Fähigkeiten, die es ihm ermöglichen, auf die Natur, auf sich selbst und auf die anderen einzuwirken. Darum hat man aus dem Hermesstab ein Symbol für die Medizin gemacht. Der Hermesstab repräsentiert eine ganze Philosophie und eine Lebensdisziplin. Er lehrt uns, wie wir mit den beiden positiven und negativen Strömen, die im Universum kreisen, arbeiten können. Ein wahrer Eingeweihter, der mit den beiden Prinzipien arbeitet, der die kraftvolle Wirkung der beiden Prinzipien als Instrument, als Waffe, als Heilmittel kennt, dieser Eingeweihte besitzt die wahren Kräfte.*

* Vergleiche Band 237 »Das kosmische Gleichgewicht - Die Zahl 2«, Kap. 9.

Jedes Mal, wenn wir einen Sieg davontragen über eine Versuchung, die uns von unserer niederen Natur präsentiert wurde, verfügen wir über eine neue Kraft. Allerdings ist es schwierig, diesen Zustand der Gnade beizubehalten. Solange wir auf der Erde sind, können wir uns nicht lange auf den Gipfeln aufhalten, auf die wir uns hinaufschwingen konnten. Wir müssen jedes Mal aufs Neue darum kämpfen, sie wieder zu erobern. Wenn wir die physische Welt verlassen werden, um in die spirituelle Welt zu gehen, werden wir nicht mehr kämpfen müssen, weil wir den Versuchungen nicht mehr ausgesetzt sind. Aber solange wir auf der Erde sind, müssen wir bis zur letzten Minute arbeiten. Genauso wie für die Ernährung und Atmung: Wenn wir gestern gegessen haben, müssen wir auch heute wieder essen und morgen ebenfalls. Oder wir haben gerade geatmet, aber wir müssen sofort wieder beginnen zu atmen. Oder durch eine Erfahrung haben wir den Sinn des Lebens verstanden, aber um diesen Sinn nicht zu verlieren, müssen wir noch eine andere Erfahrung machen und noch eine weitere... Wir haben eine Versuchung besiegt? Dann werden wir aufs Neue versucht werden, und aufs Neue werden wir uns bemühen müssen, einen Sieg zu erringen.*

* Vergleiche Band 224 »Die Kraft der Gedanken«, Kap. 8.

Die Seele hat Hunger und der Geist hat Durst.
Die Seele isst Feuer und der Geist trinkt Licht. Der
Geist ist ein männliches Prinzip, und die Seele
ist ein weibliches Prinzip, und jedes ernährt sich
vom gegensätzlichen Element. Die Seele, die sich
nach einem positiven, aktiven, dynamischen Prinzip sehnt, isst Feuer; der Geist, der männlich ist,
braucht das weibliche Prinzip, um sich zu ernähren
und trinkt Licht.

Genauso wie das männliche Prinzip das weibliche Prinzip hervorbringt, bringt das Feuer das
Licht hervor. Das Licht ist eine Manifestation,
eine Emanation des Feuers. Wenn ihr ein Feuer
entzündet, bringt es Licht hervor. Und je reiner
die Elemente sind, die das Feuer nähren, desto
feinstofflicher und klarer ist das Licht.*

* Vergleiche Band 212 »Das Licht, lebendiger Geist«, Kap. 1.

Spürt ihr diese Harmonie, die wir alle gemeinsam durch unsere Lieder erzeugen? Morgen beginnt ein neues Jahr, und man kann sagen, dass wir heute Abend für das sich verabschiedende Jahr gesungen haben. Es ist sehr zufrieden, weil wir seinen Abschied mit viel Liebe begleiten. Was das neue Jahr angeht, so können wir bereits heute Abend damit beginnen, es bewusst vorzubereiten, indem wir uns ein Ziel setzen, zum Beispiel eine Qualität zu entwickeln, eine schlechte Angewohnheit zu bekämpfen, ein Projekt zum Ruhme Gottes zu verwirklichen. Durch diesen Gedanken, diesen Wunsch ist es so, als würdet ihr einen ersten Stein setzen. Dann werden alle lichtvollen Naturgeister euch ihre Hilfe zukommen lassen, damit ihr euer göttliches Vorhaben verwirklichen könnt. Das also sollten eure Beschäftigungen zum Ende dieses Jahres sein. Unglücklicherweise haben nicht viele Menschen diese Art von Beschäftigungen, die meisten bereiten sich vielmehr auf alle möglichen Ausschweifungen vor. Wie soll man sich da wundern, wenn das Jahr für sie schlecht verläuft? Bemüht daher wenigstens ihr euch, die ihr Schüler der göttlichen Schule seid, das neue Jahr zu empfangen, indem ihr euch unter das Zeichen des Lichts begebt.*

* Vergleiche Band 301 »Das Neue Jahr«.

ANHANG

Omraam Mikhaël Aïvanhov

INDEX

B

Bank – himmlischer Kredit, der durch unsere selbstlosen Handlungen gebildet wird, 18. Juli

Baum – der Erkenntnis von Gut und Böse, 14. Mai

Baum – meditiert über den Kontrast zwischen unten und oben, 5. Mai

Begrenzung – und Ausdehnung, beide sind notwendig, 14. Aug.

Beherrschung – von Gefühlen und Gedanken, beginnt mit der Beherrschung der Hände, 16. April

Beruf – der schwierigste: andere zum Licht führen, 14. April

Bewusstsein – von Mineralien, Pflanzen, Tieren, Menschen, 16. Juli

Bewusstsein – Wünsche, Gefühle und Gedanken identifizieren, 19. Juni

Bewusstseinsstufe – bestimmt das Schicksal, 28. Mai

Beziehungen – zu anderen, ihre guten Seiten sehen, 27. März

Böses – es durch das Geheimnis der Einheit verwandeln, 17. Feb.

Böses – nicht kämpfen, sondern sich stärken, um besser widerstehen und handeln zu können, 29. Okt.

Böses – wird von den erhabenen Regionen abgestoßen, 8. Okt.

C

Chor – die Auswirkungen, wenn alle zusammen in Harmonie singen, 23. Juli

D

Dankbarkeit – etwas geben als Gegenleistung für alles, was man erhält, 11. April

Dankbarkeit – nicht vergessen, dem Herrn zu danken, 12. Nov.

Danken – für das, was wir haben und auch dafür, was wir nicht haben, 25. Juli

Das Böse – kann nicht in denjenigen eindringen, der vom Herrn besetzt ist, 6. Aug.

Denken – das Beste, was Gott uns gegeben hat, 2. Mai

Diplom – nicht aus Papier, sondern auf das Gesicht und den Körper gezeichnet, 28. Nov.

Drei Welten – Tatsachen, Gesetze und Prinzipien, 13. Jan.

Drei Welten (die) – Körper, Seele und Geist, 17. April

Drittes Auge – warnt uns vor Gefahren oder Hindernissen, 12. April

Dunkle Geister – sehr geschickt mit ihren Versprechungen, 10. Juli

Dunkle Wesenheiten – Notwendigkeit, sich vor ihnen zu schützen, 2. Feb.

E

H

I

J

K

Liebe – weit, reich und rein bringt Glück, 26. Juni

Lieben – auch Menschen, die schwer zu ertragen sind, 9. Aug.

Lieben – ohne zu erwarten, dass man geliebt wird, macht frei, 18. März

Lieben – sich nicht damit beeilen, seine Liebe zu äußern, 18. Okt.

M

Macht – des Menschen: der Besitz der beiden Prinzipien, 1. Dez.

Magie – jeder Mensch betreibt unbewusst schwarze oder weiße Magie, 12. März

Maskulines Prinzip – dem Herrn den ersten Platz einräumen, 7. Dez.

Maß – für alle Dinge – auch für die Güte, 11. Aug.

Materie – alles benutzen, aber in eine göttliche Richtung, 22. April

Materie – begrenzt uns, zwingt uns eine bestimmte Arbeit zu verrichten, 13. Juni

Materie – ist in Wirklichkeit gebündeltes Licht, 7. Okt.

Meditation – sich konzentrieren, präsent sein in dem, was man tut, 11. Dez.

Meditation – zuerst sich der alten Kleider entledigen, 19. Juli

Meditieren – für sich selbst, sogar und für die Allgemeinheit, 15. März

Meditieren – seinen Astral- und Mentalkörper besänftigen, um aufsteigen zu können, 10. Nov.

Meditieren – sich zuerst von negativen Befindlichkeiten befreien, 3. Sept.

Meditieren – um alles in sich selbst zu reinigen und zu erleuchten, sogar, 5. April

Meditieren – zuallererst die eigenen Gedanken und Gefühle beherrschen, 22. Aug.

Meinung – den Himmel um Rat fragen, um geführt zu werden, 14. Jan.

Meister – ein Wesen, das seine Gedanken, Gefühle und Handlungen beherrscht, 25. Sept.

Meister – sein Verhalten gegenüber Menschen, um ihnen zu helfen, 28. April

Meister – sein Ziel: Arbeiter auszubilden, um das Licht zu verbreiten, 14. Okt.

Mensch – zwischen der niederen und der höheren Welt, 27. Jan.

Menschliches Wesen – erfährt sich durch die Materie, 1. März

Mentalitäten – sie verändern, um die Welt zu verändern, 4. März

Merkur – Symbole des Mondes und der Sonne, Wasser und Feuer, 22. Mai

Messe – die Kommunion setzt sowohl den Wein als auch das Brot voraus, 1. April

Moral – beruht auf der Wissenschaft von Ursache und Wirkung, 20. Aug.

S

Saturn – steht für Zeit und Ewigkeit, 10. Feb.

Schicksal – nach dem Leben, wird von den Wünschen auf Erden bestimmt, 11. Okt.

Schlaf – immer mit einem guten Gedanken einschlafen, 29. Mai

Schneeglöckchen – seine Stärke und Kraft liegt in seiner Liebe, 4. Feb.

Schönheit – sie innerlich besitzen, um sie im Außen zu finden, 29. Juli

Schöpfung – ein immerwährendes Schwanken der Waage, 6. April

Schüler – neutrale Haltung gegenüber Lob und Tadel, 21. Nov.

Schutz – vor bösen Wesenheiten, 20. April

Schutzengel – seinen Segen anziehen, indem man an das Kind, seine Seele und Geist denkt, 10. April

Schwarze Magie – man zieht sie durch Furcht an, das Licht stößt sie ab, 15. Dez.

Schwierigkeiten – nicht zu ernst nehmen, 11. März

Schwierigkeiten – sie überwinden, indem man an die göttliche Welt denkt, 12. Jan.

Seele – alle Körper besitzen eine Seele, 13. Aug.

Seele und Geist – die Seele isst das Feuer, der Geist trinkt das Licht, 30. Dez.

Segnungen – vom Himmel, um sie zu erhalten, muss man im Gegenzug etwas geben, 12. Juli

Sehen – die geistige Welt, es liegt an uns, Strahlen auszusenden, 12. Aug.

Selbstmord – wird mit Leiden im Jenseits bezahlt, 26. Juli

Sensibilität – und Empfindlichkeit, Offenheit oder Verschlossenheit gegenüber der göttlichen Welt, 26. Okt.

Sephirotbaum – bester Leitfaden für die spirituelle Arbeit, 14. Nov.

Sexualität – wie man sich gegenseitig betrachtet, 24. Feb.

Sich zu vergessen – um an den Partner oder die Kinder denken zu können, 3. Aug.

Singen – und beten: Mächte, die die Dunkelheit vertreiben, 8. Juni

Situationen – vermeidet, nur die negative Seite, das Böse, zu sehen, 22. Okt.

Sonne – eine blendend schöne Welt, die von den höchstentwickelten Wesenheiten bewohnt wird, 24. Juli

Sonne – Modell unübertrefflicher Vollkommenheit, die wahre Religion, 3. Mai

Sonnenaufgang – sich mit dem Christusgeist, dem Sonnengeist, verbinden, 13. Nov.

T

INDEX

U

V

W

Anmerkung:

In der westlichen Welt wird der Mensch traditionell in Körper, Seele und Geist aufgeteilt. Ohne dies aufzugeben, hat Omraam Mikhaël Aïvanhov – in Anlehnung an die hinduistische Philosophie – die Aufteilung in sechs bzw. sieben Körper vorgenommen (der Ätherkörper ist Teil des physischen Körpers). Siehe hierzu auch Band 222 der Taschenbuch-Reihe Izvor »Die Psyche des Menschen«, Kapitel 3 und 6.

HÖHERE NATUR

Atmankörper		Göttlicher Wille
Buddhikörper		Göttliche Liebe
Kausalkörper		Göttliche Weisheit
Mentalkörper		Gedanke
Astralkörper		Gefühl
physischer Körper		Wille

NIEDERE NATUR

»Die drei grundlegenden Tätigkeiten, durch welche sich der Mensch äußert, sind das Denken (durch den Intellekt erzeugt), das Fühlen (durch das Herz ausgedrückt) und das Handeln (durch den physischen Körper ausgeführt). Glaubt nicht, dass nur der physische Körper aus Materie besteht: Auch das Herz und der Intellekt sind materielle Werkzeuge, nur mit dem Unterschied, dass ihre Materie feinstofflicher ist als die des physischen Körpers.

Eine lange esoterische Tradition lehrt, dass der Astralkörper der Träger des Gefühls ist und der Mentalkörper der des Intellektes. Aber diese Dreiheit: physischer Körper, Astralkörper und Mentalkörper machen lediglich unsere unvollkommene, menschliche Natur aus. Die gleichen Fähigkeiten des Denkens, Fühlens und Handelns finden sich in uns auf einer höheren Ebene wieder, und dort sind ihre Träger die Kausal-, Buddhi- und Atmankörper, die unser göttliches Selbst bilden. Die drei großen konzentrischen Kreise (siehe Abb.) zeigen die Verbindungen auf, die zwischen den niederen und höheren Körpern bestehen.

Der physische Körper, der die Kraft, den Willen und die Macht auf der materiellen Ebene darstellt, ist mit dem Atmankörper verbunden, der den göttlichen Willen und die göttliche Macht verkörpert. Der Astralkörper vertritt die persönlichen, egoistischen Gefühle und Wünsche und ist mit dem Buddhi-Körper verbunden, der die göttliche Liebe darstellt. Der Mentalkörper schließlich, der die gewöhnlichen eigennützigen Gedanken darstellt, ist mit dem Kausalkörper verbunden, der die göttliche Weisheit ausdrückt«.

Omraam Mikhaël Aïvanhov

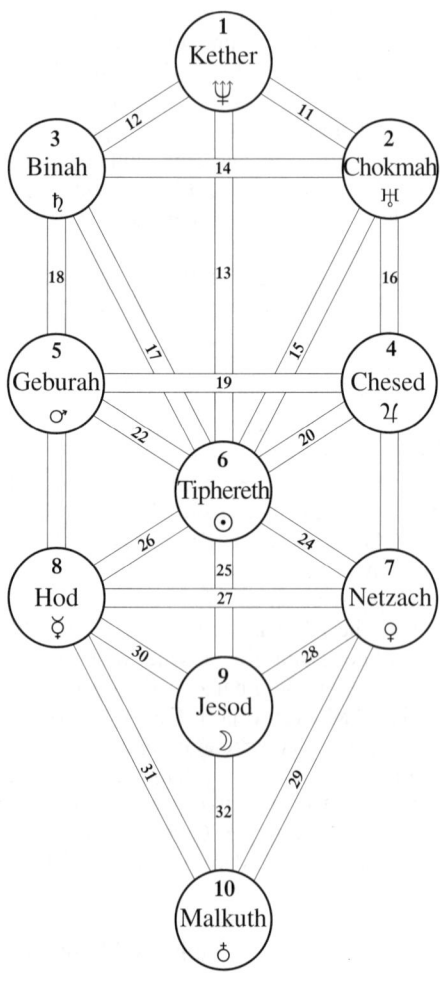

Der Lebensbaum (10 Sephiroth).
Siehe Erklärungen auf Seite 396.

1 Ehjeh
Kether – Krone
Metatron
Chajoth ha-Kadosch – Seraphin
Reschith ha-Galgalim – Urwirbel (Neptun)

3 Jehova
Binah – Vernunft
Zaphkiel
Aralim – Throne
Schabtai – Saturn

2 Jah
Chokmah – Weisheit
Rasiel
Ophanim – Cherubin
Masaloth – Tierkreis

5 Elohim Gibbor
Geburah – Kraft
Kamael
Seraphim – Mächte
Maadim – Mars

4 El
Chesed – Barmherzigkeit
Zadkiel
Chaschmalim – Herrschaften
Zedek – Jupiter

8 Elohim Zebaoth
Hod – Herrlichkeit
Raphael
Bnei-Elohim – Erzengel
Kochab – Merkur

7 Jehova Zebaoth
Netzach – Sieg
Chaniel
Elohim – Fürstentümer
Nogah – Venus

9 Schaddai El Chai
Jesod – Grundlage
Gabriel
Cherubim – Engel
Levana – Mond

6 Eloha va-Daath
Tiphereth – Schönheit
Michael
Malachim – Himmelskräfte
Schemesch – Sonne

10 Adonai-Melek
Malkuth – Reich
Uriel oder Sandalfon
Ischim – die Vollendeten
Aretz – Erde

Einführung in den Lebensbaum

»Für denjenigen, der danach strebt, den Schöpfer des Himmels und der Erde zu kennen, seine Gegenwart zu spüren, in seine Unendlichkeit und Ewigkeit einzudringen, ist es nötig, ein Erklärungssystem für die Welt zu ergründen. Das System, das mir am besten schien – das umfassendste und gleichzeitig das genaueste –, habe ich in der kabbalistischen Überlieferung gefunden: den Sephirothbaum, den Lebensbaum. Ich sage nicht, dass die anderen Doktrinen schlecht oder falsch sind, nein. Aber die Begriffe, die sie vermitteln, bleiben zersplittert, sie bieten keine so tiefgreifende, strukturierte und zusammenfassende Sichtweise. Der Sephirothbaum ist wahrhaftig eine Synthese des Universums.

Die Kabbalisten teilen das Universum in zehn Regionen oder Sephiroth ein, die den ersten zehn Zahlen entsprechen. (Das Wort »Sephira« bedeutet Zahl, die Mehrzahl ist Sephiroth, was Zahlensystem bedeutet.) Jede Sephira wird durch fünf Namen identifiziert: der Name Gottes, der Name der Sephira selbst, der Name des Oberhauptes des Engelsordens, derjenige des Engelsordens selbst und schließlich der eines Planeten. Es ist also Gott, der diese zehn Regionen lenkt, aber unter einem unterschiedlichen Namen in jeder Region. Das erklärt, warum Gott in der Kabbala zehn Namen hat. Diese zehn Namen entsprechen unterschiedlichen Attributen. Gott ist eins, Er äußert sich jedoch unterschiedlich, gemäß den Regionen.

Der Sephirothbaum stellt sich als ganz einfaches Schema dar, aber sein Inhalt ist unerschöpflich. Er ist für mich der Schlüssel, der es ermöglicht, die Mysterien der Schöpfung zu entziffern. Er ist nicht dafür bestimmt, uns die Astronomie oder die Kosmologie zu lehren. In Wahrheit kann niemand genau sagen, was das Universum ist, noch wie es erschaffen wurde. Dieser Baum stellt ein Erklärungsmodell der Welt dar, das von mystischer Natur ist. Den außergewöhnlichen Geistern, die ihn gestaltet haben, gelang es durch Meditation, Kontemplation und ein heiliges Leben, eine kosmische Realität zu erfassen. Und ihre Lehre wurde durch die Tradition überliefert und im Laufe der Jahrhunderte immer wieder aufgegriffen und überdacht, bis sie im Wesentlichen zu uns gelangte.«

Omraam Mikhaël Aïvanhov

Reihe Broschüren

Bestellen können Sie im Verlag oder im Buchhandel. Wenn Sie ein Buch in Ihrer Buchhandlung nicht erhalten, ist es im Verlag in der Regel dennoch lieferbar.

VERLAGE UND AUSLIEFERUNGEN

FRANKREICH
Éditions Prosveta S.A. (Hauptverlag)
B.P. 12 – F-83601 Fréjus Cedex
Tel. 04 94 19 33 33, Fax 04 94 19 33 34
Internet: www.prosveta.fr, E-Mail: international@prosveta.com

DEUTSCHLAND
Prosveta Verlag GmbH
Grabenstr. 14, 78661 Dietingen
Tel. 07427-3430
Internet: www.prosveta.de, E-Mail: kontakt@prosveta.de

ÖSTERREICH
Harmoniequell Versand
Ulmenweg 8, 5302 Henndorf
Tel. und Fax 06214 7413
Internet: www.prosveta.at, E-Mail: info@prosveta.at

SCHWEIZ
Éditions Prosveta
1808 Les Monts-de-Corsier 13
Tel. 021 921 92 18, Fax 021 922 92 04
Internet: www.prosveta.ch, E-Mail: editions@prosveta.ch

Wenn Sie sich für Veranstaltungen interessieren, in denen die Lehre
von Omraam Mikhaël Aïvanhov vertieft werden kann, wenden Sie
sich bitte an eine der folgenden Adressen:

DEUTSCHLAND
UWB e.V., Geschäftsstelle Heideweg 7a, 01814 Rathmannsdorf
Tel: 035022-519052, www.aivanhov.de, info@aivanhov.de

SCHWEIZ
FBU, Chemin de la Céramone 13, 1808 Les-Monts-de-Corsier
Telefon 021 925 40 80, www.videlinata.ch

ÖSTERREICH
UWB, Telefon 01 27 698 32
Internet: www.uwb.at, E-Mail: info@uwb.at